わたしの手帖

ぜにさね

作陶にはげまれる著者　　（昭和49.3.1　花明山工房で）

序にかえて

すぎし五、六年《ねん》の間《あいだ》、わたしは乞《こ》われるままに、おりおりの感想《かんそう》を、書《か》きとめ「私《わたし》の手帖《てちょう》」として「木《こ》の花《はな》」誌《し》にのせてきました。

このたび、それをまとめて出版《しゅっぱん》したいとの申《もう》し出《で》を受《う》け、読《よみ》かえしてみますと、そのときどきの気持《きもち》を述《の》べたものながら、ともあれつたないものばかりです。

それを、それでもといわれ、おまかせすることにいたしました。

出口直日

目次

私の手帖

私の念願

日本《にほん》の国《くに》は気候《きこう》、風土《ふうど》、人情《にんじょう》いずれも、他国《たこく》にない美《うつく》しいものと聞《き》かされています。

人情《にんじょう》はともかくとして、四季《しき》の風景《ふうけい》、それを彩《いろど》る野《の》の草花《くさばな》、ことに秋《あき》の七草《ななくさ》は、わたしの詩心《ししん》を温《あたた》めつちかってくれます。

穂薄《ほすすき》にまじって桔梗《ききょう》の紫《むらさき》、粟《あわ》を蒸《む》したような女郎花《おみなえし》の黄色《きいろ》、少女《おとめ》の爪《つめ》に紅《べに》をはいたような萩《はぎ》の花《はな》など、楚々《そそ》とした風情《ふぜい》に咲《さ》き乱《みだ》れる村《むら》はずれの径《みち》や、松山《まつやま》の裾《すそ》を遠乗《とおの》りの馬《うま》を駈《か》けつつ眺《なが》めた少女《しょうじょ》の日《ひ》の感傷《かんしょう》は、今《いま》も脳裡《のうり》を摺箔《すりはく》のように彩色《さいしき》していますが。

これは、わたしの思《おも》い出《で》の世界《せかい》のことであって、現実《げんじつ》の日本《にほん》の秋《あき》は、じつに味気《あじけ》ない乾《かわ》いたものとなりつつあります。

かつて眺《なが》めた郷里《きょうり》の草丘《そうきゅう》、山野《さんや》、田《た》の畦《あぜ》に、あの縮《ちぢ》み深《ふか》い紫《むらさき》や紅《くれない》の可憐《かれん》な姿《すがた》を見《み》ることは、まったくなくなってしまいました。そのかわりに、外来種《がいらいしゅ》の鉄道草《てつどうぐさ》や荒地野菊《こうちのぎく》、ヒメジョンなどが、梅雨季《ばいうき》から初秋《しょしゅう》にかけての長《なが》い期間《きかん》を、咲《さ》きかわり生《お》い茂《しげ》っています。都会《とかい》に近《ちか》い山村《さんそん》ほど。

これは、この山陰地方《さんいんちほう》ばかりでなく、全国的《ぜんこくてき》に同《おな》じ傾向《けいこう》を辿《たど》っているようです。

人智《じんち》の極《きわ》みの機械文明《きかいぶんめい》は地球《ちきゅう》を短縮《たんしゅく》してしまって、アメリカに行《ゆ》くのも隣村《りんそん》に行《ゆ》くような気易《きやす》いこのごろとて、外来種《がいらいしゅ》の繁殖《はんしょく》するのもやむを得《え》ないことでしょうが、どうかして、わたしたちの祖先《そせん》が絵《え》に文《ふみ》に親《した》しみ懐《なつか》しんできた秋草《あきくさ》の花《はな》を護《まも》り、日本《にほん》の秋《あき》の景色《けしき》を損《そこな》いたくないものだとおもうのです。

わずか三十年《ねん》の間《うち》に、どうしてこんなにも、手近《てちか》の山野《さんや》では見《み》られなくなってしまったのでしょうか。

わたしは惜《お》しむあまりに、ときどき原因《げんいん》を考《かんが》えてみるのです。

その一つとして、生花《いけばな》の流行《りゅうこう》をあげたいとおもいます。その証拠《しょうこ》に、いろいろな流儀《りゅうぎ》のふえたことがかんがえられます。もう一つは、植物研究熱《しょくぶつけんきゅうねつ》がさかんになったことなどです。これは喜《よろこ》んでよいのやら、悲《かな》しんでよいのやらわたしにはわかりません。

ただ一本咲《ほんさ》いている山頂《さんちょう》の桔梗《ききょう》の花《はな》の根《ね》を掘《ほ》りとって、胴乱《どうらん》の中《なか》に入《い》れた或《あ》る植物研究生《しょくぶつけんきゅうせい》を、上高地《かみこうち》のお花畑《はなばたけ》へ行《い》って、一般《ぱん》には採《つ》むことを禁《きん》じられている高山植物《こうざんしょくぶつ》を、自然科学研究生《しぜんかがくけんきゅうせい》という特権的位置《とくけんてきいち》を利用《りよう》してか、わざわざ許可証《きょかしょう》をとって、幾種類《いくしゅるい》かの花《はな》を採集《さいしゅう》してきた女子学生《じょしがくせい》をわたしは見《み》ました。

いいがたい憤《いきどお》りと、悲《かな》しみの心《こころ》をおさえて。高山植物《こうざんしょくぶつ》は高山《こうざん》にあってこそ、野《の》の花《はな》は野《の》にあってこそ、四囲《い》の風景《ふうけい》にも調和《ちょうわ》し、本来《ほんらい》の生命《せいめい》ある美《うつく》しさを誇《ほこ》りうるのではないでしょうか。わたしは里《さと》の家《いえ》の庭《にわ》に、畑《はたけ》に、山野《さんや》から移植《いしょく》したであろう毒々《どくどく》しいまでに肥《こ》えた桔梗《ききょう》の紫《むらさき》を、さげすみとあざけりをもって眺《なが》めます。地味《ちみ》に合《あ》わなくて、なんとなく生彩《せいさい》を失《うしな》った、人《ひと》の庭《にわ》の高山植物《こうざんしょくぶつ》を傷《いた》ましく悲《かな》しいものに眺《なが》めます。

人《ひと》はどうして、愛《いっく》しみつつも、小《ちい》さな独占慾《どくせんよく》のために、こんな優《やさ》しい生命《せいめい》をいため苛《さいな》もうとするのでしょうか。

こんな調子《ちょうし》でゆくと、わたしたちの子孫《しそん》は、いまに、秋草《あきぐさ》を、絵《え》で見《み》るか、文《ふみ》で想像《そうぞう》するよりかなくなってしまうでしょう。

こんなことを思《おも》い歎《なげ》くものは、この広《ひろ》い世界《せかい》にわたし一人《ひとり》なのでしょうか。誰《たれ》か力《ちから》ある同《おな》じ思《おも》いの人《ひと》があって、文部省《もんぶしょう》に天然保護記念物《てんねんほごきねんぶつ》にして、採集《さいしゅう》を禁《きん》じてもらうよう願《ねが》い出《で》てもらえないものかとおもっています。（昭二五、一二）

母の作品

この頃《ごろ》になってわたしも、父《ちち》や母《はは》の絵《え》や書《しょ》に関心《かんしん》を持《も》ち、その良《よ》さ、というものがわかるような気《き》がします。父母《ふぼ》の作品《さくひん》を全国《ぜんこく》で所持《しょじ》されている人《ひと》は、かなり多《おお》いのではないかと思《おも》いますが、どのように受《う》けとっていてくださるだろうかと興味《きょうみ》ふかくおもうことがあります。

わたしも、書《しょ》では、父《ちち》のものより母《はは》の方《ほう》を好《この》むようになってきました。母《はは》は文字《もじ》を習《なら》ったこともなく、上手《じょうず》に書《か》こうという意図《いと》もなく、よい書《しょ》を見《み》る機会《きかい》もなく、ただ母《はは》の心《こころ》ばえからできあがった文字《もじ》に外《ほか》なりません。しかし、そこに大《おお》らかな美《うつく》しさが、一パイになって現《あら》われています。

この点《てん》を北大路《きたおおじ》魯《ろ》山人《さんじん》さんや、谷川徹三先生《たにかわてつぞうせんせい》のような方《かた》が激賞《げきしょう》されています。魯《ろ》山人《さんじん》という方《かた》は、人《ひと》の作品《さくひん》はなかなか褒《ほ》める人《ひと》ではないと聞《き》いています。その方《かた》が、母《はは》の書《しょ》を、秀吉《ひでよし》の書《しょ》以上《いじょう》と褒《ほ》められたのですから、母《はは》の書《しょ》には、人《ひと》の心《こころ》を打《う》つ立派《りっぱ》なものがあるようです。また魯《ろ》山人《さんじん》さんは、開祖《かいそ》さまの書《しょ》となりますと、さらに尊《とうと》いものがあると話《はな》されたと聞《き》いています。

○

父《ちち》や母《はは》は善悪《ぜんあく》合《あ》わせ呑《の》むという大《おお》きな態度《たいど》で進《すす》まれていましたが、わたしはどちらかというと是《ぜ》は是《ぜ》、非《ひ》は非《ひ》としたい気持《きもち》をもっています。この点《てん》は、自分《じぶん》の短所《たんしょ》かもしれませんが、現在《げんざい》のところでは、そんな気持《きもち》でいます。それで小《ちい》さくとも真剣《しんけん》なものだけで、正《ただ》しい立派《りっぱ》な道《みち》を立《た》て

てゆきたいとおもっています。(昭二七、六)

映画『山びこ学校』

今年《ことし》になって、三つの日本映画《にほんえいが》をみました。

外国映画《がいこくえいが》は、そうじてスケールの幅《はば》からくる迫力《はくりょく》もあり、表現《ひょうげん》も巧《たく》みとおもっていましたが

――

「霧笛《きりぶえ》」「浪《なみ》」「山彦学校《やまびこがっこう》」と日本《にほん》の映画《えいが》をみて、日本《にほん》の映画《えいが》にも、それぞれ心《こころ》に触《ふ》れて、考《かんが》えさせられるものがあると思《おも》いました。

もっとも「霧笛《きりぶえ》」は、淫蕩的《いんとうてき》なのに驚《おどろ》かされたので――まだあれくらいはヤサシイとのことですが――時代《じだい》の風潮《ふうちょう》に触《ふ》れたことに興味《きょうみ》を感《かん》じたくらいですが。「浪《なみ》」になりますと、人生《じんせい》の真《しん》

実《じつ》が流《なが》れていて、しみじみと心《こころ》に伝《つた》わってくるものがありました。

しかし、「山彦学校《やまびこがっこう》」ほど深《ふか》い感銘《かんめい》を受《う》けたことは、近頃《ちかごろ》にありません。わたしの、これまでにみた外国《がいこく》の映画《えいが》にも、あれほど人《ひと》に、ものを考《かんが》えさすオソロシイ作品《さくひん》はなかったようにおもいます。


「山彦学校《やまびこがっこう》」からわたしは、いろいろのことを学《まな》びました。なかでも、無着《むちゃく》という先生《せんせい》を中心《ちゅうしん》にした山彦学校《やまびこがっこう》（山形県山元中学《やまがたけんやまもとちゅうがく》のこと）の四十幾人《いくにん》かの生徒《せいと》の中《なか》に、お母《かあ》さんを亡《な》くするコウイチ少年《しょうねん》が出《で》てきますが、この子《こ》どもの明確《めいかく》なものの考《かんが》え方《かた》にまったく驚嘆《きょうたん》させられました。

『江口江《えぐちこう》一』少年《しょうねん》は一九三五年《ねん》に生《う》まれ、中学《ちゅうがく》二年生《ねんせい》です。

父《ちち》の代《だい》までは村落《そんらく》で一番《いちばん》の財産家《ざいさんか》でしたが、繭《まゆ》の仲買《なかが》いで大損《おおぞん》をし、父《ちち》の没後《ぼつご》、残《のこ》った三段歩《だんぶ》の畑《はたけ》にへばりついて働《はたら》く母《はは》に、弟妹《きょうだい》とともに育《そだ》てられます。三段《だん》の畑《はたけ》から上《あ》がる収入《しゅうにゅう》では初《はじ》めから無理《むり》で、三畝《せ》に葉煙草《はたばこ》を植《う》えたり、バイタ（たきぎ）背負《せお》いをしてみても、どうしても農業《のうぎょう》経営《けいえい》はなりたちません。どのようにしたところが、どこかに破綻《はたん》が生《しょう》じ食《た》べてゆかれなくなります。そこで人《ひと》に迷惑《めいわく》をかけることが起《お》こります。

そのうちお母《かあ》さんは力仕事《ちからしごと》の過労《かろう》からまいったというよりも——どういうふうにして生活《せいかつ》をたててゆくか——どうして税金《ぜいきん》を払《はら》うか——どうしてお米《こめ》の配給《はいきゅう》を受《う》けるか——という精神的《せいしんてき》な苦《く》労《ろう》がかさなり、働《はたら》いても働《はたら》いても、もがいてももがいても、残《のこ》る借金《しゃっきん》を気《き》にしつつ亡《な》くなります。

そうして弟《おとうと》も妹《いもうと》も親戚《しんせき》に引《ひ》きとられ、ただご飯《はん》が炊《た》けるだけの労働力《ろうどうりょく》しかないお婆《ばあ》さんと二人《ふたり》きりになります。

そういう環境《かんきょう》の中《なか》で——貧乏《びんぼう》——について真剣《しんけん》に悩《なや》み、考《かんが》えてゆきます。考《かんが》えて考《かんが》えて、なにもわからなくなってくる中《なか》から、希望《きぼう》を求《もと》めます。税金《ぜいきん》、電気代《でんきだい》、醤油代《しょうゆだい》と支出《ししゅつ》の面《めん》と収入《しゅうにゅう》の面《めん》をてらし合《あ》わせて、合理的《ごうりてき》に生活安定《せいかつあんてい》の方法《ほうほう》について考《かんが》えてみますが、どうしても足《た》りなくなってくるようにできています。

そこで、手間《てま》どりをして、金《かね》が足《た》りなく無《な》く暮《くら》せるようになったら、借金《しゃっきん》をしてでも田《た》を買《か》うことを考《かんが》えます。

田《た》さえあれば配給米《はいきゅうまい》を買《か》わなくとも、食《た》べるだけのことができる。人《ひと》に迷惑《めいわく》をかけないで暮《くら》してゆける。現在《げんざい》のように田《た》がなくて、もしその上《うえ》、誰《たれ》も金《かね》も米《こめ》も貸《か》さなくなったら、死《し》んでしまわなければならない。羊《ひつじ》のように他人《ひと》から食《た》べさせてもらうのでなく、みんなと同《おな》じように暮《くら》したい。それには、ただ田《た》を得《う》ることより外《ほか》にない。

しかし、そこで一つの考《かんが》えに突《つ》き当《あた》ります。

「もし、わたしが田《た》を買《か》えば、売《う》った人《ひと》が、自分《じぶん》のお母《かあ》さんのような不幸《ふこう》な目《め》に会《あ》わなければならないのではないか」

こういう考《かんが》え方《かた》が、間違《まちが》っているのかどうかに悩《なや》みます。そうして自分《じぶん》よりも、もっと不幸《ふこう》なトシオという級友《きゅうゆう》のことを考《かんが》えます。

どうでしょう。働《はたら》いてなお、貧苦《ひんく》に悩《なや》んでいる少年《しょうねん》が、なお反省《はんせい》し、合理的《ごうりてき》なものの考《かんが》え方《かた》をし、さらに宗教的《しゅうきょうてき》な高《たか》い考《かんが》え方《かた》をもっているのです。

わたしは、この少年《しょうねん》の前《まえ》に、頭《あたま》の上《あ》がる宗教家《しゅうきょうか》がどれだけあるだろうかと疑《うたが》いたくなります。

現代《げんだい》の宗教家《しゅうきょうか》など、恥《は》ずかしいのではないでしょうか。「山彦学校《やまびこがっこう》」はオソロシイ立派《りっぱ》な映画《えいが》でした。考《かん》えさせられる映画《えいが》でした。反省《はんせい》させられる映《えい》画《が》でした。

わたしは、幾日《いくにち》か経《た》った今日《こんにち》でも、考《かん》えさせられています。（昭二七、八）

私の歌集

若《わか》い時《とき》から、一生《しょう》に一度《ど》だけ、自分《じぶん》の歌集《かしゅう》を出《だ》してみたいとひそかに思《おも》っていました。

そして、その歌集《かしゅう》の題名《だいめい》は「塵《ちり》づか」という名《な》に胸《むね》の中《なか》で決《き》めていました。

詠《うた》いため、かきためて出来《でき》た塵塚《ちりづか》のうちにも、たまさかは吹《ふ》く風《かぜ》のすさびに、一枚《まい》の色美《いろうつく》しい紅葉《もみじ》葉《ば》の混《ま》じることもあれやと念《ねん》じてつけた名《な》です。それでは「吹《ふ》きよせ」という題名《だいめい》がよいといってくれる友《とも》もありましたが、わたしはやはり「塵《ちり》づか」の方《ほう》にとおもっています。

十年事件と私

しばらくの間《あいだ》、わたしは神《かみ》の実在《じつざい》を疑《うたが》いたくなる気持《きもち》をもっていました。実際《じっさい》に、この世《よ》に起《おこ》ることを見《み》ていますと、懐疑的《かいぎてき》にならざるを得《え》ないわたしでした。一方《ほう》には強《つよ》い疑《うたが》いをもち、しかもわたしの性《さが》は、神《かみ》を否定《ひてい》しきれないで、そういう悩《なや》みをもちながら、神《かみ》を礼拝《らいはい》してきた時代《じだい》がありました。

わたしの信仰《しんこう》は、盲信《もうしん》して、馬車馬的《ばしゃうまてき》な熱心《ねっしん》さにもなれないで、生《う》まれたときから、長《なが》い月日《つきひ》に、わたしの心《こころ》に沁《し》みこんでいた信仰《しんこう》の惰性《だせい》で神《かみ》さまを拝《おが》んできたともいえる、もう一つ中途半《ちゅうとはん》端《ぱ》で、確固《かっこ》たる不動《ふどう》の信仰《しんこう》とはいえないものでした。

わたしの今日《こんにち》の信仰《しんこう》は、昭和《しょうわ》十年《ねん》の大本事件《おほもとじけん》により、どうにもならない苦境《くきょう》におちいり、自分《じぶん》のあらん限《かぎ》りの努力《どりょく》をかたむけつくし、本真剣《ほんしんけん》に祈《いの》り、不思議《ふしぎ》な導《みちび》きを得《え》、いやが上《うえ》にもわたしの魂《たましい》を打《う》ち鍛《きた》えられたことにより、いただいたものであります。

わたしの歩《あゆ》ませられた事実《じじつ》が、自分《じぶん》の力《ちから》ではどうにもならない人間的《にんげんてき》な智慧《ちえ》では割《わ》り切《き》れない、もう一つ根本的《こんぽんてき》な力《ちから》のあることを、確信《かくしん》せざるを得《え》ない体験《たいけん》となりました。そうして、やっと気《き》持《もち》の落《お》ちついた信仰《しんこう》の境地《きょうち》に辿《たど》りついたのであります。

これが、わたしのいただいたおかげであります。

人間《にんげん》は真剣《しんけん》に生《い》きることにより、今《いま》まで知《し》らなかった大《おお》きな力《ちから》を感《かん》じることができます。

夢《ゆめ》にしても、昔《むかし》から〝夢《ゆめ》は五臓《ぞう》の患《わずら》い〟とも申《もう》し、また近代《きんだい》では——潜在意識《せんざいいしき》の働《はたら》き——といっていますが、そういう夢《ゆめ》の多《おお》い中《なか》に、真剣《しんけん》に生《い》きるときには霊夢《れいむ》を見《み》ることがあります。霊夢《れいむ》により危急《ききゅう》を救《すく》われたり、導《みちび》きをいただくことがあります。それで、神《かみ》ということは、わからなくても、大《おお》きな力《ちから》のあることに、感謝《かんしゃ》せざるをえないことが起《お》こります。

この大《おお》きな力《ちから》の実在《じつざい》を信《しん》じるとき、人《ひと》は初《はじ》めて、安心立命《あんしんりつめい》の境地《きょうち》にはいることができます。

しかし、この大《おお》きな力《ちから》を信《しん》じて集《あつま》ってきている宗団《しゅうだん》の人《ひと》びとの中《なか》には、神《かみ》の力《ちから》にたより過《す》ぎ、いたずらに奇蹟《きせき》を待《ま》ち、徒手漫然《としゅまんぜん》として〝みろくの世《よ》〟来《き》たれの夢《ゆめ》に酔《よ》っている人《ひと》もいます。こういう人《ひと》は、社会《しゃかい》や家庭《かてい》に対《たい》して責任感《せきにんかん》がなく、自己《じこ》の都合《つごう》の悪《わる》いことは神意《しんい》に帰《き》して平然《へいぜん》とよそおいます。

また、なにかにつけて、霊《れい》、霊《れい》で片《かた》づけたがり、つまらぬ夢《ゆめ》を崇拝《すうはい》し、迷信《めいしん》の巣屈《そうくつ》を築《きず》いている人《ひと》もいます。

わたしは、自分《じぶん》でもはっきりわからない霊《れい》のことや夢《ゆめ》のことを、そのまま鵜呑《うの》みにしないで、一ぺん覆《くつが》えし、懐疑《かいぎ》し、よく考《かんが》え、理性的《りせいてき》に判断《はんだん》し、努力《どりょく》をかたむけて解決《かいけつ》したいと思《おも》って歩《あゆ》んできました。

そうして、本当《ほんとう》のことは、ものに頼《たよ》らず、人《ひと》に頼《たよ》れず、とにもかくにも、一心《しん》に祈《いの》りつつ、自《じ》分《ぶん》の力《ちから》の限《かぎ》りで行《おこ》ない、その後《ご》は、ただ拝《おが》むより他《ほか》にない、そういうものであると学《まな》ばしていただきました。

わたしの小《ちい》さいときから、祖母《そぼ》に聞《き》かされたこと、父《ちち》や母《はは》から話《はな》してもらったことそのままに、世《よ》の中《なか》が、わたしの周囲《しゅうい》がなっています。

世界《せかい》の大《おお》きな動《うご》き、日本《にほん》のこと、社会《しゃかい》の潮流《ちょうりゅう》が、お筆先《ふでさき》のままに変《か》わっています。

これを神秘《しんぴ》といわないで、この世《よ》のどこに神秘《しんぴ》といえるものが存在《そんざい》しましょう。

大本《おほもと》は理屈《りくつ》は下手《へた》でも、大《おお》きなみ力《ちから》によって生《う》まれたもので、そのみ力《ちから》によって仕組《しぐ》まれ、守《まも》られ、歩《あゆ》まされてきたのであります。

このみ力《ちから》によって約束《やくそく》され、定《さだ》められています故《ゆえ》に、わたし自身《じしん》はつたなくとも、わたしは偉《い》大《だい》なる神《かみ》の経綸《けいりん》とご守護《しゅご》とお導《みちび》きを信《しん》じて、このお道《みち》を継《つ》がしていただいたのであります。

大本《おほもと》の教《おしえ》は、学問《がくもん》のある人《ひと》が作《つく》った教学《きょうがく》よりも、道《みち》には活《い》きた真理《しんり》が実在《じつざい》しています故《ゆえ》に、わたしは少《すこ》しも恥《は》ずるところはありません。むしろ形而上学《けいじじょうがく》として立派《りっぱ》な教学《きょうがく》でも、かえって人間《にんげん》の気持《きもち》を複雑《ふくざつ》にすれば、単一無雑《たんむざつ》なる天地《てんち》の道《みち》を歩《あゆ》むには、それほど益《えき》するものではないとおもいます。

さきに、人間《にんげん》は真剣《しんけん》に自分《じぶん》の職務《しょくむ》に生《い》きること、真剣《しんけん》な気持《きもち》で生活《せいかつ》することの大切《たいせつ》なことにふれましたが、それとともに真《しん》に人生《じんせい》を楽《たの》しみ、生活《せいかつ》を味《あじ》わうことでもあるといえましょう。

わたしが農《のう》の暇《ひま》に歌《うた》の道《みち》へ精進《しょうじん》したのも、また、大本事件解決《おほもとじけんかいけつ》のため弁護活動《べんごかつどう》をしていた頃《ころ》、きょうだいと茶《ちゃ》の湯《ゆ》に遊《あそ》びましたのも、農《のう》に生《い》きつつ、生《せい》を楽《たの》しむためであり、茶《ちゃ》の湯《ゆ》の遊《あそ》びもまた同《おな》じです。

世《よ》に生命《いのち》がけで絵《え》を描《か》くとか、生命《せいめい》を打《う》ち込《こ》んで陶《とう》を作《つく》るというような言葉《ことば》がありますが、生《い》命《のち》がけで真《しん》に遊《あそ》ぶことが、真剣《しんけん》に生《い》きることにもなりましょう。

それで、人生《じんせい》に芸術的趣味《げいじゅつてきしゅみ》をもつことは、人生《じんせい》を真剣《しんけん》に豊《ゆた》かに生《い》きてゆくために欠《か》くことのできないものとおもわれます。（昭二八、二）

自画像

「三代《だい》はんは普通《ふつう》の人間《にんげん》どす」

誰《たれ》かがいってくれた言葉《ことば》のように、わたしは平凡《へいぼん》な、弱《よわ》い人間《にんげん》です。

宗教《しゅうきょう》の家《いえ》を継《つ》ぐべき宿命《しゅくめい》のもとに生《う》まれて来《き》たわたしではありますが、わたしは母《はは》ほどの熱《ねっ》烈《れつ》な信仰《しんこう》もなく、なに一つ、人《ひと》に益《えき》するものとてなく、人《ひと》は美《うつく》しくいろいろにいってくれても、自分自身《じぶんじしん》でみている自分《じぶん》は、さみしい人間《にんげん》です。

母《はは》のように、この世《よ》の深刻《しんこく》な苦労《くろう》も知《し》らず、生活《せいかつ》にもさして困《こま》らない環境《かんきょう》で、周囲《しゅうい》からまつり上《あ》げられて生《お》い立《た》ち、その中《なか》で自己《じこ》を鞭《むち》うつきびしい行《ゆ》き方《かた》をするでなく、徹底《てってい》して勉強《べんきょう》に打《う》ち込《こ》むこともできず、今日《こんにち》まで漠然《ばくぜん》と過《す》ごしてきたまでです。

そういう自分《じぶん》が、現在《げんざい》の立場《たちば》に据《す》えられていることをおもうとき、わたしに源《みなもと》実朝《さねとも》の心境《しんきょう》を懸想《けそう》してみるのです。

これは、思《おも》い上《あ》がった言葉《ことば》かもしれませんが、鎌倉幕府《かまくらばくふ》の将軍職《しょうぐんしょく》を継《つ》ぐべき運命《うんめい》をもった実《さね》朝《とも》が、自分自身《じぶんじしん》の性格《せいかく》は、それに反《はん》して公卿的《くげてき》であり、詩人《しじん》であったことにより抱《いだ》いたであろう——淋《さび》しさ——をよく考《かんが》えさせられます。

わたしは宗教《しゅうきょう》の家《いえ》に生《う》まれて、人《ひと》をみちびく力《ちから》もなく、なにをしてもこれという才能《さいのう》がないにもかかわらず、我侭《わがまま》でヘンな個性的《こせいてき》なものがあるだけで、普通《ふつう》の家《いえ》に生《う》まれてさえおれば、平《へい》凡《ぼん》な女性《じょせい》として暮《くら》してこれたであろうに、現在《げんざい》、平凡《へいぼん》にもなり切《き》れず、さりとて天才《てんさい》でもない、なにかわからない自分《じぶん》の性格《せいかく》と、いまの境遇《きょうぐう》をおもうとき、言《い》いしれぬ悲哀《ひあい》につつまれ、かの実《さね》朝《とも》の悩《なや》みに触《ふ》れてゆくような哀愁《あいしゅう》をおぼえます。

世間《せけん》の人《ひと》ですと、それぞれの目的《もくてき》を自身《じしん》でえらび、その道《みち》に執心《しゅうしん》してゆくところを、わたしは漫然《まんぜん》とこういうところに押《お》し上《あ》げられているだけで、自分《じぶん》の身《み》につけ得《え》たものもなく、多血質《たけっしつ》な体質《たいしつ》から来《き》ているのでしょうか、一つのことに徹《てっ》し切《き》れないで、今日《きょう》まで、しまりのない生活《せいかつ》をつづけた、ぐうたらな自分《じぶん》がなげかれます。

短歌《たんか》にしても、わたしは万葉人《まんようびと》の飾《かざ》り気《け》のない、素朴《そぼく》な、率直《そっちょく》な強《つよ》い歌風《かふう》を好《この》みます。一方《ぽう》、古今集《こきんしゅう》、新古今集《しんこきんしゅう》または山家集《さんかしゅう》などの頽廃的《たいはいてき》というか、落花《らっか》の散《ち》るにも似《に》た歌《うた》のしらべに哀愁《あいしゅう》をいだき、都人《みやこびと》の洗練《せんれん》された優美《ゆうび》さにこころは魅《み》せられます。そしてなお、泉式部《いずみしきぶ》の燃《も》ゆるような情熱《じょうねつ》に酔《よ》わされるわたしです。草花《くさばな》にしても、野草《やそう》が好《す》きである一方《ぽう》、才走《さいばし》った美《うつく》しさの菊《きく》の花《はな》も、洋花《ようか》の無邪気《むじゃき》な姿態《したい》にも好《す》きなものがあるように、わたしは一すじになれない、そんな性《せい》格《かく》がけっく自分《じぶん》の姿《すがた》だとおもっています。

そういうところが、三十年近《ねんちか》くも作歌《さっか》していながら、写実《しゃじつ》なら写実《しゃじつ》一条《じょう》に徹《てっ》しきれない弱《よわ》さをもたらしているのだとおもいます。

わたしの性格《せいかく》などを分析《ぶんせき》してみたところで、人《ひと》に益《えき》するものではありませんが、わたしは大胆《だいたん》なようで気《き》が小《ちい》さく、陽気《ようき》なハシャギたい性格《せいかく》を持《も》っていながら、陽気《ようき》でもない人間《にんげん》です。

母《はは》の人生行路《じんせいこうろ》は、先天的《せんてんてき》には祖父《そふ》の天真《てんしん》を受《う》けつぎ、後天的《こうてんてき》には、この世《よ》の苦難《くなん》と闘《たたか》って鍛《きた》えたものが、広《ひろ》い大《おお》きな放胆《ほうたん》な姿《すがた》を成《な》して輝《かがや》いていました。

わたしはただ家《いえ》の中《なか》で、お山《やま》の大将《たいしょう》よろしく大《おお》きくなってきたのです。それで〝三代《だい》さま〟などと呼《よ》ばれると〝こわや、こわや〟とおもうばかりです。

ただ、こういったわたしに多少《たしょう》の自信《じしん》をつけてくれたのは、昭和《しょうわ》十年《ねん》の大本事件《おおもとじけん》です。あの事件《じけん》によりわたしは、人間《にんげん》が五官《かん》で感《かん》じている以外《いがい》の大《おお》きな力《ちから》の存在《そんざい》を、真実信《しんじつしん》ずることができました。そして、その大《おお》きな力《ちから》で、この道《みち》が守《まも》られていることを、身《み》をもって体験《たいけん》することができました。

ちかごろ、きょうだいの一人《ひとり》が、わたしの性格《せいかく》の中《うち》に、祖母《そぼ》と父《ちち》と母《はは》の三人《にん》の個性《こせい》がみられると評《ひょう》しましたが、この後《のち》、わたしはただ、一心《しん》に神《かみ》に祈《いの》り、のこされた道《みち》を、清《きよ》く正《ただ》しく実践《じっせん》さしていただきたいと念《ねん》じています。（昭二八、二）

永井荷風の声

テープレコーダーで、自分《じぶん》の声《こえ》を機械《きかい》に写《うつ》して初《はじ》めてきくことができました。自分《じぶん》のいった言《こと》葉《ば》と同《おな》じ声《こえ》を、その場《ば》で別《べつ》のところから聞《き》いているのは、ちょっと無気味《ぶきみ》な感《かん》じでした。それに、録音《ろくおん》された自分《じぶん》の声《こえ》と称《しょう》する声音《こわね》は、自分《じぶん》が直接《ちょくせつ》きいている自分《じぶん》の声《こえ》とは随分《ずいぶん》ちがい、これがわたしの声《こえ》かとおもったものですが、他人《たにん》がきいていると、やはりわたしの声《こえ》に似《に》ているというのです。来合《きあ》わせた友《とも》だちの声《こえ》をテープ録音《ろくおん》で聞《き》いてみると、やはりその友《とも》の声《こえ》そのままに聞《きこ》えるところをみると、録音《ろくおん》の声《こえ》は肉声《にくせい》からそう遠《とお》くはなさそうで、自分《じぶん》で自分《じぶん》は分《わ》かり難《にく》いという諺《ことわざ》も、真理《しんり》であるかと肯《うな》ずかされました。

こういう機械化《きかいか》された人間《にんげん》の声音《こわね》にもその人《ひと》のものが写《うつ》されていることをおもうと、ラジオの声音《こわね》にもなにかもの親《した》しさを感《かん》じます。

一月《がつ》の下旬《げじゅん》でしたか、東京《とうきょう》からのラジオ放送《ほうそう》で、永井荷風《ながいかふう》の声《こえ》を聞《き》きました。わたしはあの荷《か》風《ふう》の声《こえ》に、なんと好感《こうかん》のもてる声《こえ》だろうとおもいました。

これまで、荷風《かふう》は、なにか超俗《ちょうぞく》ぶった、変《か》わり者《もの》の感《かん》じの強《つよ》い、好感《こうかん》のもてない人《ひと》くらいにおもっていました。それは、わたしが荷風《かふう》の小説《しょうせつ》を読《よ》んでいないところへ、〈新聞《しんぶん》や雑誌《ざっし》で書《か》きたてる荷風《かふう》という人《ひと》〉からは、いやに超俗《ちょうぞく》をドギックしたものばかりを受《う》けて、正直《しょうじき》なところわたしは荷風《かふう》がこれまであまり好《す》きではなかったのです。

ところが、放送《ほうそう》の声《こえ》をきいて、わたしの荷風《かふう》にいだいていた気持《きもち》は一変《ぺん》しました。その声《こえ》は、正直《しょうじき》な、気《き》のやさしさをおもわせる、ちょっとも様子《ようす》をしたところのない声《こえ》で、わたしは、なんとすきな、おとなしい、よい声《こえ》だろうと、聞《き》き入《い》っていました。

これまで政界《せいかい》の人《ひと》とか、大学教授《だいがくきょうじゅ》の話《はなし》などもラジオで聞《き》きましたが、前者《ぜんしゃ》はひからびてそうぞうしく、後者《こうしゃ》はきどった響《ひび》きのものが多《おお》く、これまで、これといった声《こえ》をきかしてもらってないわたしに、文学者永井荷風《ぶんがくしゃながいかふう》の声《こえ》は、近《ちか》ごろにない楽《たの》しみでした。

よいかげんなもの

わたしはこのごろ、人間《にんげん》は案外《あんがい》、よい加減《かげん》なものを多分《たぶん》にもっていると、淋《さび》しくおもうことがあります。

かりに、個人《こじん》の喜怒哀楽《きどあいらく》をグラフをつけてみて、そのグラフに表《あら》われているものと、その喜怒《きど》哀楽《あいらく》の動機《どうき》を考《かん》がえると、人間《にんげん》は案外《あんがい》、小《こ》ぎたない生《い》き方《かた》を平気《へいき》でしていることに、驚《おどろ》かされるのではないかとおもうのです。感情《かんじょう》を動《うご》かしている現実《げんじつ》には、よいかげんなものが多《おお》いようです。

それとは別《べつ》に、わたしの知《し》っている人《ひと》で、個人《こじん》としては神《かみ》への熱烈《ねつれつ》な信仰的情熱《しんこうてきじょうねつ》をもち、厳《げん》格《かく》な生活《せいかつ》を守《まも》ってきた方《かた》で、今日《こんにち》、教団《きょうだん》へ或《あ》る条件《じょうけん》をもって来《き》た方《かた》があります。

自分《じぶん》の熱心《ねっしん》な、永《なが》い信仰生活《しんこうせいかつ》に反《はん》して、現在《げんざい》、教団《きょうだん》から報《むく》われるものの少《すく》ないことをこぼされたのですが、その方《かた》はこれまで、個人的《こじんてき》な信仰《しんこう》は熱心《ねっしん》でも、教団《きょうだん》のために尽《つ》くすということは、ほとんどなかったので教団《きょうだん》としては、この方《かた》にだけ特別《とくべつ》どうして上《あ》げようもないのです。にもかかわらず、不満《ふまん》をもって来《こ》られたというのは、ものごとを自分本位《じぶんほんい》に考《かんが》え、自分《じぶん》に身《み》びいきしてものごとをきめてしまい易《やす》いのではないかと思《おも》うのです。そうした錯覚《さっかく》には入《い》ると、なかなか頑《がん》固《こ》でぬけきれないもののようで、これはよほど私《わたし》たちも気《き》をつけねばならないとおもったことがあります。

ほんとうの信仰《しんこう》で、神《かみ》さまに対《たい》して熱心《ねっしん》であれば、それはかならず、神《かみ》さまから報《むく》われるものがあると信《しん》じます。それでその方《かた》も、かならず神《かみ》さまからそれ相応《そうおう》のおかげがあると信《しん》じますが、その方《かた》は、教団《きょうだん》に対《たい》して、これまで、どうということはなかったのですから、教団《きょうだん》からこの方《かた》に、特別《とくべつ》になにか、さしていただくことはなかったわけです。そういうところに、なにかわからない、ややこしい、不鮮明《ふせんめい》なものを持《も》ちやすいようです。

今日《こんにち》、社会《しゃかい》で人間《にんげん》を不幸《ふこう》におとしいれているものに、この自己《じこ》の見解《けんかい》の不鮮明《ふせんめい》さに原因《げんいん》するものがかなり多《おお》いのではないかとおもわれます。それで、わたしたちは、自分《じぶん》の考《かんが》えについても、人間《にんげん》の弱点《じゃくてん》からくるよい加減《かげん》な、身《み》びいきな感情《かんじょう》にひっかかっていないかを、一応批判《おうひはん》してみる必要《ひつよう》があるのではないかとおもうのです。

それからもう一つ。

教団名《きょうだんめい》が、〝愛善苑《あいぜんえん》〟から〝大本《おほもと》〟に変《か》わるときに、あるひとりの方《かた》が、意見《いけん》を聞《き》きに来《こ》られました。わたしは、

『もともと〝大本《おほもと》〟という名《な》があったのですし、奉斎《ほうさい》している神《かみ》も、教旨《きょうし》も変《か》わっていないのですから、「愛善苑《あいぜんえん》」で発足《ほっそく》した時《とき》に、どうして〝大本《おほもと》〟という名《な》を戴《いただ》かないのかと不満《ふまん》におもったほどです。しかし〝愛善苑《あいぜんえん》〟の名《な》を挙《あ》げてから幾年《いくねん》かを経過《けいか》しているのですし、今《いま》さら、また〝大本《おほもと》〟に変《か》えるのは、それも時代《じだい》の風潮《ふうちょう》によって変貌《へんぼう》するようでは、教団名《きょうだんめい》一つにしても、やはり節操《せっそう》が保《たも》てないということは、宗教団体《しゅうきょうだんたい》としても淋《さび》しく、これはわたしの個性《こせい》で

は許《ゆる》されないことです』

と私見《しけん》を述《の》べました。ところが、

『しかし、聖師《せいし》さまが「〇年先《ねんさき》には〃大本《おほもと》〃の名《な》にするように」というお言葉《ことば》を残《のこ》されているのですよ』

と、わたしをたしなめるので、

『父《ちち》は父《ちち》、わたしはわたしですよ。あなたは、わたしの意見《いけん》を聞《き》きたいと仰有《おつしや》ったので、わたしの思《おも》っているままに答《こた》えたのです。わたしの申《もう》し上《あ》げたことが、あなたの思《おも》っていられる父《ちち》の言葉《ことば》と符《ふ》を一にせないから、困《こま》るというのでしたら、初《はじ》めからなにも、わたしの意見《いけん》など、お聞《き》きにならなければよろしいでしょうに……』

と、それきりにしました。ここにも考《かんが》えさせられるものがあります。

その方《かた》は、正直一途《しょうじきいちず》な信仰熱心《しんこうねっしん》といわれている方《かた》で、それだけに、父《ちち》の言葉《ことば》のままにわたしを諭《さと》されたのでしょうが、こういう人《ひと》は、自分《じぶん》の信《しん》じていることにかたくなで、自分《じぶん》の、これとおもう形《かたち》の壺《つぼ》に人《ひと》をもはめこまねばおかない、よくいえば、一種《しゅ》の不屈《ふくつ》の魂《たましい》があるということになるのかも知《し》れませんが、そのために人間《にんげん》として大切《たいせつ》なものを失《しっ》することになりましょう。

人《ひと》の意見《いけん》を聴《き》くのでしたら、たとえそれが自分《じぶん》の思《おも》いと違《ちが》ったとしても、一応《おう》そのままに受《う》け容《い》れるのが礼《れい》です。それが、どうにも自己《じこ》を主張《しゅちょう》せねば、自分《じぶん》の気持《きもち》がおさまらないということは、考《かんが》えてみるべきでしょう。

そこでわたしは、自己《じこ》の主張《しゅちょう》を固執《こしつ》するということと別《べつ》に、大《おお》きな意味《いみ》の礼《れい》を失《しっ》しないように、お互《たが》いが努力《どりょく》するのでなくては、教団《きょうだん》での生活《せいかつ》も、社会《しゃかい》での生活《せいかつ》も、本当《ほんとう》の調和《ちょうわ》をもたらすことはできないとおもいます。（昭二八、三）

日日の修行へ

大本事件中《おほもとじけんちゅう》の昭和十四年《しょうわねん》、わたしはときどき尼僧《にそう》の友《とも》につれられて、ある洛中《らくちゅう》の尼寺《あまでら》を訪《たず》ね、時《とき》には坐禅《ざぜん》の中《なか》にも入《い》れてもらいました。（特高《とっこう》から転向《てんこう》を強《し》いられていたので、警察《けいさつ》の目《め》をカムフラージュするというわけでもないのですが）

そこは、月《つき》に一週間《しゅうかん》くらい、導師《どうし》とでもいうのでしょうか男僧《だんそう》がきて、経典《きょうてん》の講話《こうわ》をしたり、坐禅《ざぜん》をくんだり、尼僧《にそう》に一通《とお》りの学業《がくぎょう》をおしえるのでした。若《わか》い人《ひと》たちではあり、いろいろな欲《よく》望《ぼう》をおさえての、けんめいの修行《しゅぎょう》ですから、生《なま》やさしいものではありませんでした。

そのころはもう世《よ》の中《なか》も、大東亜戦争《だいとうあせんそう》に入《はい》ろうとしている時代《じだい》で、世間《せけん》一般《ぱん》も生《い》きづらくなっていました。

わたくしは、講話《こうわ》を聞《き》きながら、坐禅《ざぜん》をくみながら、しばしばおもいました。

〈修行《しゅぎょう》というものは、こういう特別《とくべつ》の境涯《きょうがい》に入《い》ることばかりではない〉と。

それは禅堂《ぜんどう》で坐禅《ざぜん》を受《う》けることも、道場《どうじょう》に終日端坐《しゅうじったんざ》して聴聞《ちょうもん》することも修行《しゅぎょう》であり、さてあの烈《はげ》しい禅《ぜん》の行《ぎょう》の容易《ようい》ならぬ、成《な》し難《がた》さをもおもうのですが。

もう一つわたくしには、

生《い》きた社会《しゃかい》の中《なか》に……歩《あゆ》ませられている現実《げんじつ》の中《なか》に、わたしの求《もと》めてゆく修行《しゅぎょう》があることをおもいました。

道場《どうじょう》という、改《あらた》まった気持《きもち》になり易《やす》い、そうあらせられるべく、すべてが整《ととの》えられた環境《かんきょう》での修行《しゅぎょう》が、そのまま実際《じっさい》の社会《しゃかい》に間《ま》に合《あ》うかどうかは疑問《ぎもん》とすべきで、そういうことだけで、現実《げんじつ》の社会《しゃかい》にいる生《い》きた人間《にんげん》のわたしたちが、救《すく》われることは難《むず》かしいのではないでしょうか。

現実社会《げんじつしゃかい》を離《はな》れて深山幽谷《しんざんゆうこく》に修行《しゅぎょう》することも、修験道《しゅげんどう》に打《う》ち込《こ》んでゆく修行《しゅぎょう》も同《おな》じでしょう。

わたくしたちは、生《い》きた現実《げんじつ》に直面《ちょくめん》した時《とき》、そこに峨々《がが》たる峻岳《しゅんがく》にもまさる、磈磊《かいらい》たる人生行路《じんせいこうろ》に踏《ふ》みなずみ、人《ひと》の世《よ》の越《こ》し難《がた》さに思《おも》いを及《およ》ぼすものです。

尼僧《にそう》の禅堂《ぜんどう》での整《ととの》った美《うつく》しい修行《しゅぎょう》も、きびしいものでありますが、わたくしたちの本当《ほんとう》の修《しゅ》行《ぎょう》はやはり、普通《ふつう》の家庭《かてい》の主婦《しゅふ》が、暮《くら》してゆく日々《にちにち》の生活行為《せいかつこうい》の中《なか》にあるものとおもいます。それらの主婦《しゅふ》は、その日《ひ》その日《ひ》の台所《だいどころ》の苦労《くろう》にも、尊《とうと》い修行《しゅぎょう》を積《つ》んでいます。

わたしは〈現実《げんじつ》のこの時事《じじ》に複雑《ふくざつ》な世《よ》の中《なか》に生《い》きて、にこやかな平静《へいせい》な気持《きもち》で生《い》きてゆくことこそ〝修行《しゅぎょう》〟である〉と思《おも》います。

いやな気持《きもち》になることの多《おお》い世《よ》の中《なか》で、いつもあたたかい気持《きもち》をもちつづける努力《どりょく》こそ〝行《ぎょう》〟というものだとおもいます。

——満員列車《まんいんれっしゃ》の中《なか》で、たくましい男《おとこ》が座席《ざせき》をほしいままに奪《うば》い、ふんぞり返《かえ》っている——そういう嫌悪《けんお》を感《かん》じさせる者《もの》にも、平静《へいせい》に善処《ぜんしょ》してゆくという、なんでもないような至難《しなん》なことに修《しゅ》行《ぎょう》があるとおもいます。

その日《ひ》その時《とき》の感情《こころ》を直《なお》く、落《お》ち易《やす》い気持《きもち》を支《ささ》えて温《あたた》かく清涼《せいりょう》に保《たも》つことこそ、人生《じんせい》という道《どう》場《じょう》での唯一《ゆいいつ》の修行《しゅぎょう》でしょう。

実際《じっさい》、この世《よ》の中《なか》には、人間《にんげん》の感情《かんじょう》をめぐって、複雑《ふくざつ》なことがらが生《しょう》じます。ことに、人間相《にんげんそう》互《ご》がかもし出《だ》す感情《かんじょう》の問題《もんだい》、感情《かんじょう》のもつれほど、人間社会《にんげんしゃかい》を難《むず》かしくするものはないでしょう。

また、善悪《ぜんあく》の判断《はんだん》にしても、三人《にん》が三人《にん》とも異《ことな》ってくる場合《ばあい》がおうおうにして起《お》こります。

そういう実際《じっさい》の人生《じんせい》に生《い》きて、そこに真《しん》と善《ぜん》と美《び》と、それらの調和《ちょうわ》を求《もと》めつつ生活《せいかつ》してゆくことこそ、真実《しんじつ》の修行《しゅぎょう》であるとわたしはおもいます。（昭二八、四）

郷愁譜

1 ツバナ

ツンバラ
ツンバラ
耳《みみ》ツンバラ
耳《みみ》ニ巻《ま》イテ
スットントン

といいながら、

村《むら》はずれの丘《おか》に立《た》って、村《むら》の子《こ》につんでもらった茅花《つばな》の穂《ほ》を、その女《おんな》の児《こ》のするように、耳《みみ》のところにもっていって、くるくると輪《わ》にまいては食《た》べるのでした。そして、いつまでもあきずに、同《おな》じことをくりかえすのでした。

寒《さむ》い夕《ゆう》ぐれの風《かぜ》に驚《おどろ》いて、女童《おんなわらべ》の中《なか》の一人《ひとり》が、「狐《キツネ》ニ化《バ》カサレルー」といいながら駈《か》け出《だ》すと、わたしはほんとに、もう背後《うしろ》から狐《きつね》が追《お》っかけてきているような、錯覚《さっかく》にとらわれて逃《に》げてかえるのでした。

2　落　椿

椿《つばき》の花《はな》が落《お》ち重《かさ》なった、村《むら》の生垣《いけがき》の傍《そば》で、おちた花《はな》の蜜《みつ》を吸《す》うことも、誰《たれ》かにおそわっておぼえました。

3　雪　の　匂　い

ある雪《ゆき》の朝《あさ》、わたしは一人《ひとり》、村道《そんどう》に添《そ》った、茶《ちゃ》の木畑《きばたけ》を前《まえ》に、懐手《ふところで》をしたまま立《た》っていました。

朝《あさ》たけた陽《ひ》が、こんもりと丸《まる》く茂《しげ》った茶《ちゃ》の木《き》の上《うえ》の雪《ゆき》に射《さ》し、その雪《ゆき》が、薄《うす》く練《ね》った葛湯《くずゆ》のような色《いろ》に透《す》いて、雫《しずく》しかけているのに見《み》とれていたのです。その雫《しずく》の先《さき》には、丸《まる》い金《きん》の露《つゆ》がこぼれかかっています。

美《うつく》しさに堪《た》えがたくなって、唇《くちびる》をよせては、その雫《しずく》の、ひとつひとつを吸《す》いながら、かすかなかすかな、ほこりくさい雪《ゆき》の匂《にお》いに、哀感《あいかん》をおぼえるのでした。

4　ややこぐさ

早春《そうしゅん》の村径《むらみち》や、屋敷《やしき》の空地《あきち》などに、童女《どうじょ》の垂《た》り髪《がみ》が、風《かぜ》に乱《みだ》れたように、緑《みどり》の点々《てんてん》を、あるいは、絨氈《じゅうたん》をひろげたように、生《お》い出《で》たややこ草《ぐさ》（髦草《かもじそう》）を摘《つ》んで、両手《りょうて》にもみあわせ、やわらかい感触《かんしょく》と、母《はは》の乳《ちち》をおもわせる、その香《かお》りをかいで、感傷《かんしょう》したのも昨日《きのう》のようです。

5　款冬（かんとう）のしん

手《て》に染《そ》むような、青《あお》い山吹《やまぶき》の枝《えだ》を折《お》って皮《かわ》をはぐと、中《なか》から白《しろ》い身《み》が出《で》てきます。

それを口《くち》にかんでは、そのたよりないようでいて、弾力《だんりょく》のある感触《かんしょく》をたのしんだものです。

6　流水の小石

母《はは》が衣《きぬ》をすすぎ（そそぎ）にいった時《とき》、つれられて、わたしは川《かわ》の浅《あさ》いとこにはいって、しずかな水《みず》しわの中《なか》に透《す》いて見《み》える、川底《かわぞこ》の石《いし》をみつめていました。

うす紅《べに》に、黄《き》いろに、うす茶《ちゃ》に丸《まる》みをもった滑《なめ》らかなその小石《こいし》は、いいようのないうるおいがあって、わたしの心《こころ》をそそります。

胸《むね》をときめかしつつ、その一つを、手《て》にとって見《み》ますと、すっと水気《すいき》が引《ひ》いて、かわいた、なんの見《み》どころもない、ただの小石《こいし》になってしまいます。失望《しっぼう》してはまた、同《おな》じことをくりかえし、時《とき》のたつのを忘《わす》れていました。

7　小豆御飯

季節《きせつ》はいつでしたか、村《むら》の細《ほそ》いみちの側《かたわ》らに、竹《たけ》の皮《かわ》にのせて、小豆御飯《あずきごはん》がおいてありました。

それに笹《ささ》を添《そ》えて、

ゆくみちの辻々《つじつじ》にも同《おな》じようにして、
母《はは》は——あれは、ほうそ神《がみ》が好《す》きやで、病人《びょうにん》ができると、早《はや》くいんで（帰《かえ》って）もらうように、そこの家《いえ》の人《ひと》がお供《そな》えするんや、たべたらこわいで——とおしえてくれました。
わたしには、小豆御飯《あずきごはん》は魅力《みりょく》がないので、あの赤《あか》い色《いろ》にも不快《ふかい》な、ぶきみな物《もの》を感《かん》じ、熱病《ねつびょう》の時《とき》、サフランを口《くち》にぬってもらったのと同《おな》じ、妖《あや》しいおもいにとらわれるのでした。（昭二八、四）

蓮月尼に想う

わたしが書物《しょもつ》にしたしみ初《はじ》めたのは、明治維新《めいじいしん》のために活躍《かつやく》した、勤王志士伝《きんのうししでん》からでしょう。

少女《しょうじょ》のころ、当時《とうじ》の教団幹部《きょうだんかんぶ》に梅田信之《うめだのぶゆき》という方《かた》がいて、その人《ひと》が、わたしにすすめてくれた読《よみ》ものがそれでした。もっとも、それ以前《いぜん》に〝立川文庫《たてかわぶんこ》〟という豆本《まめほん》の豪傑武勇伝《ごうけつぶゆうでん》をむさぼり読《よ》んだこともありますが、これは、このごろの子供《こども》の漫画《まんが》と変《か》わらないでしょう。身《み》を捨《す》て一途《いちず》に国《くに》を愛《あい》した志士伝《ししでん》が読書《どくしょ》への門《もん》となり、志士《しし》の生涯《しょうがい》にただに感激《かんげき》していました。しかし、これも今《いま》から考《かんが》えてみますと、今《いま》どきの少女《しょうじょ》が、歌劇《かげき》のスターにあこがれるのと大差《たいさ》ない、乙女《おとめ》の日《ひ》の感傷《かんしょう》のそれであったかもしれません。

志士伝《ししでん》のうちでも、わたしは志士《しし》ののこした歌《うた》に、非常《ひじょう》な感銘《かんめい》を受《う》けたもので、ことに吉田松陰《よしだしょういん》とか平野国臣《ひらのくにおみ》という人《ひと》の歌《うた》の調《しら》べから、わたしは乙女《おとめ》の生命《いのち》が発芽《はつが》してくるような共鳴《きょうめい》を感《かん》じました。

それら志士伝《ししでん》の中《うち》に、野村望東尼《のむらぼうとうに》と蓮月尼《れんげつに》の二人《ふたり》の女性《じょせい》があり、蓮月尼《れんげつに》は今日《こんにち》なお、頭《あたま》にのこっている日本女性《にほんじょせい》の一人《ひとり》です。

わたしが志士伝《ししでん》を愛読《あいどく》し、勤王家《きんのうか》にのぼせていたころは、どちらかというと、蓮月尼《れんげつに》はさびしい存在《そんざい》で、勤王運動《きんのううんどう》へ熱烈《ねつれつ》に奔走《ほんそう》した望東尼《ぼうとうに》に感激《かんげき》を覚《おぼ》えました。それは蓮月尼《れんげつに》がいわゆる勤王家《きんのうか》でなかったことに物足《ものた》らなさを感《かん》じていたのです。

望東尼《ぼうとうに》には勤王《きんのう》の烈々《れつれつ》たる歌《うた》があり、蓮月尼《れんげつに》には少《すこ》しもそのような歌《うた》がみれません。蛤御門《はまぐりごもん》の戦《たたかい》にも、望東尼《ぼうとうに》は勤王方《きんのうがた》のために詠《うた》っており、蓮月尼《れんげつに》は――勤王《きんのう》とか佐幕《さばく》とかいっても、同《おな》じ日本人《にほんじん》であり、それが双方《そうほう》に別《わか》れて武力戦争《ぶりょくせんそう》をするのは、日本《にほん》のためにはならない――というような歌《うた》を詠《うた》っていて、わたしは当時《とうじ》、そういうハッキリした思想《しそう》のない歌《うた》に、淋《さび》しいものを感《かん》じました。

それに普通《ふつう》、世間《せけん》でもてはやしている蓮月尼《れんげつに》のエピソードから、わたしは嫌悪《けんお》をさえ覚《おぼ》えていました。

――蓮月《れんげつ》が、美人《びじん》であるために、尼僧《にそう》になっても、恋慕《れんぼ》をかけてくる異性《いせい》の誘惑《ゆうわく》が多《おお》く、ある日《ひ》、自分《じぶん》の歯《は》をキュウキュウといわせて抜《ぬ》いてしまった――

という一話《わ》が、ことに嫌味《いやみ》で、世間的《せけんてき》な愛嬌《あいきょう》をふりまいたような感《かん》じの厭《いや》な女性《じょせい》だとおもっていました。

そのうち、機会《きかい》あって蓮月尼《れんげつに》の日記《にっき》や書簡集《しょかんしゅう》を読《よ》むにおよんで、わたしの、これまでの蓮月尼《れんげつに》に対《たい》する気持《きもち》が変《わ》わってきました。その日記《にっき》・書簡集《しょかんしゅう》には、わたしの祖母《そぼ》の日常《にちじょう》を想《おも》わすような、高《たか》い素朴《そぼく》な生活《せいかつ》の香《かおり》がただようていました。

いま、年《とし》を経《へ》てわたしは、ハッキリした思想《しそう》がないとおもっていた蓮月尼《れんげつに》の方《ほう》に、より高《たか》い思想《しそう》の在《あ》り方《かた》を発見《はっけん》するようになりました。人間《にんげん》らしい、愛情《あいじょう》の深《ふか》い、片寄《かたよ》りのない思想《しそう》を感《かん》ずるにいたり、蓮月尼《れんげつに》のすすんできた道《みち》に、わたしは共鳴《きょうめい》をおぼえています。

わたしが読《よ》んだくらいのものでは、大《たい》したことはありませんが、その範囲《はんい》では、蓮月尼《れんげつに》はいうところの勤王家《きんのうか》ではなかったようです。

それは——野村望東尼《のむらぼうとうに》が、蓮月《れんげつ》という美人《びじん》で勤王家《きんのうか》の尼僧《にそう》の評判《ひょうばん》を聞《き》いて、わざわざ会《あ》いにいった日《ひ》の日記《にっき》には、〈美《うつく》しい尼僧《にそう》であった〉という一行《ぎょう》の他《ほか》は、蓮月尼《れんげつに》に対《たい》する感想《かんそう》を望東尼《ほうとうに》は何《なに》も記入《きにゅう》していない——ことです。

これは、わたしの推理《すいり》でありますが、あの熱烈《ねつれつ》な勤王家《きんのうか》の望東尼《ほうとうに》が、もし蓮月尼《れいげつに》の口《くち》から、自《じ》己《こ》の主張《しゅちょう》に似《に》た思想《しそう》を聞《き》いたとなれば、それを書《か》き止《と》めねばおかなかったでしょう。おそらく蓮《れん》月尼《げつに》からは、そういう思想《しそう》の共通点《きょうつうてん》を見出《みいだ》すことができなくて、望東尼《ぼうとうに》は失望《しつぼう》したのではないかとおもうのです。

勤王方《きんのうがた》にも幕府方《ばくふがた》にも、人間《にんげん》らしい立場《たちば》に立《た》って、双方《そうほう》の人《ひと》びとに愛情《あいじょう》をもっていた蓮月尼《れんげつに》に、望東尼《ぼうとうに》は物足《ものた》らず失望《しつぼう》を感《かん》じたのでしょう。

蓮月尼《れんげつに》という人《ひと》は、はっきりと片寄《かたよ》れない、もう一つ大《おお》きなものを持《も》っていたのではないかとおもわれるのです。それが、わたしも、少女《しょうじょ》のころは頼《たよ》りなくおもわれましたが、いまそのことを好《この》ましく感《かん》じ、そういう蓮月尼《れんげつに》を、わたしは描《えが》いています。

いつか読《よ》んだ、九条武子《くじょうたけこ》夫人《ふじん》の作《つく》られた「蓮月尼《れんげつに》」という戯曲《ぎきょく》では——蓮月尼《れんげつに》は相当《そうとう》な勤王家《きんのうか》——になっていて、その時《とき》わたしは、熱烈《ねつれつ》な勤王家《きんのうか》というだけの蓮月尼《れんげつに》をかえって淋《さび》しく感《かん》じ、そこに少女《しょうじょ》のころには見《み》れなかったわたしの、それは、年令《ねんれい》が作《つく》り上《あ》げてゆく人生《じんせい》の断層《だんそう》を見《み》せられるような気持《きもち》がしたものです。(昭二八、五)

葉がくれ硯

これといったことはないのですが、日出麿《ひでまる》との結婚《けっこん》や、その後《ご》のわたしたちの生活《せいかつ》の断片的《だんぺんてき》な記憶《きおく》については、別《べつ》に、少《すこ》しく記《しる》しておこうかともおもっています。

結婚《けっこん》して事件《じけん》のおきるまで満《まん》六年半《ねんはん》、そのなかを日出麿《ひでまる》は大本《おほもと》のため旅行《りょこう》がちで、わたしたちに許《ゆる》されたのは、わずかの月日《つきひ》で、来《く》る朝《あした》、夕《ゆうべ》をいとおしみつつ過《すご》した平安《へいあん》も、弾圧《だんあつ》と同時《どうじ》に、日出麿《ひでまる》が刑務所《けいむしょ》にひかれていったことにより、さかれてしまいました。

そうして、今日《こんにち》にいたるわたしたちの生活《せいかつ》が始《はじ》まりました。

日出麿《ひでまる》というひとは温和《おんわ》な、人《ひと》を責《せ》めることの少《すこ》しもできない、誰《たれ》に対《たい》しても心《こころ》の温《あたた》かい人《ひと》であります。わたしたちの間《あいだ》へ、よく、人《ひと》を誹謗《ひぼう》する噂《うわさ》が運《はこ》ばれてくることがあっても、

「まア、見《み》とってみい、そのうちに良《よ》うなるで。ワシにもそういう頃《ころ》があったでなア」

と、しみじみと語《かた》るのでした。

日出麿《ひでまる》も若《わか》いころには、神《かみ》の実在《じつざい》や霊魂《れいこん》の存在《そんざい》について懐疑的《かいぎてき》になり、悩《なや》んだことがあるといわれていましたが、その中《なか》を、少《すこ》しずつ、いろいろな段階《だんかい》を経《へ》て、思索《しさく》を高《たか》めつつ、つみ上《あ》げていった体験《たいけん》により、わたしと結婚《けっこん》したころには、神《かみ》の存在《そんざい》と神霊《しんれい》の一切《さい》を認識《にんしき》して、不動《ふどう》の、高《たか》い信仰《しんこう》の境地《きょうち》に到達《とうたつ》していられたとわたしはおもっています。

そして、日出麿《ひでまる》という人《ひと》は、〈表裏《ひょうり》のない人《ひと》〉であります。

人間《にんげん》というものは、外《そと》に出《で》て優《やさ》しい人《ひと》は、家庭《かてい》では暴君《ぼうくん》であったり、それほど極端《きょくたん》でなくとも、どこかに表裏《ひょうり》をもって生《い》きているものです。よく修行《しゅぎょう》のできた人《ひと》でも、どこかに少《すこ》しは息抜《いきぬ》きをする裏面《りめん》をもっているものですが、それがまったく見受《みう》けられませんでした。

それは、生《う》まれつきの天性《てんせい》のようで、そういう、人間性《にんげんせい》の中《なか》に、私《わたし》は高《たか》い〈神性《しんせい》〉を感《かん》じます。

そこに、人間的《にんげんてき》にみて、不思議《ふしぎ》を感《かん》じています。

これは、一時的《じてき》な超自然的《ちょうしぜんてき》な現象《げんしょう》のいたり得《え》ない、高《たか》い真実《しんじつ》の神秘《しんぴ》であるとわたしは思《おも》います。

世《よ》には、霊的《れいてき》に片《かた》よりすぎた、それも、あまりに幼稚《ようち》な動機《どうき》の神秘観《しんぴかん》の多《おお》いことを、わたしはおもいますが、神秘《しんぴ》というものは、人間《にんげん》が常識《じょうしき》から考《かんが》えても肯《うな》ずけるものがなければなりません。なんでもないことに思《おも》っているその平凡《へいぼん》の中《なか》に、神秘《しんぴ》は生《う》まれているものです。

その意味《いみ》で〈人間《にんげん》〉というものは、神秘《しんぴ》で包《つつ》まれているとわたしはおもいます。

人間《にんげん》の生《い》きていることに、存在《そんざい》させられている中《なか》に、非常《ひじょう》に味《あじ》わい深《ふか》い神秘《しんぴ》がふくまれています。

それが、ただ奇妙《きみょう》というだけの霊的現象《れいてきげんしょう》に、自己《じこ》の道徳性《どうとくせい》をおきざりにしたはかない幻惑《げんわく》を感《かん》じ、これを神秘《しんぴ》と称《しょう》されていることがおうおうあります。

そうして、そういう気持《きもち》のものとやや似《に》かよった求《もと》め方《かた》で、あのひとを、過去《かこ》においても現在《げんざい》においても慕《した》う人《ひと》のあることを、わたしは、あのひとのためにさびしく、気《き》の毒《どく》におもうのです。

日出麿《ひでまる》の現在《げんざい》の状態《じょうたい》には、わたしたちでは判断《はんだん》がつかないものが秘《ひ》められています。それで現《げん》在《ざい》のあの人《ひと》を、どういう神《かみ》さまのおぼしめしかは、はっきりと申《もう》し上《あ》げられません。ただ、過去《かこ》においてあれだけ立派《りっぱ》な人《ひと》であったということと、今日《こんにち》、高《たか》い心境《しんきょう》に立《た》たれていることはいえます。

しかし、現在《げんざい》のあの方《かた》をわたしは、静《しず》かにおいてあげたいのです。わたしの、日出麿《ひでまる》への切実《せつじつ》な気持《きもち》は、誰《たれ》にも分《わ》かってもらえないようにおもいますが、ただ、夫《おっと》としてでなくとも——大本《おほもと》事件解決《じけんかいけつ》の鍵《かぎ》を握《にぎ》り、大本《おほもと》のために、現在《げんざい》の状態《じょうたい》に這入《はい》って行《い》った偉大《いだい》な人《ひと》——として、心《こころ》を配《くば》っていただきたいとおもいます。

現在《げんざい》のあのひとに、自己《じこ》の信仰観《しんこうかん》からくる期待《きたい》をかけ、自分《じぶん》の足元《あしもと》をおろそかにしている人《ひと》もありますが、信仰《しんこう》も人生《じんせい》も神秘《しんぴ》も、大地《だいち》に根《ね》をもった樹木《じゅもく》のような姿《すがた》でありたいとおもいます。

わたしは裏表《うらおもて》のない、温《あたた》かい、あの清《きよ》らかな生《き》漉《ずき》の紙《かみ》のような人間性《にんげんせい》を慕《した》い、それに学《まな》んでゆきたいとおもっています。（昭二八、六）

松と楓と椿のあるみささぎ

日本《にほん》の和歌史《わかし》をひもとかれた方《かた》は、南北朝《なんぼくちょう》の「風雅集《ふうがしゅう》」に、こころを止《と》められたことがありましょう。

風雅集《ふうがしゅう》は、花園法皇御撰《はなぞのほうおうぎょせん》のよし拾芥抄《しゅうかいしょう》その他《た》にもみえますが、近説《きんせつ》には、光厳院《こうごんいん》の親《した》しくお撰《えら》みあそばしたもので、花園法皇《はなぞのほうおう》は御監修《ごかんしゅう》あらせられたものとうかがいます。

これまで、わたしは、千載集《ざいしゅう》や新葉集《しんようしゅう》の南朝《なんちょう》の和歌《わか》は好《この》んで拝誦《はいしょう》しましたが、光厳院《こうごんいん》が北朝《ほくちょう》の御系統《ごけいとう》にあらせられたという、私《わたし》たちの学《まな》んだ南北朝史《なんぼくちょうし》の粗《あら》い概念《がいねん》にとらわれて、光厳院《こうごんいん》の御製《ぎょせい》を、こころに染《そ》めることもなく過《す》ごし、したがって、光厳院《こうごんいん》のみこころに、特別《とくべつ》の感情《かんじょう》を抱《いだ》くことなくきました。

それが、今年《ことし》の春《はる》、ゆくりなくも山国村《やまぐにむら》の〈九重《ここのえ》のさくら〉を訪《おと》ずれ、ろうろうと咲《さ》きしずもる花《はな》の影《かげ》にさそわれ、光厳院《こうごんいん》のミササギに詣《もう》ずることができ、そのみささぎのおんふりから、院《いん》のお優《やさ》しいみ心《こころ》に照《て》らされ、深《ふか》くお慕《した》い申《もう》し上《あ》げました。

わたしが九重《ここのえ》のさくらのうわさを聞《き》いたのは、もう二十年《ねん》も前《まえ》のことです。以来《いらい》、春《はる》のめぐり来《く》るごと、その見事《みごと》な花《さくら》を仰《あお》ぎたく憧《あこが》れつつも、洛外深《らくがいふか》くふみ別《わ》けることなく暮《く》れましたが、この春《はる》、友《とも》のさそいをいただき念願《ねんがん》をかなえることができました。

山国村《やまぐにむら》へは、京都駅《きょうとえき》から周山行《しゅうざんゆき》のバスが出《で》ています。洛中《らくちゅう》を仁和寺街道《にんなじかいどう》にとり、古《ふる》くより紅葉《もみじ》狩《がり》で著名《ちょめい》な高尾《たかお》、槇《まき》の尾《お》を過《す》ぎ、明恵上人《みょうえしょうにん》の庵《いおり》のあった栂《とが》の尾《お》を越《こ》してゆきます。

さらにゆく道《みち》には、前夜《ぜんや》の雨《あめ》の湿《しめ》りが残《のこ》っていて、あまり嶮《けわ》しくはない坂《さか》の下《した》を、ゆるやかに谷川《たにがわ》が流《なが》れ、道々《みちみち》ところどころに山桜《やまざくら》の花《はな》が六分《ぶ》咲《ざ》きに咲《さ》きでて、出潮《でしお》の紅葉《もみじ》も眼《め》に射《さ》してきました。惜《お》しいことに、背景《はいけい》の杉《すぎ》、桧《ひのき》の木《き》が伐《き》られていて、これらの木《き》が茂《しげ》って幽邃《ゆうすい》な緑《みどり》の中《なか》の花《さくら》であればと惜《お》しまれました。

昔《むかし》なら峠《とうげ》を徒歩《かち》で七里《り》、男子《だんし》でも相当《そうとう》に苦《くる》しい山越《やまご》えであったろうとおもいつつ山国《やまぐに》に入《い》ると、さすがに山深《やまぶか》い山気《さんき》を感《かん》じます。全山《ぜんざん》をこめて素性《すじょう》の良《よ》い北山丸太《きたやままるた》の杉《すぎ》が画《えが》いたように美《うつく》しく並《なら》んでいるのは、この辺《あた》りの特長《とくちょう》です。

九重《ここのえ》の桜《さくら》は山国常照皇寺《やまぐにじょうしょうこうじ》の山内《さんない》にありました。

石段《いしだん》をわたって進《すす》む参道《さんどう》の、両側《りょうがわ》は、山桜《やまさくら》の並木《なみき》になっていて、若木《わかぎ》の桜《さくら》もあります。山内《さんない》のアセビの花《はな》はすぎ、蔭《かげ》に猩々袴《しょうじょうばかま》が葉《は》も花《はな》も小《ちい》さくて可愛《かわ》ゆく咲《さ》いていました。

常照皇寺《じょうしょうこうじ》は今《いま》から六百年《ねん》ほど前《まえ》の貞治元年《ていじがんねん》に光厳院《こうごんいん》の御開基《ごかいき》で創立《そうりつ》されたのを、百五十年《ねん》ほど前《まえ》に本堂《ほんどう》が焼失《しょうしつ》、再建《さいけん》の記念《きねん》に植《う》えたのが、九重《ここのえ》の桜《さくら》となっています。

ほかに御車返《みくるまがえ》しの桜《さくら》、左近《さこん》の桜《さくら》というのがあり、これも古木《こぼく》でした。九重《ここのえ》の桜《さくら》は根元《ねもと》がこぶこぶともり上《あ》がりいかにも力強《ちからづよ》い感《かん》じの名木《めいぼく》です。薄墨色《うすずみいろ》の幹《みき》から、ほの赤《あか》い細《ほそ》い枝《えだ》が長《なが》く垂《た》れているその姿《ふり》は、祇園《ぎおん》の夜桜《よざくら》も及《およ》ばない気品《きひん》の高《たか》い風情《ふぜい》です。花《はな》は四分《ぶ》どおり残《のこ》っていて、老木《ろうぼく》らしく侘《わ》びた感《かん》じが、かえって親《した》しみふかしくおもわれました。

左近《さこん》の桜《さくら》は、五分咲《ぶざ》きで、上枝《ほつえ》の方《ほう》がこれからというその葉《は》の色《いろ》が、山桜特有《やまざくらとくゆう》のアメ色《いろ》の、底《そこ》に深《ふか》く紅《べに》を染《そ》めた美《うつく》しさにひかれました。

かねて常照皇寺《じょうしょうこうじ》は立派《りっぱ》な寺《てら》と聞《き》いていましたが、山《やま》の深《ふか》さに和《わ》して小御所風《ことしょふう》に格調高《かくちょうたか》く建築《けんちく》も庭園《ていえん》も整《ととの》えられ、その裏山《うらやま》の小高《こだか》い丘《おか》に、後花園天皇《ごはなぞのてんのう》、後土御門天皇《ごつちみかどてんのう》の御分陵《ごぶんりょう》と並《なら》んでやさしくも、光厳院《こうごんいん》の御陵《ごりょう》がありました。

御陵《ごりょう》の上《うえ》には、松《まつ》と椿《つばき》と楓《かえで》が植《う》えてあります。

その外《ほか》になんの標《しるし》もなく、三樹《じゅ》が御陵《ごりょう》のみ標《しるし》になっています。

聞《き》けば、このみ標《しるし》は、光厳院《こうごんいん》の御遺言《ごゆいごん》によりお植《う》え申《もう》したものとうけたまわりました。

わたしは陵《みささぎ》の前《まえ》をかしこみつつも、〈光厳院《こうごんいん》〉というイカメシイ文字感《もじかん》に似《に》ない、温《あたた》かい、素朴《そぼく》にして優美《ゆうび》な、そのみ心《こころ》に、お慕《した》わしさの湧《わ》き上《あ》がるのを、禁《きん》じることができませんでした。

○

みささぎのフリは、閑寂《かんじゃく》なというのでしょうか、閑楚《かんそ》というのでしょうか、表現《ひょうげん》の言葉《ことば》もありません。

清和《せいわ》天皇《てんのう》の御陵《ごりょう》も、小《ち》さな丘《おか》を下《くだ》ったところにあって、親《した》しみの深《ふか》い御陵《ごりょう》でしたが、光厳院《こうごんいん》の御陵《ごりょう》は、まるきり様式《ようしき》とでもいうものの異《ことな》ったためずらしいスガタでした。

御自分《ごじぶん》のお亡軀《なきがら》をしずめたもうところのみ標《しるし》に、松《まつ》と椿《つばき》と楓《かえで》を選《えら》ばれて植《う》えさせるべく遺言《ゆいごん》された、そのやさしいみ心《こころ》に、詩人《しじん》の御性格《ごせいかく》が伺《うかが》え、わたしは打《う》たれてしまいました。

歴代《れきだい》の天皇《てんのう》のうちでも、ことに慕《した》わしく、親《した》しみ深《ふか》いものを感《かん》じ思《おも》わず、「なんてお好《す》きな天《てん》皇《のう》さまでいらっしゃいましょう」と洩《も》らしてしまいました。

椿《つばき》は古《ふる》い山椿《やまつばき》で、ちょうど可憐《かれん》な赤《あか》い花《はな》をつけていました。楓《かえで》も古木《こぼく》ですが、日蔭《ひかげ》のため育《そだ》ちおくれていて、松《まつ》は三代目《だいめ》にかわっているとか。

光厳院《こうごんいん》は元弘元年《げんこうがんねん》、御年《おんとし》十九才《さい》で御践祚《ごせんそ》、北朝第《ほくちょうだい》一代《だい》の天皇《てんのう》としてお立《た》ちになりましたが、あのような御遺言《ごゆいごん》をなされる詩人《しじん》であらせられたから、権力《けんりょく》争《あらそ》いの渦中《かちゅう》に耐《た》えられなかったのでしょうか。お悩《なや》みもいろいろおありになったようです。

間《ま》もなく天竜寺《てんりゅうじ》の開山《かいざん》夢窓国師《むそうこくし》を内裏《だいり》に召《め》され、法号袈裟《ほうごうけさ》を受《う》け、円頂《えんちょう》の姿《すがた》と変《か》わられました。

その後《ご》、伏見《ふしみ》の里《さと》に幽閑《ゆうかん》の境《きょう》を求《もと》めてお住《す》まいになりましたが、なお都《みやこ》に近《ちか》く、中使《ちゅうし》の足《あし》に松風《まつかぜ》の音《おと》を、蘿月《らげつ》の寂《じゃく》の乱《みだ》されるを歎《なげ》かれ、草鞋《わらじ》竹杖《ちくじょう》の姿《すがた》で諸国《しょこく》を行脚《あんぎゃ》なされ、漂泊《ひょうはく》のはて、丹波山《たんばやま》国《ぐに》の地《ち》にご駐杖《ちゅうじょう》、常照皇寺《じょうしょうこうじ》をご建立《こんりゅう》、みずから開山《かいざん》とならせたもうたと聞《き》きます。

光厳院《こうごんごん》は政治《せいじ》とかケンソウの中《なか》に身《み》をゆだねることがいとわしく、それで方袍《ほうほう》の身《み》になられたのでしょう。

わたしはこれまで、ただ北朝《ほくちょう》の方《かた》というだけで、偏《かた》よった感情《かんじょう》をもっていたあやまちを、みずから悲《かな》しみつつ、やさしい、温《あたた》かい方《かた》にましましたであろう光厳院《こうごんいん》のみささぎの前《まえ》にたたずみ、久《ひさ》しくそこに思《おも》いをめぐらしました。

山国《やまぐに》での、光厳院《こうごんいん》の御生活《ごせいかつ》は左《さ》の御製《ぎょせい》の中《うち》にしみじみと学《まな》ばせていただくことができます。

おきて見《み》ねどしもふかからし人《ひと》の声《こゑ》の寒《さむ》してふ聞《き》く寒《さむ》き朝明《あさあけ》

軒《のき》につづくひばらが山《やま》に雲《くも》おりてくるる木末《こずゑ》に雨《あめ》おちそめぬ

治《をさ》まらぬ世《よ》のためのみぞうれわしき身《み》のための世《よ》は 遮莫《さもあらばあれ》

光厳院《こうごんいん》のお歌《うた》は、風雅集《ふうがしゅう》、新《しん》千載集《ざいしゅう》、新拾遺集《しんしゅういしゅう》、また続群書類従《ぞくぐんしょるいじゅう》に収《おさ》められています。

（昭二八、七）

平凡の美

宗教《しゅうきょう》を信仰《しんこう》している人《ひと》には、素直《すなお》な心持《こころもち》の、平凡《へいぼん》を尚《たっと》ぶ、人間《にんげん》らしい美《うつく》しさをもっている方《かた》があります。そして、どこか、ものの考《かんが》え方《かた》の落《お》ちついた、重厚《じゅうこう》な一種《しゅ》の圧力《あつりょく》をさえ感《かん》じる方《かた》があります。

それと反対《はんたい》に、宗教《しゅうきょう》を信仰《しんこう》している人《ひと》の中《なか》に——誤《あやま》った信仰《しんこう》から——人間《にんげん》の人間《にんげん》らしい美《うつく》しさを傷《いた》めてしまい、その禍《わざわ》いに自己《じこ》をむしばんでいる人《ひと》もあります。後者《こうしゃ》はちょっと考《かんが》えられないことのようで、意外《いがい》にも、わたしはそういう面《めん》にぶつかり、悲《かな》しいおもいをさせられることがあります。

○

わたしたちにとって、一切《さい》は人間《にんげん》をはなれて存在《そんざい》し得《え》ないものです。

○

宗教的精神《しゅうきょうてきせいしん》の追求《ついきゅう》により、人間性《にんげんせい》がうすれてゆくようでは、宗教《しゅうきょう》などかえって人間《にんげん》には必要《ひつよう》のない存在《そんざい》になりましょう。

宗教《しゅうきょう》によって、本当《ほんとう》に人間《にんげん》らしい生《い》き方《かた》ができ、また社会《しゃかい》に対《たい》して、積極的《せっきょくてき》にプラスしてゆく心情《しんじょう》が、おのずから湧《わ》き出《で》るのでなければなりません。宗教《しゅうきょう》によって人《ひと》が真理《しんり》に生《い》き、正《ただ》しく時代《じだい》にむかう方向《ほうこう》を与《あた》えられるのでなければなりません。さもなければ宗教《しゅうきょう》は、人生《じんせい》にも社会《しゃかい》にも無用《むよう》の存在《そんざい》となってしまいます。

○

人間《にんげん》の本性《ほんせい》の純粋《じゅんすい》なるは、すべて神《かみ》より出《い》でて、これにより人《ひと》は真《しん》に生《い》きることができるのです。

○

宗教《しゅうきょう》を信仰《しんこう》するわたしたちは、日々《にちにち》、自分《じぶん》の心情《しんじょう》の如何《いかん》について、省《かえり》みる必要《ひつよう》があります。そして私《わたし》たちの宗教《しゅうきょう》によって、人間性《にんげんせい》をさらに美化《びか》すべく、つぶさに自己《じこ》を観察《かんさつ》してゆく必要《ひつよう》があります。

雨月物語

少《すこ》し前《まえ》になりますが、京都《きょうと》の四条通《しじょうどお》りを歩《ある》いていて、映画《えいが》〈雨月物語《うげつものがたり》〉の看板《かんばん》が眼《め》にとまるまま、昼《ひる》を闇《くら》い映画館《えいがかん》の座席《ざせき》に一時《とき》を過《す》ごしました。

上田秋成《うえだあきなり》の「雨月物語《うげつものがたり》」に読《よ》みふけったのは、十代《だい》の初《はじ》めのころでした。

内容《ないよう》については、いま、文章《ぶんしょう》そのままを記憶《きおく》していませんが、ただの怪《あや》しいものを描《えが》いただけでない、文底《ぶんてい》から、薄《すすき》の原《はら》のわびしさに似《に》た、深《ふか》い無限感《むげんかん》とでもいうものが、こもり音《ね》にひびいていたことを思《おも》います。

妖怪味《ようかいみ》の中《なか》に、人生《じんせい》の寂《さび》しさが美《うつく》しく描《えが》かれ、怪奇《かいき》の中《なか》に、気品高《きひんたか》い文学性《ぶんがくせい》のあったことを思《おも》い出《だ》すことができます。

しかし映画《えいが》では、わたしが文学《ぶんがく》から受《う》けた芸術性《げいじゅっせい》は、ほとんど表現《ひょうげん》されてなく、俗《ぞく》にいう夫婦愛《ふうふあい》が、さわがしく描《えが》かれていたという以外《いがい》、文学《ぶんがく》にこもっている――刀《かたな》をうちきたえるように単純《たんじゅん》に語《かた》られていた野《の》の風《かぜ》の音《おと》――は、聞《き》きようもありませんでした。

映画《えいが》にしても、文学《ぶんがく》にしても、美《うつく》しい余韻《よいん》の残《のこ》らない芸術《げいじゅつ》は、つまらない思《おも》いがします。何時《いつ》までも、音《おと》とも、色《いろ》ともつかず、調《しらべ》をもってひびいてくる、そういうもののない作品《さくひん》は、さびしいものです。

不満のすりかえ

昭和《しょうわ》十年事件《ねんじけん》で、私《わたし》と妹《いもうと》のむめのが、綾部《あやべ》の藤山麓《ふじやました》で、わびしく同居《どうきょ》していたころのことです。

ご飯炊《はんた》きには自信《じしん》ありげなむめのは、お茶《ちゃ》一つ沸《わ》かすにも、数本《すうほん》のマッチをすらねば火《ひ》が燃《も》えつかないというふうで、その点《てん》、これまでシツケていなかったわたしの方《ほう》が、不馴《ふなれ》ながらも手際《てぎわ》よく、料理《りょうり》もわたしの方《ほう》が上手《じょうず》と、妹《いもうと》に自慢《じまん》していました。

そんな日《ひ》の、ある日曜日《にちようび》の昼《ひる》、わたしたちに訪問者《ほうもんしゃ》がありました。

来客《らいきゃく》があると、お習字《しゅうじ》も、歌《うた》の勉強《べんきょう》もできないという苦痛《くつう》があり、そして妹《いもうと》は不器用《ぶきよう》な手《て》つきで茶《ちゃ》を沸《わ》かさねばなりません。

来客《らいきゃく》は休日《きゅうじつ》のことでもあり、ゆっくりと遊《あそ》びにきてくれたのでしょう、呑気《のんき》な顔《かお》をして世間《せけん》話《ばなし》をはじめました。

さて、むめのの沸《わ》かした茶《ちゃ》が運《はこ》ばれ、それを出《だ》しながらわたしは、――わたしたちが今《いま》、どんな境遇《きょうぐう》にいるか――信者《しんじゃ》のこの人《ひと》に分《わ》からぬはずがない、それに、父《ちち》や母《はは》がどうしているか、という言葉《ことば》は一言《こと》もなしに、はじめから世間話《せけんばなし》をしているとは、余程《よほど》おかしな人間《にんげん》だとおもいました。

けっきょく私《わたし》の方《ほう》から、事件《じけん》の内容《ないよう》に、苦衷《くちゅう》も入《い》れて触《ふ》れてみたのです。すると、

「そんなことをいったって、私《わたし》たちは今日《こんにち》の来《く》るのを待《ま》っておりました。こうなるのが神《かみ》のご意志《いし》で、こうならなければウソですよ。これで大本《おほもと》に生命《いのち》がけで来《き》た甲斐《かい》があったのです」

と。

世《よ》の中《なか》には、まことに気弱《きよわ》くて、人《ひと》の世《よ》の礼儀《れいぎ》をはずしている人《ひと》もいますが、これはまたどういうのでしょう。――こんな心境《しんきょう》があるものでしょうか――現《げん》にここにあるこれこそ、この世《よ》の鬼《おに》というものかとわたしは腹《はら》の中《なか》でおもいました。

宗教《しゅうきょう》によってこのような非情《ひじょう》の人間《にんげん》が生《う》まれるとすれば、宗教《しゅうきょう》なんて無用《むよう》のもの、この悟《さと》ったような、ちょっと信仰《しんこう》の深《ふか》げに落《お》ちついた人間性《にんげんせい》を喪失《そうしつ》した恐《おそ》ろしい姿《すがた》。宗教《しゅうきょう》も一つ間違《まちが》えば、こうなるものかと身《み》ぶるいを感《かん》じました。

「いつまでも永《なが》いことですが、獄中《ごくちゅう》の方《かた》はさぞおつらいことでしょうに、お元気《げんき》ですかしら」

と、たずねてくれるが当然《とうぜん》で、そういう人間《にんげん》らしい普通《ふつう》の心境《しんきょう》の上《うえ》に、神《かみ》の経綸《けいりん》を信《しん》じてゆく宗《しゅう》

教的《きょうてき》な信仰《しんこう》の光《ひかり》が照《て》らなければなりません。それに、そのような心《こころ》づかいは忘《わす》れて、わたしに――神《かみ》の意志《いし》だとか、経綸《けいりん》の段階《だんかい》だとか――と説教《せっきょう》をし出《だ》すのには、こまったものがきたと歎《なげ》かれました。

ああいう時《とき》、人《ひと》は人間的《にんげんてき》な、涙《なみだ》にぬれた言葉《ことば》によって慰《なぐさ》められるものです。その人間《にんげん》らしい言《こと》葉《ば》一つ使《つか》えなくなるような信仰《しんこう》なら、ない方《ほう》がよほどマシでしょう。

なるほど一切《さい》は神《かみ》のお仕組《しぐみ》になるものという、それは、その通《とお》りですが、獄《ごく》につながれている人《ひと》たちは肉体《にくたい》があるのです。肉体《にくたい》のある人《ひと》たちが、三年《ねん》も四年《ねん》もああいうところに閉《と》じ込《こ》められるとはタマッタものでありません。早《はや》く出《だ》してあげたいという気持《きもち》が人間《にんげん》の性《さが》です。お仕組《しぐみ》はお仕組《しぐみ》として、老齢《ろうれい》の人《ひと》、世帯《しょたい》の責任者《せきにんしゃ》に対《たい》しては、同情《どうじょう》の押《おさ》えがたい人間的《にんげんてき》な感情《かんじょう》が湧《わ》き上《あ》がるのが通常《つうじょう》です。それに神《かみ》さまを拝《おが》んでいる人《ひと》が、血《ち》のない化物《ばけもの》になるようなら、人間《にんげん》から信仰《しんこう》なんて奪《うば》いとり、叩《たた》きこわせばよいとさえ思《おも》いました。

わたしは、さらに考《かんが》えました。

こういう血《ち》の気《け》のない化物《ばけもの》を産《う》んだものは、信仰《しんこう》でもなんでもないのです。本当《ほんとう》の信仰《しんこう》であれば、こんな馬鹿《ばか》げた心境《しんきょう》には絶対《ぜったい》になれない。この冷《つめ》たい心境《しんきょう》を、信仰的《しんこうてき》な深《ふか》い態度《たいど》に見《み》せていても、その実《じつ》、これは信仰《しんこう》でもなんでもないので、世《よ》の中《なか》に不平《ふへい》をもっている人《ひと》が、自分《じぶん》の力量《りき》も知《し》らず、棚《たな》ボタ式《しき》に自己《じこ》の不満《ふまん》をみたす具《ぐ》として、いたずらに、ミロクの世《よ》にあこがれ、そのために神《かみ》の前《まえ》に礼拝《れいはい》していたという姿《すがた》であったまでです。こうした外道《げどう》の人《ひと》も、一かど真面目《まじめ》くさった恰好《かっこう》で道《みち》を歩《ある》いており、神前《しんぜん》に合掌《がっしょう》します。

○

わたしたちは、いつも、人間《にんげん》らしい温《あたた》かいこころで、お仕組《しぐみ》の立替《たてか》え立直《たてなお》しを、真剣《しんけん》に行《ぎょう》じてゆきたいものです。（昭二八、八）

二人の翁

母《はは》が亡《な》くなった日《ひ》、死《し》は、神《かみ》さまの思召《おぼしめ》しであり、約束《やくそく》された天寿《てんじゅ》のさだめといわれているのでありますが、人間《にんげん》としては、やはり別《わか》れは悲《かな》しいことでした。

その日《ひ》、母《はは》の亡《な》きがらの前《まえ》に、一人《ひとり》の老翁《ろうおう》が涙《なみだ》をほろほろと流《なが》しているのを見《み》ました。

そしてわたしの前《まえ》にきて、鼻水《はなみず》をたらしながら、切《せつ》なさに堪《た》えられぬ姿《すがた》でおじぎをしてゆかれました。

前同志社総長《ぜんどうししゃそうちょう》の牧野《まきの》虎次《とらじ》翁《おう》が、母《はは》へ永別《えいべつ》にきてくださったのでした。

思《おも》いがけない母《はは》の死《し》にあって、心《こころ》を打《う》ちひしがれていたわたしに、美《うつく》しいものを示《しめ》されたとて、嬉《うれ》しさをもたらすという時《とき》ではないですが、翁《おう》のまことの姿《すがた》に接《せつ》したとき、わたしはこころ美《うつく》しく、なげきを潤《うるお》され、あたたかい真情《しんじょう》に包《つつ》まれ、慰《なぐさ》められている自分《じぶん》を感《かん》じました。

牧野《まきの》さんと母《はは》との交友《こうゆう》は、あれほど深《ふか》いつながりを生《しょう》じるほどの時間《じかん》ではなく、もちろん、身《み》うちでもなかったのですが、信仰《しんこう》も徹底《てってい》してしまえば、ああいう風《ふう》に温《あたた》かい、人間《にんげん》らしい人間《にんげん》になることができるものかと、しみじみとその人間的《にんげんてき》な高《たか》い境地《きょうち》に心《こころ》を打《う》たれました。

もう一人《ひとり》、母《はは》を失《うしな》った日《ひ》のわたしに、深《ふか》く刻《きざ》まれて忘《わす》れることのできない印象《いんしょう》をいだいた人《ひと》は、中外日報社主《ちゅうがいにっぽうしゃしゅ》の真渓涙骨翁《またにるいこつおう》です。

母《はは》の死《し》に直面《ちょくめん》して、わたしはやはり狼狽《うろたえ》ていたのでしょう。自分自身《じぶんじしん》ではうろたえてなかったつもりでも、涙骨《るいこつ》さんがご覧《らん》になれば、うろたえていて可哀《かわい》そうにおもわれたのでしょう。いたわり深《ふか》い声《こえ》で、いってくださいました。

「今《いま》になれますよ」と。

あの時《とき》、その言葉《ことば》は、わたしの体中《からだじゅう》に沁《し》みわたり、不思議《ふしぎ》にわたしの心《こころ》をしずめてくれました。

この人《ひと》ほどに世《よ》の中《なか》を激《はげ》しく渡《わた》ってこられ、なにもかも味《あじ》わってこられた人からみれば、わたしがいま、あわてて狼狽《うろたえ》ていることはあわれにみえ、可哀《かわい》そうにおもえてならなかったのでしょう。

涙骨《るいこつ》さんは涙《なみだ》もろい人《ひと》ですから、その人《ひと》の、「今《いま》になれますよ」といってくださった言葉《ことば》は、冷《つめ》たいひびきのない、なんとなく深《ふか》い愛着《あいちゃく》がひそんでいて、わたしは〈そういうものかなア〉と素直《すなお》な気持《きもち》でうなずきました。

そのひびきには人《ひと》の世《よ》の辛酸《しんさん》をなめてこられた哲人《てつじん》のちょっと表現《ひょうげん》しきれない深《ふか》さと、繊細《せんさい》さと、わたしへの思《おも》いやりの温《あたた》かく重《おも》みのある感《かん》じと、ほんの短《みじか》い言葉《ことば》の中《なか》に豊《ゆた》かな内容《ないよう》を含《ふく》んで、あの日《ひ》の胸《むね》さわがしいわたしの心《こころ》をしずめてくれました。

涙骨《るいこつ》さんからは、お父《とう》さんのような落《お》ちついた愛情《あいじょう》を受《う》け、それとは少《すこ》し異《ちが》った意味《いみ》で、牧野《まきの》さんからは、なにかお母《かあ》さんのような愛情《あいじょう》を受《う》け、二人《ふたり》ともわたしの忘《わす》れることのできない人《ひと》となっています。（昭二八、九）

三幅前掛

以前《いぜん》から、洛北《らくほく》・大原《おおはら》の三《み》幅前掛《はばまえかけ》をしめた百姓《ひゃくしょう》姿《すがた》の美《うつく》しさを好《この》もしく思《おも》っていました。

大本事件《おおもとじけん》が起《お》こって、わたしも百姓《ひゃくしょう》をするようになり、三幅前掛《はばまえかけ》をしめ始《はじ》めたのですが、妹《いもうと》たちや娘《むすめ》たちも、その美《うつく》しさに魅《ひ》かれて愛用《あいよう》するようになりました。

近《ちか》ごろ、娘《むすめ》と京都《きょうと》の街《まち》を歩《ある》いていて、よく、前方《ぜんぽう》から私《わたし》たちに注《そそ》がれる視《し》線《せん》を感《かん》じ、ハッとするのですが、その焦点《しょうてん》は、わたしたちのしめしている三幅前掛《はばまえかけ》にあり、三幅《はば》の美《うつく》しさにひそかな誇《ほこ》りを感《かん》じました。

三《み》幅前掛《はばまえかけ》にはかぐわしい由来《ゆらい》があります。

およそ七百七十年昔《ねんむかし》、西海《さいかい》に平家《へいけ》一門《もん》が滅《ほろ》んだとき、建礼門院《けんれいもんいん》も御入水《ごにゅうすい》ありしに、心《こころ》ならずも救《すく》われ元暦《げんりやく》二年《ねん》、わずか御年《おんとし》二十九才《さい》にて御出家《ごしゆつけ》、洛北大原《らくほくおおはら》の寂光院《じやっこういん》に籠《こも》られています。寂光院《じやっこういん》の建礼門院《けんれいもんいん》のお側《そば》に、大納言《だいなごん》の局《つぼね》と、いま一人《ひとり》阿波《あわ》の内侍《ないじ》が仕《つか》えていましたが、この阿波《あわ》の内侍《ないじ》が三幅前掛《はばまえかけ》を始《はじ》めた方《かた》と伝《つた》わっています。

そのころの女官《じよかん》は、すべて緋《ひ》の袴《はかま》にて仕《つか》えたのを、阿波《あわ》の内侍《ないじ》が略装《りやくそう》として麻《あさ》の緋《ひ》の三幅前垂《はばまえだ》れをつくり、袴《はかま》に代《か》えたので、都《みやこ》をはなれた大原《おおはら》の里《さと》では、女官《じよかん》とて労働《ろうどう》がともない、また、むぐらを別《わ》けて都《みやこ》への使《つか》いの都度《つど》、袴《はかま》では不自由《ふじゆう》なところから、もう一つは、何《なに》かといえば里人《さとびと》の御用《ごよう》に上《あ》がることもしげくなり、その礼装《れいそう》にと——袴《はかま》を労働《ろうどう》しやすくしたのが〈三《み》幅前掛《はばまえかけ》〉になったといいます。

以上《いじよう》、寂光院《じやっこういん》の口伝《くでん》によりますと、〈大《お》原御幸《はらごこう》〉で親《した》しまれている時代《じだい》に、袴《はかま》から転化《てんか》したところに、床《ゆか》しさを感《かん》じます。

昔《むかし》は、緋《ひ》の塩瀬《しおぜ》、緋麻《ひあさ》などを。少《すこ》しのちには緋《ひ》ちりめんなども用《もち》いられています。今《いま》では、お祭《まつ》りの時《とき》とか、お祝事《いわいごと》の時《とき》にのみ、緋麻《ひあさ》の三幅前掛《はばまえかけ》をしめますそうで、美《うつく》しい緋《ひ》の色《いろ》はさめていますが、緋《ひ》の色《いろ》も良《よ》いものです。

いまの大原女《おおはらめ》の三幅前掛《はばまえかけ》は略《りゃく》の姿《すがた》で、本当《ほんとう》の大原女《おおはらめ》の姿《すがた》といえば、御所染《ごしょぞめ》の幅《はば》二寸《すん》ぐらいの帯《おび》を前《まえ》でひとえ結《むす》びにして下《した》にさげておくのです。このごろは、普段《ふだん》はおもに紺絣《こんがすり》で、活動《かつどう》しやすいように丈《たけ》も短《みじ》かくし、二幅半《はばはん》のものをしめたり、外出《がいしゅつ》の時《とき》には秩父絣《ちちぶがすり》、お召《めし》、羽二重《はぶたえ》の絣《かすり》で、丈《たけ》も少《すこ》し長目《ながめ》の三幅《はば》をしめるそうです。（昭二八、九）

自他との調和

私《わたし》はいつも思《おも》うのです。人間個々《にんげんここ》は、それぞれせまい視野《しや》に立っているではないかということを。

そのため、お互《たが》いは気持《きもち》のうえで知《し》らずしらずのうちに無駄《むだ》な摩擦《まさつ》を生《しょう》じ、大《だい》なり小《しょう》なりの闘《たたか》いをおこし、不要《ふよう》に感情《かんじょう》を乱《みだ》している場合《ばあい》が多《おお》いのではないかと。自分《じぶん》ではあんがい公平《こうへい》な判断《はんだん》力《りょく》をもっているとおもっても、それぞれの育《そだ》てられてきた環境《かんきょう》によって、いろいろと見方《みかた》、考《かん》え方《かた》も異《ちが》ってきます。

これは、最近《さいきん》、身辺《しんぺん》に起《お》こった卑近《ひきん》な一例《れい》ですが。わたしと格別《かくべつ》の間柄《あいだがら》にあるSは、女《おんな》ばかりを子《こ》にもっていました。そのうちの一人《ひとり》を昨春《さくしゅん》、嫁《とつ》がせたところ、この春《はる》、妊娠《みごも》ったという知《し》らせが、実家《じっか》であるSのところに来《き》ました。

Sは初産《ういざん》のことでもあり、実家《じっか》で分娩《ぶんべん》させようと、その由《よし》を伝《つた》えたが、嫁家先《とつぎさき》からは「嫁《よめ》にもらった以上《いじょう》、こちらでお産《さん》をさすから」との返事《へんじ》でした。Sは淋《さび》しい思《おも》いをしました――男《おとこ》の子《こ》ばかりの嫁家先《とつぎさき》では、娘《むすめ》の子《こ》を育《そだ》てた経験《けいけん》がないので、娘《むすめ》の心理《しんり》は分《わ》からないのだ――とあきらめました。

それにしても、幾月《いくつき》か先《さき》には迎《むか》えるであろう陣痛《じんつう》の日《ひ》の娘《むすめ》を思《おも》うと、実母《じつぼ》のSは嫁家先《とつぎさき》の返事《へんじ》を冷《つめ》たい処置《しょち》と不満《ふまん》を抱《いだ》きました。

そのころ村《むら》で、主婦《しゅふ》が集《あつ》まって食事《しょくじ》をともにする一夕《せき》があり、Sも出席《しゅっせき》しました。農家《のうか》ばかりの村《むら》の主婦《しゅふ》の気楽《きらく》な四方山話《よもやまばなし》がにぎやかに咲《さ》きみだれ、そのうちに一人《ひとり》が、

「おうちのお嫁《よめ》にゆかれた娘《むすめ》さんは、ご機嫌《きげん》よろしおすか」

と聞《き》いたので、Sはいささか同情《どうじょう》を求《もと》めたい下心《したごころ》も湧《わ》き、――身重《みおも》になったこと、初産《ういざん》をこちらでさせようと思《おも》うが、先方《せんぽう》で産《う》ますからといって来《き》たこと――等《など》を話《はな》しました。

これを聞《き》いた別《べつ》の主婦《しゅふ》は、

「まアよいお家《うち》へおかたづきやして。私《わたし》のところなど、三度目《どめ》のお産《さん》も家《いえ》に帰《かえ》って産《う》むのですが、その都度《つど》、えらいものいりです。お家《うち》のいってやす先《さき》は、初産《ういざん》から向《むこ》うでさしなはるなんて、ようできたお家《うち》ですな」

この言葉《ことば》を聞《き》きながら、驚《おどろ》きとも、なんともいえない気持《きもち》に包《つつ》まれたSは、こういう見方《みかた》もあるのかと考《かんが》えさせられたというのです。

Sの家庭《かてい》は経済的《けいざいてき》に、それほど恵《めぐ》まれていたといえないのですが、世間《せけん》の人《ひと》のように金銭上《きんせんじょう》の

ことで、世知辛《せちがら》く神経《しんけい》をとがらすことのない、気分本位《きぶんほんい》な家風《かふう》の中《なか》に生《お》い立《た》ったので、ものごとを、経済《けいざい》に主体《しゅたい》をおいて考《かんが》えたことがありませんでした。それに引替《ひきか》え、婚家先《こんかさき》は、経済力《けいざいりょく》が人間生活《にんげんせいかつ》におよぼす影響《えいきょう》に通《つう》じていて、一般的《ぱんてき》に妥当《だとう》な考《かんが》えだったのです。

それは、立場《たちば》の差《さ》があったというだけで、やさしい思《おも》いには変《か》わりなかったのです。人《ひと》はそれぞれの歩《あゆ》まされた順序《じゅんじょ》や環境《かんきょう》によって、一つのことについても、異《こと》なった立場《たちば》に立《た》つものです。

それで、わたしたちは何時《いつ》も、広《ひろ》い見解《けんかい》に立《た》つように努力《どりょく》し、人《ひと》の気持《きもち》を素直《すなお》に受《う》け、自己《じこ》の見解《けんかい》との調和《ちょうわ》をはかることが、常《つね》に必要《ひつよう》になってきます。

友情は淡く深く

わたしを訪《たず》ねてくるおおかたの人《ひと》の中《なか》に、何《なに》か条件《じょうけん》を奥《おく》にひそませているのは、これが、この世《よ》の風俗《ふうぞく》となぐさめてみても、なにかさびしいおもいがします。そういう時《とき》、用件《ようけん》があるのでしたら、先《さき》にその用件《ようけん》を出《だ》して、——こういう訳《わけ》できたのです——といってくれたら、わたしの気《き》持《もち》もさっぱりとするのですが。

ところが、初《はじ》めは、なつかしそうに幼時《ようじ》の話《はなし》などをしていて、手品《てじな》の種明《たねあか》しのように、用件《ようけん》にふれられた時《とき》のサクバクとした気持《きもち》はいいようもありません。

ああ、この人《ひと》はこのために来《き》たのかと気《き》づいた途端《とたん》に、一ぺんに興《きょう》がさめて、それは淋《さび》しい気《き》持《もち》に落《お》とされます。わたしは、このさびしさを幾《いく》たびか味《あじ》わいました。

友情《ゆうじょう》にかこつけての用件《ようけん》は、今《いま》までの友情《ゆうじょう》が汚《けが》されるような思《おも》いがして残念《ざんねん》です。

人間社会《にんげんしゃかい》に生《い》きている以上《いじょう》、用件《ようけん》の起《お》きることは止《や》むを得《え》ません。そういう時《とき》、用件《ようけん》は用件《ようけん》として、さわやかに言葉《ことば》を交《かわ》したいものです。友情《ゆうじょう》と用件《ようけん》をからませて、お互《たが》いの友情《ゆうじょう》を傷《きず》つけるようなことは避《さ》けたいものです。

ただ懐《なつか》しいというだけで訪《たず》ねたり、訪《たず》ねられたりして、淡々《たんたん》と交《まじわ》りを深《ふか》めてゆきたいものです。

東北の野草

この春《はる》、東北旅行《とうほくりょこう》のみぎり、ご一緒《しょ》であった竹内先生《たけうちせんせい》から、

『もと、わたしが花明山《かめやま》でみつけた珍《めずら》しい〈やまざくら〉に、京大教授《きょうだいきょうじゅ》の小泉源一《こいずみげん》博士《はくし》によって、桜属《さくらぞく》の新種《しんしゅ》として、〈このはなさくら〉と名《な》を付《つ》けていただきました』

とご発表《はっぴょう》があり、奥路《おうじ》の吾妻山麓《あずまさんろく》に、手《て》をたたいて喜《よろこ》び合《お》うて日《ひ》ならず、土地《とち》の大本《おほもと》の信者《しんじゃ》さんが採集《さいしゅう》してきた〈さわねこ〉〈てんなんしょう〉が、これまた属《ぞく》の新種《しんしゅ》であるというので、竹内《たけうち》先生《せんせい》も私《わたし》たちも、思《おも》わず歓声《かんせい》を挙《あ》げました。この日《ひ》、根《ね》から掘《ほ》られた二本《ほん》の〈てんなんしょう〉を手《て》にして、

『山《やま》こんにゃくがありました』

といって運《はこ》ばれてきたのですが、――〈てんなんしょう〉の根《ね》は〈山《やま》こんにゃく〉ともいわれ、薬用《やくよう》にされます――山薯《やまいも》にも似《に》たその根《ね》は、さかさにしてみると、ちょうど、人間《にんげん》の頭《あたま》、しかも禿頭《はげあたま》のそれにもみえます。折《お》り悪《あ》しくとでも居合《いあ》わせたIさんと、Hさんの頭《あたま》が例《れい》にあげられ、そういわれて眺《なが》めると〈てんなんしょう〉の白《しろ》く丸《まる》くツルリとした根《ね》の格好《かっこう》が、Iさんの頂《いただき》のテリにそっくりです。

同《おな》じ禿頭《はげあたま》にも白地《しろぢ》と茶地《ちゃぢ》があるもので、Iさんと Hさんの頭《あたま》を対照《たいしょう》して、やんやとさんざめきが起《お》こり、わたしは〝マアなんてひどいことを〟とおもいつつも、気《き》の毒《どく》やらおかしいやら。そのうち大人《おとな》同士《どうし》のうわづいた童《わらべ》のような言葉《ことば》のやりとりや笑《わら》い声《ごえ》の織《お》りまざった騒《さわ》ぎを、楽《がく》のようにたのしく聞《き》いていました。

――人《ひと》それぞれの声帯《せいたい》の異《こと》なった笑《わら》いが混声《こんせい》して、音楽的《おんがくてき》にひびいてくる美《うつく》しさは、この世《よ》に生《い》きて楽《たの》しく思《おも》う一つです――

その中《なか》から、

『Iさんの頭《あたま》に似《に》た〈てんなんしょう〉は新種《しんしゅ》と分《わ》かりました。』と竹内先生《たけうちせんせい》のご報告《ほうこく》があり、
さア、それから急《きゅう》に、Iさんが大《おお》いばり、
〃わたしの頭《あたま》の格好《かっこう》に似《に》た方《ほう》のは新種《しんしゅ》で珍《めずら》しいもの。Hさんのは、ありふれたもの〃
というわけで、さらにしばらく笑《わら》いの楽《がく》が波《なみ》と揺《ゆ》られます。
家《いえ》に帰《かえ》って妹《いもうと》たちに、旅《たび》の話《はなし》をしていると、妹《いもうと》の尚江《ひさえ》がいうには、
『お姉《ねえ》さん、よかったね、お姉《ねえ》さんの見《み》つけた新種《しんしゅ》が〈へびのだいはち〉でなく、〈このはなさくら〉やって』と。
〈てんなんしょう〉は別《べつ》に〈へびのだいはち〉とも〈うはばみのだいはち〉ともいう名《な》があります。わたしは今《いま》さらながら〈このはなさくら〉という言葉《ことば》の、韻《いん》の美《うつく》しい調《しらべ》を思《おも》いつつ、〃尚《ひさ》江《え》は尚江《ひさえ》らしいことをいうもの〃とおもいました。（昭二八、一〇）

木の花帯の美

洛北大原《らくほくおおはら》の女《ひと》がしめていた三幅前掛《みはばまえかけ》を、それが、建礼門院《けんれいもんいん》にゆかりをもつとは知《し》らず、ただに床《ゆか》しい百姓《ひやくしよう》の風俗《ふうぞく》としてわたしが愛用《あいよう》してきたものを、わたしの家《いえ》の娘《こ》や、妹《いもうと》たちにおよび、それが周囲《しゆうい》の友《とも》にも美《うつく》しい風俗《ふうぞく》として締《し》めはじめられ、誰《たれ》いうとなく〈木《こ》の花帯《はなおび》〉というような呼称《こしよう》まで生《う》まれました。

この夏《なつ》の祭《まつ》りに、木《こ》の花帯展《はなおびてん》の催《もよお》しとなり、地方《ちほう》の方々《かたがた》にも見《み》ていただくことになり、〈木《こ》の花帯《はなおび》〉がわたしたちの間《あいだ》で、一つの流行《りゆうこう》になろうとは、うれしいことです。

木《こ》の花帯展《はなおびてん》をみて、わたしの感《かん》じたことは〈木《こ》の花帯《はなおび》〉は三幅前掛《みはばまえかけ》の転名《てんめい》でありながら、三幅《みはば》前掛《まえかけ》を形式《けいしき》として、その中《なか》に新《あたら》しく近代人《きんだいじん》の生活意識《せいかついしき》とでもいう、近代《きんだい》に生《い》きているわたしたちの心《こころ》の翳《かげ》が宿《やど》っていて、これまで三幅前掛《みはばまえかけ》には感《かん》じなかった美《うつく》しさも生《う》まれ出《で》ていることでした。

ちかごろ、流行《りゅうこう》といえば、無批判《むひはん》に形式《けいしき》だけが受《う》けつがれていることからいえば、個人々《こじんこじん》が自己《じこ》の美意識《びいしき》に訴《うった》えて、三幅前掛《みはばまえかけ》の形式《けいしき》の中《なか》に、新《あたら》しい美《び》を発見《はっけん》し生《い》かしていったところを面白《おもしろ》くおもいました。よそゆきのものはよそゆき風《ふう》に、それぞれの用途《ようと》に応《おう》じて工夫《くふう》されたデザインをみて、〈木《こ》の花帯《はなおび》〉の限界《げんかい》の広《ひろ》がってゆく喜《よろこ》びを感《かん》じました。

なかでも、普段用《ふだんよう》として、いろいろの縞《しま》をつぎあわせたものがいくつか出品《しゅっぴん》されていましたが、あれなどは、ほほえましい立派《りっぱ》な作品《さくひん》でした。

〈木《こ》の花帯《はなおび》〉の美《び》は、見《み》る人《ひと》の主観《しゅかん》にもよりましょうが、その良《よ》さについては多《おお》くの長所《ちょうしょ》が挙《あ》げられます。

これまでの帯《おび》にくらべて、心臓《しんぞう》を圧迫《あっぱく》するようなことがなく、腹帯《はらおび》の役目《やくめ》をし、腰《こし》の辺《あた》りを温《あたた》めるため健康《けんこう》によいこと。和服地《わふくじ》、洋服地《ようふくじ》いずれも可《か》で、工夫《くふう》しやすく、経済的《けいざいてき》であること。前《まえ》掛《かけ》のように着物《きもの》の汚《よご》れを少《すく》なくすること。その他《た》、夏《なつ》は涼《すず》しく、冬《ふゆ》はあたたかく、四季所作《しきしょさ》を美《うつく》しくしてくれ、日常着《にちじょうぎ》にも、また訪問着《ほうもんぎ》にもたいへん便利《べんり》なこと。

作歌と信仰

歌集《かしゅう》「ちり塚《づか》」に挿入《そうにゅう》の写真《しゃしん》は、わたしがはじめて、若山牧水先生《わかやまぼくすいせんせい》のもとに入門《にゅうもん》したころのもので、その前《まえ》わたしは、作歌《さっか》について自己流《じこりゅう》の考《かんが》え方《かた》をしていたのです。

「人間《にんげん》はそれぞれ、神《かみ》さまから直霊《なおひ》の一霊《みたま》をいただいている。それを発揚《はつよう》し、各人各様《かくじんかくよう》の歌《うた》を詠《うた》えばよいので、師匠《ししょう》につくなどの必要《ひつよう》は更《さら》にない」

という古《ふる》い役員《やくいん》の言葉《ことば》に感化《かんか》されて、単純《たんじゅん》に——作歌《さっか》は感情《かんじょう》のおもむくままに詠《うた》ってゆけばよいもの——と決《き》めていました。

こういう態度《たいど》での作品《さくひん》が「ちり塚《づか》」には含《ふく》まれていますが、世間《せけん》でも、歌《うた》になじみのない人《ひと》は、作歌《さっか》とは、そういうものであろうと、漠然《ばくぜん》と受《う》けとめていられるようです。

それが、ある時《とき》から、間違《まちが》った考《かんが》えと思《おも》うようになりました。

感情《かんじょう》のおもむくままに作歌《さっか》してゆくとは、湧《わ》き上《あ》がってくる感情即《かんじょうそく》こころの底《そこ》の純粋《じゅんすい》な心《こころ》の動《うご》きを作歌《さっか》に移《うつ》してゆくことで、この純粋《じゅんすい》な感情《かんじょう》のままに作歌《さっか》してゆくことは、歌《うた》の道《みち》で大成《たいせい》された方《かた》の作歌《さっか》の姿《すがた》でした。それを、初心《しょしん》のものや作歌《さっか》の経験《けいけん》のないものは、思《おも》い違《ちが》いをしています。作歌《さっか》はやはり、作歌《さっか》の道《みち》で苦労《くろう》をし、その上《うえ》で高度《こうど》な行《ゆ》き方《かた》についていられる方《かた》を師匠《ししょう》として、その師匠《ししょう》について歩《あゆ》まして頂《いただ》くことが順序《じゅんじょ》であり、大切《たいせつ》なことであるとおもいました。

わたしは少女《しょうじょ》のころ、明治維新《めいじいしん》の志士《しし》の歌《うた》などに刺戟《しげき》されて、歌《うた》というものがよく分《わ》からないままに、暗中模索《あんちゅうもさく》といった恰好《かっこう》で作歌《さっか》し、最初《さいしょ》から良《よ》い先生《せんせい》につかなかったことを悔《く》いました。

それから、作歌《さっか》することは、美《び》にあこがれる、心《こころ》の底《そこ》から湧《わ》いてくる情《じょう》であって、強請《きょうせい》されて歌《うた》を詠《よ》むとか、義理《ぎり》で歌《うた》を作《つく》るようなことをしてもなんにもならないでしょう。

また、歌《うた》をつくるということは、歌《うた》ごころとか、歌興《かきょう》が湧《わ》く、そういう気持《きもち》になってから詠《よ》めばよいという考《かんが》えも、間違《まちが》っているようです。作歌《さっか》への感情《かんじょう》が起《お》きてから歌《うた》を作《つく》るのでなく、わたしたちは、作歌《さっか》しようという努力《どりょく》から始《はじ》めてゆかなければならないとおもいます。

人間《にんげん》は、万人《ばんにん》が惟神《かんながら》に、詩《し》精神《せいしん》という人間特有《にんげんとくゆう》の種子《しゅし》を持《も》っていることは事実《じじつ》でしょうが、わたしたちの自主的《じしゅてき》な努力《どりょく》を通《つう》じて、たとえば、詩歌《しいか》の道《みち》をふむことによって、その存在《そんざい》が実証《じっしょう》され、それら心《こころ》のなかに頂《いただ》いている種子《しゅし》を育《そだ》てることができるとおもいます。

作歌《さっか》は容易《ようい》な道《みち》でなくとも、作歌《さっか》することによって、わたしたちは、わたしたちの魂《たましい》の資質《ししつ》を緻密《ちみつ》にしてゆくことができ、わたしたちの人生《じんせい》に潤《うるお》いを与《あた》えてくれます。

そして、作歌《さっか》することは、精神《せいしん》に反省力《はんせいりょく》をつけ、統《とう》一力《りょく》をつけ、向上《こうじょう》せしめ、魂《たましい》の力《ちから》となり、悦《よろこ》びとなるものを把握《はあく》せしめます。したがって鎮魂《ちんこん》の法《ほう》でもあるわけです。

作歌《さっか》は天地《てんち》の真象《しんしょう》に素直《すなお》に対《むか》わしめ、素直《すなお》に観《み》、素直《すなお》に受《う》けて素直《すなお》に学《まな》んでいく点《てん》から申《もう》しましても、わたしたちの信仰《しんこう》にとって大切《たいせつ》なことであります。

わたしは、作歌《さっか》によって、まず、心《こころ》をなぐさめられ育《そだ》てられつつ楽《たの》しく生《い》きて来《き》たことを、幸《こう》

福《ふく》におもっています。（昭二八、一一）

葉がくれ記

『士《さむらひ》は、毎朝《まいあさ》、行水《ぎやうずゐ》、月代《さかやき》、髪《かみ》に香《かう》をとめ、手足《てあし》の爪《つめ》を切《き》って、軽石《かるいし》にてすり、こがね草《ぐさ》にてみがき、懈怠《けたい》なく、身元《みもと》の嗜《たしなみ》を専《せん》一とし、尤《もつと》も武具《ぶぐ》一通《とほり》は、錆《さび》を付《つ》けず、塵埃《ちりほこり》を払《はら》ひ、磨《みが》き立《た》て召《め》し置《お》き候《さふらふ》。身元《みもと》をわけて嗜《たしな》み候事《さふらふこと》。伊達《だて》の様《やう》に候《さふら》へども、風流《ふうりう》の儀《ぎ》にて之《これ》なく、今日《けふ》討死《うちじに》、今日《けふ》討死《うちじに》と、必死《ひつし》の覚悟《かくご》を極《き》め、若《も》し無嗜《むだしな》みにて討死《うちじに》いたし候《さふら》へば、平素《へいそ》の不覚悟《ふかくご》もあらはれ、敵《てき》に見限《みかぎ》られ不心得《ふこころえ》の程賤《ほどいや》しまるるものなれば、老若共《らうにやくとも》に、身元《みもと》を嗜《たしな》み申《まを》したる事《こと》にて候《さふらふ》。事《こと》むつかしく、隙費《ひまつひ》ゆる様《やう》の心地《こゝち》せんも、武士《ぶし》の仕事《しごと》は、斯様《かやう》の事《こと》にて、別《べつ》に忙《せ》はしき隙《ひま》入《い》ることも無之《これなく》、常住討死《じやうぢゆううちじに》の仕組《しぐみ》にて、得《とく》と死身《しにみ》に成《な》り切《き》つて奉公《ほうこう》もつとめ、武辺《ぶへん》も仕《つかまつ》り候《さふら》はば、恥辱《ちじよく》あるまじく、さるを、其《そ》の心掛《こころがけ》なくして、慾徳我《よくとくわ》が侭《まま》ばかりにて日《ひ》を送《おく》り、行《ゆ》きあたりては恥《はぢ》をかき、それも恥《はぢ》とも思《おも》はず、我《わ》が身《み》さへ快《こころよ》くば、何《なに》も構《かま》はずなどと、放埒無作法《はうらつぶさはふ》の行跡《ぎやうせき》に成《な》り行《ゆ》くは、返《かへ》す返《がへ》すも口惜《くちを》しき次第《しだい》にて、平素必死《へいそひつし》の覚悟《かくご》之《こ》れ無《な》き者《もの》は、必定死場《ひつじやうしにば》悪《あ》しきに極《きま》り候《さふらふ》。平素必死《へいそひつし》に極《きわ》め候《さふら》はば、何《なに》とて賤《いや》しむべき振舞《ふるまひ》あるべきや。されば此《こ》のあたりよくよく工夫《くふう》仕《つかまつ》るべき事《こと》なり』

＜大意《たいい》＞ 武士《ぶし》は、毎朝《まいあさ》おこたることなく、行水《ぎようずい》をし、カミソリを当《あ》て、髪《かみ》に油《あぶら》をつけ、手足《てあし》の爪《つめ》を切《き》って軽石《かるいし》でこすり、コガネ羊歯《しだ》でみがくなど、身元《みもと》のタシナミにつとめるものである。もちろん、武具《ぶぐ》一通《とおり》はいつも埃《ほこり》を払《はら》い、サビをつけず、磨《みが》き立《た》てておくべきであるが、ことわけ身元《みもと》のタシナミに注意《ちゆうい》するのは、伊達《だて》ではなく、風流《ふうりゆう》を尊《とうと》ぶからである。

武士《ぶし》は、いま討死《うちじに》の覚悟《かくご》をつねにもち、無嗜《むだしなみ》であれば、平素《へいそ》の不覚悟《ふかくご》を賤《いや》しまれることにもなり老若《ろうにやく》ともに身元《みもと》の嗜《たしな》みが大切《たいせつ》である。事《こと》むつかしくヒマのかかることのようであるが、しょせん、武士《ぶし》の仕事《しごと》とはこのようなことで、常住討死《じようじゆううちじに》の仕組《しぐみ》の中《なか》で死身《しにみ》に成《な》り切《き》って生《い》き、道《みち》に仕《つか》え業《わざ》を練《ね》っておらなければならない。

その心掛《こころがけ》がなくて、わが身《み》さえかまわなければと、我《わが》まま放題《ほうだい》に、無作法《ぶさほう》を恥《はじ》とも思《おも》わないでいるようなことは、考《かんが》えなければならない。平素《へいそ》に必死《ひっし》の覚悟《かくご》の悟《さと》れないようなものは、それだけのものである。従《したが》って死場《しにば》もよくないのは当然《とうぜん》のことながら、これは人《ひと》としてつつしむべきことで、この辺《あた》りのことは、とくと腹《はら》に治《おさ》めて工夫《くふう》につとめるべきである。


これは鍋島論語《なべしまろんご》ともいわれる〈葉隠《はがくれ》〉の一章《しょう》です。

〈葉隠《はがくれ》〉は九州《しゅう》の佐賀《さが》藩士《はんし》山本常朝《やまもとつねとも》の、確信《かくしん》ある抱負《ほうふ》を話《はな》したものと記《しる》されていますが、わたしはこのごろ、これをとり出《だ》しては読《よ》んでいます。それはわたしの心境《しんきょう》にぴったりと迫《せま》ってくるものがあるからで、〈葉隠《はがくれ》〉から感《かん》じたことを話《はな》し込《こ》んでいると、よく梓《あずさ》（長男京太郎幼名《ちょうなんきょうたろうようめい》）が「お母《かあ》さんはまた〈葉隠《はがくれ》〉ですか」と声《こえ》をかけてゆきます。

梓《あずさ》はいまの世代《せだい》の若者《わかもの》ですから、〈葉隠《はがくれ》〉などは封建時代《ほうけんじだい》の遺物《いぶつ》で、今《いま》どきバカバカしいぐらいにおもっているかも知《し》れません。

わたしの少女《しょうじょ》の頃《ころ》は、古武士《こぶし》の言行録《げんこうろく》を好《この》んで読《よ》んだものです。そのころの記憶《きおく》に残《のこ》っている言葉《ことば》が、〈葉隠《はがくれ》〉の中《なか》にあって、懐《なつか》しくおもいましたが、この年令《とし》になっても〈葉隠《はがくれ》〉には、新《あたら》しくこころにひびく考《かんが》え方《かた》があります。

なるほど、封建時代《ほうけんじだい》の残骸《ざんがい》としか思《おも》えないものもあります。

——人間《にんげん》はトノサマの道具《どうぐ》である。——ところなど、無茶《むちゃ》も極端《きょくたん》です。

そういう、封建時代《ほうけんじだい》の政治的背景《せいじてきはいけい》からくる言葉《ことば》は別《べつ》として、〈葉隠《はがくれ》〉には、真剣《しんけん》に生《い》きようとした体験《たいけん》からえた考《かんが》え方《かた》として、味《あじ》おうべき教訓《きょうくん》を蔵《ぞう》しています。修身《しゅうしん》と言《い》いますか、身《み》の持《も》ち方《かた》というか、人間《にんげん》の生《い》きている限《かぎ》りは、新《あたら》しい精神《せいしん》として学《まな》ぶべきものがあります。

わたしは心《こころ》の落《お》ち着《つ》かない日《ひ》、心《こころ》のさわぐとき、〈葉隠《はがくれ》〉を持《も》ち出《だ》して読《よ》んでみるのです。

そうしたとき、本当《ほんとう》に鎮魂《ちんこん》ができたかどうかは知《し》りませんが、自分《じぶん》の腹《はら》の中《なか》を考《かんが》えてみて、まあましずまっているとおもうのです。

『何和尚《をしやう》は近来《きんらい》の出来者《できもの》なり、寛大《くわんだい》なる事量《ことはかり》なし。夫《そ》れゆゑ大寺《だいじ》能《よ》く治《をさま》りたり、頃日《けいじつ》も咄《はなし》にかからぬ病身《びやうしん》にて、大寺《だいじ》を預《あつか》り能《よ》く勤《つと》むべしと思《おも》ひたらば、仕損《しそん》じ可レ有レ之候《これあるべくさふらふ》。成《な》る分《ぶん》と存候《ぞんじさふらふ》ゆゑ、気色《きしよく》勝《すぐ》れざる時《とき》は、名代《みやうだい》にて諸事《しよじ》済《すま》し、何卒《なにとぞ》大迦《たいか》無《な》き様《やう》にと心掛《こころがけ》るばかりなりと被レ申候《まをされさふらふ》。先々住《せんくぢゆう》は稠《きび》し過《すぎ》て大衆《たいしゆう》あき申候《まをしさふらふ》。先住《せんぢゆう》は任《まか》せ過《すぎ》て不締《ふしまり》なる所有《ところあ》り、今《いま》の和尚《をしやう》に成《な》り是非《ぜひ》の沙汰《さた》なく、大衆能《たいしゆうよ》く治《をさま》り申候《まをしさふらふ》。此境《このさかい》を思《おも》ふに、微《び》に入《い》り細《さい》に入《い》り、能《よ》く事々《ことごと》を知《し》りて偖打任《さてうちまか》せて、かまはずに役々《やくやく》にさばかせて、若《も》し尋《たづ》ねらるる時《とき》は闇《くら》き事《こと》なく、差図《さしづ》被レ致故《いたさるるゆゑ》能《よ》く治《をさま》り申《まをし》候《さふらふ》と思《おも》はるるなり』

〈大意《たいい》〉　何和尚《おしよう》は近来《きんらい》まれによくできた方《かた》である。量《はか》ることの出来《でき》ないほどの寛大《かんだい》なところがあって、かの大寺《だいじ》をよく治《おさ》めておられる。さきごろ、病気《びようき》になられたとき、自分一人《じぶんひとり》で大寺《だいじ》の一切《さい》をよく勤《つと》めようとされたら、仕損《しそん》じのこともあろうが、和尚《おしよう》は、「気分《きぶん》の勝《すぐ》れない時《とき》は、大体《だいたい》のことを名代《みようだい》に任《まか》せ、自分《じぶん》は蔭《かげ》で大《おお》きな仕損《しそん》じのないよう心掛《こころが》けておるだけです」

と言《い》っておられた。先々《せんせん》の和尚《おしょう》はきびしすぎて大衆《たいしゅう》にあかれ、先《さき》の和尚《おしょう》はその反対《はんたい》に任《まか》せすぎて締《しま》りがなかった。こんどの和尚《おしょう》は、行《ゆ》きすぎでもなく程々《ほどほど》を保《たも》たれているので、大衆《たいしゅう》もよく治《おさ》まっている。

このことを思《おも》うと、何《なに》にあれ、ものごとを治《おさ》めるには微《び》に入《い》り細《さい》に入《い》り、よく物《もの》ごとを知《し》っておいて、その上《うえ》でそれぞれの役《やく》に任《まか》せるべきである。任《まか》せるべきは任《まか》せるが、相談《そうだん》をうけたり、尋《たず》ねられたことには適当《てきとう》な応《こた》えができ、差図《さしず》の出来《でき》るようにいたさなければならない。

あまり任《まか》せすぎてもいけない、それかといって厳《きび》しすぎてもいけない。大《たい》ていのことは名代《みょうだい》ですまし、こせこせとしたことはいわないが、微《び》にいり細《さい》にいり知《し》るべきことは知《し》っていなければならぬと、まことに大切《たいせつ》なことをいっています。そして、任《まか》せるべきところは任《まか》せて、よく締《し》めくくりをしてゆくというのです。

これなどは、人間《にんげん》が作《つく》る大小《だいしょう》の組織《そしき》を運営《うんえい》してゆくに、そのまま玉条《ぎょくじょう》となる言葉《ことば》でしょう。さて、これを実際《じっさい》に行《おこ》ない得《う》るかは、むずかしいことで、その人《ひと》にもよるとでもいわなければならないようです。

次《つぎ》に、人《ひと》を意見《いけん》することについて述《の》べています。

『人《ひと》に異見《いけん》（忠告《ちゅうこく》）をして、疵《きず》（あやまち）を直《なほ》すと言《い》ふは、大切《たいせつ》なる事《こと》にして、然《しか》も大慈悲《だいじひ》にして、御奉公《ごほうこう》の第《だい》一にて候《さふらふ》。異見《いけん》の仕様《しやう》、大《おほ》いに骨《ほね》を折《を》ることなり。凡《およ》そ、人《ひと》の上《うへ》の善悪《ぜんあく》を見出《みいだ》すは易《やす》きことなり。夫《それ》を異見《いけん》するも亦易《またやす》きことなり。大《おほ》かたは、人《ひと》の好《す》かぬ、言《い》ひ憎《にく》き事《こと》を言《い》ふが、深切《しんせつ》の様《やう》に思《おも》ひ、夫《それ》を請《う》けねば、力《ちから》に及《およ》ばざる事《こと》と言《い》ふなり。何《なん》の益《やく》にも立《た》たず、只《ただ》徒《いたづら》に、人《ひと》に恥《はぢ》をかかせ、悪口《あくこう》をすると同《おな》じことなり。而《しか》も我《わ》が胸《むね》はらしに言《い》ふと等《ひと》しきものなり。そもそも異見《いけん》と言《い》ふは先《ま》づ其《そ》の人《ひと》の請《う》け容《い》るるか、請《う》け容《い》れぬかの気《き》をよく見分《みわ》け、入魂《じゅっこん》（親密《しんみつ》）になり、此《こ》の方《ほう》の言葉《ことば》を平素《へいそ》信用《しんよう》せらるるやうに仕《し》なし候《さふらふ》てより、さて次第《しだい》に好《す》きの道《みち》などより、引《ひ》き入《い》れ言《い》ふなど種々様々《しゅ〴〵さま〴〵》に工夫《くふう》し、時節《じせつ》を考《かんが》へ、或《あるひ》は文通《ぶんつう》、或《あるひ》は雑談《ざつだん》の末《すゑ》などの折《をり》に、我《わ》が身《み》の上《うへ》の悪事《あくじ》を申《まを》し出《だ》し、言《い》はずしても自然《しぜん》と思《おも》ひ当《あた》る様《やう》にか、又《また》は先《ま》づ其《そ》の人《ひと》の、善良《ぜんりゃう》なる行為《かうゐ》を褒《ほ》め立《た》て、気《き》を引《ひ》き立《た》つる工夫《くふう》を砕《くだ》き、渇《かわ》くとき、湯水《ゆみづ》を飲《の》む様《やう》に受《う》け合《あは》せて、疵《きず》を直《なほ》すが異見《いけん》なり。されば、殊《こと》の外《ほか》なしがたきものなり。年来曲《ねんらいくせ》なるものなれば大体《だいたい》たやすくにては直《なほ》らず。我《わ》が身自身《みじしん》にも、覚《おぼ》えあり。されば諸朋輩《しょほうばい》と、日頃入魂《ひごろじゅっこん》にして、曲《くせ》を直《なほ》し、一味同心《みどうしん》に、主君《しゅくん》の御用《ごよう》に立《た》つところなければ、御奉公大慈悲《ごほうこうだいじひ》なり。然《しか》るに恥《はぢ》を与《あた》へては、如何《いか》でか直《なほ》り可申哉《まをすべきや》』

〈大意《たいい》〉人《ひと》のあやまちに対《たい》し忠告《ちゅうこく》してあげることは大切《たいせつ》なことで、しかもこれは正《ただ》しい愛《あい》の発露《はつろ》として、人間《にんげん》が生《い》きてゆく上《うえ》にお互《たが》いがつとめるべきことである。しかし、意見《いけん》の仕様《しよう》ともなると、これは大変《たいへん》なことである。

誰《たれ》でも他人《たにん》の善悪《ぜんあく》、長短《ちょうたん》は眼《め》につきやすいものであるから、それをただ何《なん》の工夫《くふう》もなくそのまま意見《いけん》するだけであれば、いとやさしいことである。

大方《おおかた》の意見《いけん》は、言《い》いにくいことを言《い》うだけで、対手《あいて》に恥《はじ》をかかせ心《こころ》を不快《ふかい》にさすことが多《おお》い。これは悪口《わるぐち》をいうのと同《おな》じで、自己満足《じこまんぞく》もはなはだしい。

人《ひと》に意見《いけん》をするには、まず第《だい》一に対手《あいて》の人《ひと》がこちらの忠告《ちゅうこく》を受《う》け入《い》れるか、どうかを先《さき》によく見極《みきわ》めておかなければならない。そしてその人《ひと》とさらに親密《しんみつ》を計《はか》り、こちらの平素《へいそ》の言葉《ことば》を信用《しんよう》してもらえるよう対手《あいて》に至誠《しせい》をつくすべきである。その上《うえ》で、お互《たが》いが愛好《あいこう》している道《みち》で心《こころ》が溶《と》け合《あ》っているときをはかり、至極自然《しごくしぜん》にそのことに触《ふ》れてゆくなど、対手《あいて》に合《あ》ったいろいろの工《く》夫《ふう》が必要《ひつよう》である。

あるいは文通《ぶんつう》をしげくし、手紙《てがみ》の中《なか》に美《うつく》しく書《か》き込《こ》むとか、または、雑談《ざつだん》を交《か》わしているうちに自分自身《じぶんじしん》の欠点《けってん》を打《う》ちあけ、対手《あいて》の短所《たんしょ》に触《ふ》れずとも、対手《あいて》がみずから自分自身《じぶんじしん》で思《おも》いあたり、みずから悟《さと》るようにするとか。

それかまた、対手《あいて》の長所《ちょうしょ》を褒《ほ》め立《た》て、対手《あいて》の心《こころ》を陽気《ようき》にし、対手《あいて》の心《こころ》の中《うち》に宿《やど》っている神性《しんせい》の強化《きょうか》をはかり、善《ぜん》さかんにして、おのずから悪《あく》を知《し》って制《せい》してゆくような工《く》夫《ふう》をするなど。

喉《のど》の渇《かわ》く時《とき》の湯水《ゆみず》のように、その人《ひと》の心《こころ》の情態《じょうたい》を察《さっ》して、対手《あいて》の求《もと》めているものにこちらの心《こころ》を合《あわ》せてゆき、そうして疵《きず》を直《なお》すのが意見《いけん》というものである。

誰《たれ》にも覚《おぼ》えのあるように、年来《ねんらい》の癖《くせ》というものは、なかなか一朝《ちょう》一夕《せき》にたやすく直《なお》せるものではない。それで、お互《たが》いは日頃《ひごろ》からよく諸朋輩《しょほうばい》と入魂《じっこん》に交《まじ》わり、ともに身《み》の癖《くせ》、心《こころ》の癖《くせ》を直《なお》すことに努《つと》め、業《ぎょう》にはげみ、世《よ》のため、人《ひと》のためにつくすべきである。


これは、ずいぶん柔軟《じゅうなん》な強《つよ》い忍耐力《にんたいりょく》と、深《ふか》い愛情《あいじょう》のいることです。親《おや》が自分《じぶん》の子《こ》どもに対《たい》してさえ、これだけの大《おお》きな愛情《あいじょう》をもつことはなかなかです。

そう思《おも》いますと、わたしなど人《ひと》に意見《いけん》をするなどということは、とても及《およ》びもつかぬことです。

もっとも、わたしは人《ひと》にものを教《おし》えようとして、この〈葉隠《はがくれ》〉を学《まな》んでいるのではないのですが。

わたしは、祖母《そぼ》の開《ひら》いたこの道《みち》の責任者《せきにんしゃ》として、わたし自身《じしん》を修《おさ》め、心《こころ》して行《ぎょう》じてゆくための一念《ねん》から学《まな》んでいるまでです。

『必死《ひっし》の観念《くわんねん》、一日仕切《にちしき》り（一日限《にちかぎ》りとし、一日《にち》一日《にち》に新《あら》たに、その翌日《よくじつ》は更《さら》になす意《い》）なるべし。毎朝心《まいあさこゝろ》をしづめ、弓《ゆみ》、鉄砲《てつぱう》、槍《やり》、太刀先《たちさき》にて、ズタズタに成《な》り、大浪《おほなみ》にかきさらはれ、大《たい》火《くわ》の中《なか》に飛《と》び入《い》り、雷電《らいでん》に打《う》ちひしがれ、大地震《おほぢしん》にてゆりこまれ、数千丈《すうじやう》の崖《がけ》に飛《と》び込《こ》み、病死《びやうし》、頓死等《とんしとう》、死期《しき》の心《こころ》を観念《くわんねん》し、朝毎《あさごと》に懈怠《けたい》なく、死《し》して置《お》くべし。古老《こらう》の言《げん》に、軒《のき》を出《い》づれば死《し》人《にん》の中《うち》、門《もん》を出《い》づれば敵《てき》を見《み》るとあり。これ用心《ようじん》の事《こと》にあらず、前方《ぜんぱう》に死《し》を覚悟《かくご》し置《お》く事《こと》なりと』

〈大意《たいい》〉　人《ひと》は生《い》きてゆく上《うえ》に、いつも、その日《ひ》、その日《ひ》を限《かぎ》りとした必死《ひっし》の心《こころ》で生《い》きてゆかなければならない。その日《ひ》一日《にち》で仕切《しき》り、翌日《よくじつ》は新《あたら》しく必死《ひっし》の心《こころ》で生《い》きるべきである。

朝《あさ》ごとに心《こころ》をしずめてまず、自分《じぶん》は弓《ゆみ》、鉄砲《てっぽう》、槍《やり》の前《まえ》に立《た》っているものと観念《かんねん》し、太刀先《たちさき》でズタズタにされる覚悟《かくご》、大火《たいか》の中《なか》に飛《と》びこむ決意《けつい》、雷電《らいでん》に打《う》ちひしがれ、大地震《おおじしん》にゆりこまれ、病《びょう》死頓死《しとんし》と死《し》に直面《ちょくめん》した心境《しんきょう》になり切《き》らねばならない。人《ひと》は常《つね》に、前方《ぜんぽう》に死線《しせん》のよこたわることを覚悟《かくご》すべきである。

この一章《しょう》も、わたしが心《こころ》を強《つよ》く打《う》たれたところです。

朝々《あさあさ》、御神前《ごしんぜん》で祝詞《のりと》をあげているとき、わたしはこの章《しょう》に述《の》べられている〈必死《ひっし》の観念《かんねん》〉という気持《きもち》をフッと思《おも》い出《だ》します。

この常《つね》に死《し》を覚悟《かくご》して、全身《ぜんしん》で生《い》きてゆくこと、こういう気持《きもち》はいつの世《よ》にも心《こころ》に持《じ》しておくべきとおもいます。

ことに、教主《きょうしゅ》という名《めい》を受《う》ければ〈必死《ひっし》〉の気持《きもち》がなければ、なれるものではありません。安《あん》気《き》そうにみえても、教主《きょうしゅ》にはこの気持《きもち》がなければなれません。

このように〈葉隠《はがくれ》〉の言葉《ことば》には、わたしの心《こころ》をしずめて流《なが》れてくるものがあります。

それは祖母《そぼ》の筆先《ふでさき》に〝ぬき身《み》の中《なか》にいる覚悟《かくご》でないと、こんどの御用《ごよう》はできぬぞよ〟という言《こと》葉《ば》もあり、また筆先《ふでさき》を一貫《かん》する、凛冽《りんれつ》とした気品《きひん》高《たか》い精神《せいしん》と通《つう》じるもので、筆先《ふでさき》の中《なか》に〈葉隠論《はがくれろん》語《ご》〉の精神《せいしん》が刻《きざ》まれているとさえ感《かん》じます。

その感《かん》じ、そのひびきは、あたかも寒風《かんぷう》の中《なか》に梅《うめ》の花《はな》が咲《さ》いている情景《じょうけい》の中《なか》に、わたしの気持《きもち》を導《みちび》いてゆきます。

徹底《てってい》して怠惰《たいだ》をひきしめ、どんなことにも驚《おどろ》かないていいの生《い》き方《かた》をするようにと、さとしてくれます。

弓《ゆみ》や鉄砲《てっぽう》はなくなっても、人間《にんげん》を攻《せ》め、死《し》にいたらしめるものは数多《かずおお》くあります。また明日《あす》があるなどと心《こころ》をたるましてはなりません。

そう、こころに言《い》い聞《き》かせつつも、しょっ中《ちゅう》、怠惰《たいだ》に流《なが》れ、ものの考《かんが》え方《かた》に徹底《てってい》を欠《か》く自分《じぶん》を省《かえり》みてさみしくおもうわたしです。

そういう自分《じぶん》に不満《ふまん》な想《おも》いをいだき、なげきの底《そこ》におちる時《とき》、わたしは何時《いつ》も神《かみ》さまの前《まえ》にゆきます。そうすると、フッと心《こころ》がなごみ、落《お》ちついてくるのです。

〈葉隠《はがくれ》〉の書名《しょめい》については、西行《さいぎょう》の

はがくれに散《ち》りとどまれる花《はな》のみぞ忍《しの》びし人《ひと》にあふ心地《こゝち》する

という山家集《さんかしゅう》の一首《しゅ》の意《い》を採《と》ったものであろうと伝《つた》えられています。

わたしもかねて、この西行《さいぎょう》のあわれなまでに深《ふか》い歌《うた》のこころを愛《あい》して、天恩郷《てんおんきょう》のわたしの静居《せいきょ》に〝葉《は》がくれ居《きょ》〟と名づけています。（昭二八、一一）

たびころも

旅《たび》をするたびに、地方《ちほう》の信者《しんじゃ》さんが、わたしのために細《こま》かく心《こころ》をくばってくださって、いつももったいない思《おも》いがします。

迎《むか》えてくださったことに、わたしが何《なに》かにでも役立《やくだ》っておればと念《おも》うのですが、迷惑《めいわく》をかける方《ほう》がはるかに多《おお》いのではないかと思《おも》うと、こころ淋《さび》しいものがあります。

修業《しゅぎょう》のたりないわたしは、せっかくの好意《こうい》も、気持《きもち》が落《お》ちついておれないで、つい、勝手《かって》な振《ふる》舞《ま》いにでてしまうことがあります。

旅《たび》づかれのわたしをおもんぱかられて、駅《えき》の待合室《まちあいしつ》でなく、よく、駅長室《えきちょうしつ》に案内《あんない》して休憩《きゅうけい》さしてくださることがあります。そんなとき、かえってわたしは、落《お》ちついておれないで困《こま》ってしまいます。

旅客《りょきゃく》には待合室《まちあいしつ》という休憩所《きゅうけいしょ》が設《もう》けてあるのを、駅長《えきちょう》さんは、特別《とくべつ》な知人《ちじん》への義理《ぎり》で、わたしを駅長室《えきちょうしつ》へ招《しょう》じてくれているのですから、そのギゴチない気持《きもち》も、その傍《そば》で執務《しつむ》している人々《ひとびと》の気持《きもち》も、胸《むね》に痛《いた》いほど押《お》し伝《つた》わってきます。

それにわたしは、かつて、邪教《じゃきょう》の名《な》をいやというほど浴《あ》びせられ、今《いま》とて一つ違《ちが》えばどういう言葉《ことば》が放《はな》たれるか分《わ》かったものではありません。そんなわたしが、老宗団《ろうしゅうだん》の管長《かんちょう》さんか名士《めいし》のように特別扱《とくべつあつか》いを受《う》けてみても、落《お》ちついていれるものではありません。

それに、わたしに対《たい》するある気持《きもち》が、壁《かべ》のように立《た》てこむ中《なか》に坐《すわ》っていることは、生《い》きている限《かぎ》りつきまとう修業《しゅぎょう》と考《かんが》えてみても、堪《た》え得《え》ない気《き》がします。

せっかく世話《せわ》してくださった方《かた》には申《もう》し訳《わけ》ないとおもいつつも、一ぱん旅客《りょきゃく》の待合室《まちあいしつ》に逃《に》げ込《こ》むように移《うつ》ります。そして、ほっとした安堵感《あんどかん》を得《え》て吾《われ》にかえると、我《わが》ままな気分本位《きぶんほんい》のわたしの行《おこ》ないが悔《く》いられ、せっかく配慮《はいりょ》して下《くだ》さった方《かた》に、申《もう》し訳《わけ》なくて悲《かな》しくなります。

こういう場合《ばあい》、母《はは》はおおらかに人《ひと》の好意《こうい》を受《う》けていました。けれど母《はは》も、心《こころ》の中《なか》では、目立《めだ》つ迎送《げいそう》は嫌《きら》いだったようです。

母《はは》は自分《じぶん》の嫌《いや》なことの中《なか》ででも、ゆったりと堪《た》えておれる辛抱強《しんぼうづよ》い人《ひと》でした。母《はは》の寛容《かんよう》な天性《てんせい》と来《こ》し方《かた》の深《ふか》い苦労《くろう》が、母《はは》をそのようにしたのでしょう。辛《つら》いことにも我慢《がまん》して、人《ひと》の好意《こうい》をいたわり、深《ふか》い心《こころ》で受《う》けられるように、母《はは》に習《なら》いたいものとおもいますが、仰々《ぎょうぎょう》しい送迎《そうげい》だけは、なんとか止《や》めていただけないものかとおもいます。（昭二九、一）

春の花

この春《はる》を家《いえ》にすごし、庭桃《にわもも》の木《き》の、蕾《つぼみ》をつけた枝《えだ》ぶりを、ことさらにおもしろくみました。どの枝《えだ》も、空《そら》に向《む》かって、奔放《ほんぽう》な姿《すがた》で立《た》ち上《あ》がっている、その気魄《きはく》のある一線《せん》一線《せん》の美《うつく》しさにみとれ、いく日《にち》もその前《まえ》に、しばしたたずみました。

絵《え》ごころとでもいうものでしょうか、その姿《すがた》を眼《め》の奥《おく》に収《おさ》め、胸《むね》のうちに描《えが》いていました。

さて、三月《がつ》の暮《く》れに窯詰《かまづ》めするという、わたしの轆轤《ろくろ》引《び》きになる素焼《すやき》の鉢《はち》をかかえて、その土《つち》膚《はだ》に、絵付《えつけ》を染《そ》めましたが、あの陶《とう》の絵付《えつ》けに用《もち》いるトロリとした釉薬《ゆうやく》をふくんだ重《おも》い筆《ふで》では、心《こころ》に描《えが》いていた楽《たの》しみを、おもうように表現《ひょうげん》することはできませんでした。

○

椿《つばき》の花《はな》は、花《はな》のともしい冬《ふゆ》のうちから、艶《つや》のある濃《こ》い緑《みどり》の葉《は》の上《うえ》に、くっきりと紅《くれない》の花瓣《かべん》をそろえます。

厚《あつ》い紅《くれない》の花片《はなびら》をそらせ黄色《きいろ》い芯《しん》を茶筌《ちゃせん》のように立《た》てて、ゆく路《みち》の人家《じんか》の垣根《かきね》や、藪《やぶ》かげ、森《もり》の中《なか》、どこにでも咲《さ》いていて、椿《つばき》の花《はな》には、誰《たれ》もが郷愁《きょうしゅう》に似《に》た感《かん》じをいだきましょう。

それは、少女《しょうじょ》のころの紅絣《べにがすり》の着物《きもの》のように懐《なつか》しく、故里《ふるさと》の暮《く》らしのように温《あたた》かく、日本《にっぽん》の庶民《しょみん》の大方《おおかた》が、心《こころ》のどこかに愛着《あいちゃく》をもっている花《はな》です。

○

チューリップの花《はな》は、群生《ぐんせい》しているところを眺《なが》めても美《うつく》しく、その一本《ぽん》を瓶《びん》にさしてみても可《か》愛《わ》い花《はな》です。

この花《はな》をみていると、わたしは幼稚園《ようちえん》の園児《えんじ》を連想《れんそう》し、オルガンの調《しら》べに乗《の》って歩《ある》いているエンジ色《いろ》の服《ふく》を着《き》たオカッパの女《おんな》の児《こ》を想《おも》うのです。

春《はる》の洋花《ようか》には、いろいろ好《す》きなのがあって、わたしは、フリージャのあの香《にお》いをかぐことも、春《はる》の日《ひ》の小《ちい》さな喜《よろこ》びとしています。

○

なんといっても、春《はる》を濃《こ》く、わたしのこころに花《はな》やいでくるものは、桜《さくら》の花《はな》です。

梅《うめ》の花《はな》の、気高《けだか》く匂《にお》う芳《かんば》せや、キリッとしたたたずまいの感《かん》じは、また格別《かくべつ》の趣《おもむき》をもって、心《こころ》に迫《せま》ってきますが、わたしは少女《しょうじょ》のころから、山桜《やまざくら》の花《はな》が咲《さ》きはじめると、もうジッとしておれなくなり、明《あ》け方《かた》の寒《さむ》さにふるえつつ、花《はな》の蔭《かげ》に立《た》つのでした。

旭日《よくじつ》の桜《さくら》、夕暮《ゆうぐれ》の桜《さくら》と。

それでも足《た》りず、おく山《やま》や野《の》を、少《すこ》し遠《とお》いところは騎馬《きば》で、花《はな》をもとめて、あこがれ歩《ある》きました。

母《はは》は、春《はる》が来《く》るたびに、「この子《こ》はおかしな子《こ》じゃ、また花《はな》に呆《ほう》け出《だ》した」といって、あきれるようにつぶやいていました。

父《ちち》も山桜《やまざくら》が好《す》きで、それも少年《しょうねん》のころからなのでしょう。春《はる》になれば産土《うぶすな》の穴太《あなお》の杜《もり》に、花《さくら》をみに帰《かえ》りました。そして毎春《まいしゅん》、天恩郷《てんおんきょう》で観桜《かんおう》の筵《むしろ》をのべました。

父《ちち》が、お多福桜《たふくざくら》と呼《よ》んで、歌《うた》にも詠《よ》んでいる遺愛《いあい》の桜《さくら》は、学名《がくめい》では、〈おくやまさくら〉といいます。

わたしは、この桜《さくら》の本名《ほんみょう》を、父《ちち》の没後《ぼっご》に知《し》り得《え》たことを悲《かな》しみます。

何事《なにごと》にも大《おお》げさに、派手《はで》にみえて、ほんとうは淋《さび》しく、孤高《ここう》に生《い》きた父《ちち》。

人類《じんるい》の幸福《こうふく》を心《こころ》から願《ねが》い、そのために挺身《ていしん》しながらも、思《おも》いもかけぬ悪名《あくみょう》に苦《くる》しめられた父《ちち》を思《おも》うのです。

わたしは、いろいろにさく花《さくら》を賞《め》でてきましたが、昨年《さくねん》、はしなくも発見《はっけん》した〝このはなさくら〟の美《うつく》しさは、ちょっと類《るい》がないようにおもわれます。

花《はな》の盛《さか》りが、他《た》のさくらに比《くら》べてながく、それでいて散《ち》る際《きわ》までシットリとした潤《うるお》いを保《たも》っていて、姿態《したい》の優《やさ》しく哀《かな》しそうなところなど。

〝このはなさくら〟の姉《あね》ともいうべき奈良《なら》の八重桜《やえざくら》は、桜《さくら》の稀品《きひん》とか。それでも妹《いもうと》にくらべると、幾《いく》らかさわがしく、荒《あら》けないようにわたしにはおもわれます。奈良《なら》の八重《やえ》桜《ざくら》を貴女《きじょ》とすれば、このはなさくらは天上界《てんじょうかい》の仙女《せんじょ》というところかなどと、自分《じぶん》が発見《はっけん》したという悦《よろこ》びも添《そ》わって、ひそかに誇《ほこ》り愛着《あいちゃく》しています。

昨年《さくねん》はただ、〝このはなさくら〟の美《うつく》しさに漠然《ばくぜん》と魅《み》せられていましたが、それが新種《しんしゅ》と判《わか》った今年《ことし》は、新《あたら》しくこころの角度《かくど》をかえて、細《こま》かく観察《かんさつ》もしてみたいと、花《はな》のひらく日《ひ》を待《ま》ちこがれています。（昭二九、四）

或る人へ

過日《かじつ》、ある地方《ちほう》へ旅行《りょこう》をしたみぎり、わたしにとっては珍《めずら》しく、静養《せいよう》を楽《たの》しむ数日《すうじつ》が与《あた》えられました。そんなところへ、旧信徒《きゅうしんと》で、現在《げんざい》はある団体《だんたい》に転《てん》じているという人《ひと》が訪《たず》ねてきました。

わたしは、せっかく静養《せいよう》のところを、たってといわれ、それではとお目《め》にかかりました。その人《ひと》は、

「御無沙汰《ごぶさた》しています。このたびはお芽出度《めでと》うございました」

と、わたしたちの平和祈願祭《へいわきがんさい》が無事《ぶじ》にすんだことをいってくれ、人《ひと》の評《うわさ》に聞《き》くほどのこともないのかと、それまでは、よかったのですが、

「いろいろご心配《しんぱい》をかけましたが、現在《げんざい》、私《わたくし》は世界平和建設《せかいへいわけんせつ》のため、天下無敵《てんかむてき》の大道《だいどう》を濶歩《かっぽ》しています」

と、変《へん》に力《りき》んだ、上《うわ》ずった調子《ちょうし》で話《はな》しかけてこられました。これは、おかしなことをいわれるとおもったわたしは、自分《じぶん》の語調《ごちょう》をいくらか強《つよ》め、

『それは、何処《どこ》でなさっていらっしゃるのです』と尋《たず》ねました。

「はい」といったまま、その人《ひと》は黙《だま》りこんでいるので、私《わたし》は、こう言《い》いましたが、

『あなたに、私《わたし》たちの教団《きょうだん》に復帰《ふっき》してもらいたいとおもっていうのとは違《ちが》いますよ。それとは

別《べつ》に、あなたご自身《じしん》のためにわたしはいってるのですよ。あなたが、どこで何《なに》をなさろうと、それはあなたのご自由《じゆう》です。それを、わたしがとやかくいうのは、お節介《せっかい》な話《はなし》でしょうが、わたしの目《め》からみますと、あなたの現在《げんざい》は、よけいな廻《まわ》り路《みち》をされているとしかおもえません。人間《にんげん》の一生《しょう》は長《なが》いようでも短《みじ》かいものです。それを道草《みちくさ》をしていられるような、今《いま》のあなたの時間《じかん》が惜《お》しいと思《おも》うのです。これは、あなたご自身《じしん》で、ようく考《かんが》えてみてくださいよ。

あなたの世界平和《せかいへいわ》のためにといわれるその気持《きもち》は一途《ず》でも、あなたの現在《げんざい》していらっしゃる行動《こうどう》はどういうことになっていますか、もう一度《ど》考《かんが》えてみてくださいよ。

自分《じぶん》では、一生懸命《しょうけんめい》のつもりでも、自分《じぶん》では良《よ》いことと思《おも》い込《こ》んでいても、はずれたところにゆくこともありますから。

平和《へいわ》のためにと思《おも》う信念《しんねん》は間違《まちが》ってなくても、歩《あゆ》んでゆく道標《どうひょう》が違《ちが》っていれば、それはどういうことになりましょう、にくらしいことを言《い》いますが……。

平和《へいわ》という言葉《ことば》をつかって歩《ある》きまわるだけなれば、時間《じかん》つぶしをしているだけのことで、むしろ、家《いえ》にいて、縄《なわ》の一すじもなう方《ほう》が、よほど平和《へいわ》のために尽《つ》くすことになるとおもいます。

言《い》っている言葉《ことば》は立派《りっぱ》に聞《き》こえても、それから生《しょう》じてくるもの、伴《とも》なってくる行《おこ》ないが、どういうものであるかを観察《かんさつ》し、あるいは内省《ないせい》してみることが必要《ひつよう》でしょう。

どんな運動《うんどう》にしても、人間《にんげん》、社会《しゃかい》を離《はな》れて存在《そんざい》できるわけがありません。人間《にんげん》が肉体《にくたい》を有《も》って生《い》きていることを忘《わす》れては、意味《いみ》のないくらいのことは、常識《じょうしき》で考《かんが》えてみても誰《たれ》にも分《わ》かることとです。

たとえば、団体《だんたい》のためとか、運動《うんどう》のために、自分《じぶん》が社会《しゃかい》で受《う》けもっている職業《しょくぎょう》をなげやりにすることや、また、家《いえ》も屋敷《やしき》も売《う》り払《はら》って献金《けんきん》するというようなこと、これは考《かんが》えものですよ。本人自身《ほんにんじしん》は、自分《じぶん》の或《あ》る気持《きもち》を満足《まんぞく》させているのですから、よい気《き》なものの、そのために家族《かぞく》はどうなります。人《ひと》の世話《せわ》になったり、周囲《しゅうい》に迷惑《めいわく》をかけなければならないのです。

それも、当人《とうにん》が本当《ほんとう》に、清《きよ》らかな心《こころ》から、そうしたくてするという純粋《じゅんすい》なものは別《べつ》ですが。大《たい》ていの場合《ばあい》、身欲《みよく》からとんでもないことを考《かんが》えていたり、びっくりさせられて恐怖心《きょうふしん》からしていることが多《おお》いものです。

不純《ふじゆん》な感情《かんじよう》で動《うご》かされる人々《ひとびと》は、正《ただ》しい言葉《ことば》や、平凡《へいぼん》に聞《き》こえる教《おしえ》には、満足《まんぞく》できがたいものです。そういう人《ひと》の弱点《じやくてん》を知《し》って突飛《とつぴ》なことをいい、それで人《ひと》のこころを魅《ひ》きつけるというのは、よくないことですが、おうおうにしてそれが行《おこ》なわれているのです。

表皮《うわべ》は、平和《へいわ》という上品《じようひん》な言葉《ことば》でかざられていたり、あるいは、人《ひと》をおどかすようなどぎつい予言《よげん》めいたことが列《なら》べられていても、そうしたことに、わけもなくひざまずくのは、やはりその人《ひと》の心《こころ》に隙《すき》があるからでしょう。

そういう時《とき》、冷静《れいせい》に、よく観察《かんさつ》すれば、それが本当《ほんとう》のものでない場合《ばあい》は、平凡《へいぼん》な常識的《じようしきてき》なところにそれと気《き》づくものが現《あら》われているはずです』

○

もと、わたしのところ(大本《おほもと》)にいて、昭和《しようわ》十年《ねん》事件《じけん》の時《とき》、父《ちち》や母《はは》が大《たい》へん迷惑《めいわく》をこうむったNという人《ひと》が、或《あ》る一つの団体《だんたい》をつくっています。言葉《ことば》の上《うえ》では、もっともな筋《すじ》を立《た》てておられるとか聞《き》きますが、わたしには、もう一つ理解《りかい》し難《がた》いものが残《のこ》っています。

本当《ほんとう》に、人類《じんるい》の平和《へいわ》のため新《あたら》しい団体《だんたい》をつくるのでしたら、その志《こころざし》を、父《ちち》になり母《はは》になりいってくるのが当然《とうぜん》です。それが師弟《してい》としての、普通《ふつう》の礼儀《れいぎ》とおもいます。

肉体《にくたい》をもっている人間《にんげん》は、肉体《にくたい》としても誠意《せいい》を示《しめ》さなければなりません。父母《ふぼ》なきあとは、私《わたし》のところへなりとも、一応《おう》は出《せ》てきて、「ともに、手《て》をたずさえて、世界《せかい》のために働《はたら》きましょう」といってくるのが、これが普通《ふつう》の〈人《ひと》の道《みち》〉というものでしょう。といって、わたしは何《なに》も、主《しゅ》人《じん》ぶっていたいというのではありません。むしろわたし個人《こじん》としては、事件中《じけんちゅう》、Nという人《ひと》の言《げん》動《どう》のために、どれだけわたしたちが迷惑《めいわく》を受《う》けたことか、少《すこ》し頭《あたま》が変《へん》なのではないかとおもっているその人《ひと》と、会《あ》うこともつき合《あ》うこともご免《めん》こうむりたいくらいですが。

しかし、普通世間《ふつうせけん》の常識《じょうしき》からいっても、わたしは言葉《ことば》をかけられて然《しか》るべきで、こっそりとするようなことは、おかしいと思《おも》うのです。立派《りっぱ》なことをいっている人《ひと》であれば、それだけにそう思《おも》うのです。

こういう平凡《へいぼん》なところに、わたしは、誰《たれ》にでも判断《はんだん》を誤《あや》まらないものが感《かん》じられるのではないかと思《おも》うのです。

これは、なんでもないようなことで、大切《たいせつ》なことであるとおもいます。口《くち》では、どんな立派《りっぱ》なことをいっていても、本当《ほんとう》のものでない場合《ばあい》は、きっと、そういう平凡《へいぼん》なところで大切《たいせつ》なものがくずれているものです。

ここを観察《かんさつ》して、言葉《ことば》の上《うえ》だけで幻惑《げんわく》されないように気《き》をつけることが肝要《かんよう》でしょう。

Nという人《ひと》は団体《だんたい》をつくる時《とき》にも一言《こと》の挨拶《あいさつ》もなかったばかりでなく、その後《ご》、近《ちか》くまで来《き》ていても、旧《ふる》い信者仲間《しんじゃなかま》だけを訪《おとず》れるという、ここそとひくつなのを、むしろ気《き》の毒《どく》におもっています。ずっと以前《いぜん》は、こちらに働《はたら》いていた人《ひと》ですから、普通《ふつう》なればそんな味気《あじけ》ないものでなく、親《した》しい人間的《にんげんてき》な気持《きもち》で、気持《きも》ちよくわたしのところに来《こ》られるはずです。ことに師《し》の家《いえ》を出《で》て、一派《ぱ》を立《た》てた行動《こうどう》が、世界平和《せかいへいわ》のための止《や》むに止《や》まれぬ熱意《ねつい》からほとぼしりでたものであれば、決《けっ》して恥《は》ずることはないので、信者《しんじゃ》のところへくるのなれば、一足《あし》わたしのところへも来《こ》れるはずです。

それと、N氏《し》は霊《れい》がかりによってされているかのようにいう人《ひと》もいますが、それはウソで、人《にん》間心《げんごころ》でされていることは、それらで分《わ》かります。人間《にんげん》である以上《いじょう》、普通《ふつう》なれば心《こころ》の奥《おく》には、神《かみ》さまから分《わ》け与《あた》えられている四魂《こん》があり、恥《は》ずべきを恥《は》じ、怖《おそ》るべきを怖《おそ》れる働《はたら》きがあるからです。

ところが、ここに、別《べつ》のものがあります。霊《れい》がかりによる行動《こうどう》で、それは人間心《にんげんごころ》を有《も》ちあわせていません。その低《ひく》いものとなると、恥《はじ》もなくどうどうと人《ひと》のところへも乗《の》り込《こ》んでゆきます。人《ひと》の家《いえ》に這入《はい》るのに、その家《いえ》の主人《しゅじん》に、一言《こと》のことわりもなく威勢《いせい》よく飛《と》び込《こ》みます。

しかし、その非常識《ひじょうしき》な態度《たいど》をみれば、その霊《れい》がかりが、どういうものであるかは分《わ》かります。

そして少《すこ》しく時間《じかん》が経《た》てば、本人《ほんにん》が自分《じぶん》で自分《じぶん》を裁《さば》いてゆくのをみることができましょう。

神《かみ》がかりというものは、気品《きひん》のある礼儀《れいぎ》正《ただ》しいものです。

そこで、ここのところを、ようく考《かんが》えていただきたいのです。

いずれにしても、人《ひと》は平凡《へいぼん》な、普通《ふつう》の礼儀《れいぎ》正《ただ》しい生活《せいかつ》のできることが、一番尊《ばんとうと》いことに思《おも》われます。それで、つねに謙虚《けんきょ》な、温《あたた》かい気持《きもち》で、真面目《まじめ》に暮《くら》してゆくことを求《もと》めるべきで、そういう生《い》き方《かた》をしている人《ひと》には、外《ほか》におそるべきものはないとおもいます。（昭三〇、五）

うつくしい心

最近《さいきん》、青年《せいねん》の一部《ぶ》の人《ひと》たちが抱《いだ》いている神秘観《しんぴかん》を聞《き》き、その低《ひく》きに、ちょっと意外《いがい》でもあり、失望《しっぽう》もしました。青年《せいねん》の人《ひと》なら、一般《ぱん》にもっと高《たか》い神秘観《しんぴかん》をもっていると思《おも》っていたのですが、いなり下《さ》げなどにみられるような透視《とうし》とか、天耳通《てんじつう》というようなことに興味《きょうみ》をいだき、価値《かち》あるもののごとくおもって、そういう尺度《しゃくど》から、今《いま》の大本《おほもと》に神秘《しんぴ》がなくなったと思《おも》い込《こ》んでいるらしいのです。

わたしにだって、そのたぐいなら、見《み》せられないこともないのですが、わたしにいわせれば、その人《ひと》たちが期待《きたい》するような神秘《しんぴ》は、神秘《しんぴ》でもなんでもない憑霊現象《ひょうれいげんしょう》で、底《そこ》が見《み》え透《す》いています。教祖《きょうそ》さまは、高《たか》い神《かみ》さまの神《かむ》がかりでありましたが、終始神《しゅうしかむ》がかりであったのではなく、筆先《ふでさき》を書《か》かれる場合《ばあい》のような、神《かみ》さまが必要《ひつよう》としてかかられる以外《いがい》は、やさしいきちょうめんなお人《ひと》柄《がら》の方《かた》で、どこか香《かお》り高《たか》いりんとしたものを感《かん》じました。

わたしの少女時代《しょうじょじだい》、大本《おほもと》の役員《やくいん》さんたちは、よく筆先《ふでさき》の浄書《じょうしょ》をしました。わたしも京都《きょうと》の梅田《うめだ》さんの家《いえ》から武徳殿《ぶとくでん》に剣道《けんどう》の修業《しゅぎょう》に通《かよ》っていたころ、日課《にっか》のように筆先《ふでさき》を拝読《はいどく》し浄書《じょうしょ》して、筆先《ふでさき》の一句《く》一句《く》は、腹《はら》に沁《し》みて、何十年《なんねん》かを経《へ》た今日《こんにち》でも鮮《あざや》かにのこっています。その時代《じだい》から、その当時《とうじ》は現実的《げんじつてき》には受《う》けとれなかった「世《よ》が変《か》わる」と示《しめ》された筆先《ふでさき》の一語《ご》一語《ご》なども、目《め》の前《まえ》に如実《にょじつ》に現《あら》われてきていることを観《み》ることができます。

明治時代《めいじじだい》と昭和《しょうわ》の日本《にほん》とでは、あらゆる意味《いみ》で大《おお》きな変化《へんか》がみられます。世界《せかい》の情勢《じょうせい》においても同様《どうよう》です。思想《しそう》の面《めん》、芸術《げいじゅつ》の面《めん》、科学《かがく》の面《めん》、あるいは世界各国《せかいかっこく》の国家制度《こっかせいど》の面《めん》、一世紀《せいき》に満《み》たない間《あいだ》の目《め》まぐるしい変《か》わり方《かた》は、ここ数世紀《すうせいき》にない激《はげ》しい大《おお》きな変《か》わり方《かた》をしています。しかも、その変《か》わり方《かた》が、筆先《ふでさき》で端的《たんてき》な言葉《ことば》で示《しめ》されたとおりになり、またならざるを得《え》ないような状勢《じょうせい》に進《すす》みつつあります。「気《け》もない中《うち》から知《し》らせるぞよ」と示《しめ》されてある言葉《ことば》どおりになって来《き》ています。一日《にち》一日《にち》、大《おお》きな神《かみ》の力《ちから》が世界《せかい》に働《はたら》きつつあるという事実《じじつ》、このことにこそ、大《おお》きな神秘《しんぴ》を感《かん》じないではいられません。しかし、小《ちい》さな神秘《しんぴ》、低《ひく》い神秘《しんぴ》にとらわれていては、この大《おお》きな神秘《しんぴ》を切実《せつじつ》に感《かん》じることはできないでしょう。

これまで、神《かみ》さまが筆先《ふでさき》に示《しめ》されたとおりに間違《まちが》いなく現《あら》われているのをみるとき、〝世《よ》の大《おお》峠《とうげ》〟も何時《いつ》かはあるものだとおもっています。それをただ待《ま》つように、その時期《じき》が何年先《なんねんさき》とか、何《なん》十年先《ねんさき》とかいうような気持《きもち》にはなれないのです。その言葉《ことば》が、無始《むし》無終《むしゅう》に生《い》きとおしの神《かみ》さまのみ心《こころ》から「立替立直《たてかえたてなお》しが迫《せま》っている」というのと、わずか百年内外《ねんないがい》の生命《せいめい》しかない人間《にんげん》の生涯《しょうがい》から割《わ》り出《だ》して「迫《せま》っている」と感《かん》じるのでは、同《おな》じ「迫《せま》っている」ということでも、それを計《はか》る尺度《しゃくど》に、大《おお》きな違《ちが》いがあるでしょうし、また、障子《しょうじ》一枚外《まいそと》のことが判《わか》らない人間《にんげん》に、その時期《じき》などがハッキリ判《わか》るはずがありません。神《かみ》さまだけが知《し》っていられることと思《おも》います。

ただわたしは、「この秋《あき》は雨《あめ》か嵐《あらし》か知らねども今日《けふ》の務《つと》めに田草《たぐさ》とるなり」の歌《うた》のこころで、日々《にちにち》をつつましく、楽《たの》しく、学《まな》び、働《はたら》かしてもらいたいとおもいます。わたしの生存中《せいぞんちゅう》に、そのような時期《じき》がくれば、驚《おどろ》くかもわかりませんが、少《すこ》しでもあわてふためくことのないよう、自分《じぶん》自身《じしん》を練《ね》ることに努《つと》めたいとおもっています。

「立替立直《たてかえたてなお》し」に関連《かんれん》して、中《なか》には、なにか大変《たいへん》なことが起《お》こると、それは人類《じんるい》にとって不幸《ふこう》な出来事《できごと》にもかかわらず、筆先《ふでさき》どおりのことが起《お》こってきたといって歓《よろこ》ぶようなのを見受《みう》けることがあります。そういうことを見受《みう》けるたびに、わたしは割《わ》り切《き》れぬ気持《きもち》にさせられます。親類《しんるい》や知人《ちじん》から、邪信《じゃしん》とあざけられ排斥《はいせき》されながらも、一すじに大本《おほもと》の教《おしえ》を信仰《しんこう》しつづけてきた人《ひと》たちが、筆先《ふでさき》に示《しめ》されたとおりのことが起《お》こったということから、自分《じぶん》の信《しん》じてきたことが間違《まちが》いなかったというので、その歓《よろこ》びから出《で》る言葉《ことば》ということは、わからぬではありません。しかし、本当《ほんとう》の信仰《しんこう》は、そのような低《ひく》い歓《よろこ》びではなく、人類《じんるい》の不幸《ふこう》に対《たい》する大《おお》きな悲《かな》しみと、神《かみ》への祈《いの》り、救済《きゅうさい》への奉仕《ほうし》精神《せいしん》がいっそうふかく湧《わ》いてくるはずです。

大本教祖《おほもときようそ》は、その生涯《しようがい》を世界《せかい》の大難《だいなん》を小難《しようなん》に、小難《しようなん》を無難《ぶなん》にと、朝夕《あさゆう》一すじに祈《いの》られました。そのお姿《すがた》が今《いま》でも強《つよ》い印象《いんしよう》となってわたしの胸《むね》に宿《やど》っています。

国々《くにぐに》にきたる大難《だいなん》小難《しようなん》にのがせ給《たま》えと祈《いの》る御開祖《とかいそ》

大難《だいなん》は小難《しようなん》なれや小難《しようなん》は無難《ぶなん》にすめと祈《いの》る節分《せつぶん》

と、詠《よ》んでいる母《はは》の一生《しよう》も、ひたすらに人々《ひとびと》の幸《しあわ》せを念《ねん》じないではおれない一心《しん》で貫《つらぬ》かれていました。

人柄《ひとがら》がいくら純朴《じゆんぼく》でも、信仰《しんこう》がいくら熱心《ねっしん》であっても、人類《じんるい》の不幸《ふこう》な出来事《できごと》に、悲《かな》しみの情《じよう》が起《お》こらぬような信仰《しんこう》のあり方《かた》は、どこかはずれているのです。大難《だいなん》は小難《しようなん》にと祈《いの》らずにいられぬ心《こころ》、人類《じんるい》の不幸《ふこう》を悲《かな》しまずにおれぬ心《こころ》、これが本当《ほんとう》の信仰者《しんこうしゃ》の心《こころ》であり、うつくしい心《こころ》であるとおもいます。（昭三〇、五）

調和を求めて

どんな場合《ばあい》にも、人《ひと》を打《う》つ（非難《ひなん》すること）ということは、天国《てんごく》を築《きず》き上《あ》げるためにはマイナスです。ことに他人《たにん》の非《ひ》をとりあげて、その人《ひと》を打《う》つということは、よくないことです。よく政《せい》治運動《じうんどう》をする人《ひと》や左翼的《さよくてき》な人《ひと》の中《なか》に、平気《へいき》で人《ひと》を打《う》つ言葉《ことば》を耳《みみ》にしますが、大《おお》きな意味《いみ》では、社《しゃ》会《かい》の損失《そんしつ》でしょう。

宗教《しゅうきょう》をもっているものは、人《ひと》の足《た》りないところを責《せ》める気持《きもち》がおきた時《とき》、自分《じぶん》の想念《そうねん》を省《かえり》みることができなければなりません。そして人《ひと》の足《た》らざるを補《おぎな》って、全体《ぜんたい》の和《わ》を計《はか》るために努力《どりょく》を傾《かたむ》けるのでなくてはなりません。それは愛情《あいじょう》の問題《もんだい》というよりも、知性《ちせい》の問題《もんだい》といえましょう。

実際《じっさい》ものにあたっている当事者《とうじしゃ》、責任者《せきにんしゃ》というものは、気《き》がもめるものであるが、それだけでも第《だい》三者《しゃ》には気《き》のつかないことが生《しょう》じやすいのです。囲碁《いご》から来《き》たのでしょうが、オカメ八目《もく》という言葉《ことば》がよく使《つか》われますように、第《だい》三者《しゃ》は冷静《れいせい》にものをみてゆける立場《たちば》にあるので、当事《とうじ》者《しゃ》に気《き》のつかないところへ気《き》をつけて上《あ》げてこそ当然《とうぜん》でしょう。

○

小《ちい》さくとも一つの団体《だんたい》となりますと、みなが同《おな》じ気持《きもち》になることはなかなかです。ことに理解《りかい》をともにするということは、まず不可能《ふかのう》と思《おも》わなければなりません。ちょっとでも気持《きもち》の高《たか》い人《ひと》、進《すす》んだ人《ひと》は、辛抱《しんぼう》してゆかなければならないことがあるものです。

そういう意味《いみ》で、祖母《そぼ》にしても父母《ふぼ》にしても、孤独《こどく》なさみしさを一生《しょう》もって生《い》きたであろうことをおもうのです。昔《むかし》のえらい聖賢《せいけん》といわれる人《ひと》の生涯《しょうがい》も、やはり孤高《ここう》なさみしさから逃《のが》れることはできなかったと思《おも》います。

一つの団体《だんたい》の上《うえ》に立《た》つものは、残念《ざんねん》なことがあっても、それをこばらなければなりません。たとえ、論理的《ろんりてき》には相手《あいて》を慴伏《しょうふく》することができても、それだけのことで、上《かみ》に立《た》つものは、いつも一歩《ぽ》、高《たか》い理解《りかい》の上《うえ》に立《た》って、自分《じぶん》の感情《かんじょう》をねらなければなりません。練《ね》れた人間《にんげん》のサラサラとした襟度《きんど》を持《も》つべきでしょう。

立替え

大本《おほもと》のお筆先《ふでさき》にいわれている〈立替《たてか》え〉が、今《いま》もって行《おこ》なわれていないように考《かんが》え、〈立替《たてか》え〉という言葉《ことば》を、何《なに》かの天変地異《てんぺんちい》によって地球《ちきゅう》が洗《あら》い替《か》えられるようなことで、ただその時《とき》を待望《たいぼう》するといった受取《うけと》り方《かた》をされるとすれば、これは、あまりに眼《め》のつけどころが低《ひく》いということになります。

〈天変地異《てんぺんちい》〉では立替《たてか》えは出来《でき》ん——ということは、お筆先《ふでさき》にも書《か》いてあります。

神《かみ》に代《か》わって祖母《そぼ》のいわれたことは、その時《とき》には分《わ》からないように立替《たてか》わっていて、今日《こんにち》、時《じ》間《かん》が経《た》ってみますと大《おお》きく変《か》わって来《き》たことに驚《おどろ》かされます。

四季《しき》のうつり変《か》わりにしても、夜《よる》と昼《ひる》の変《か》わり目《め》にしても、少《すこ》しずつズンズンと変《か》わってくるもので、その一瞬《しゅん》だけをつかまえて、それを感《かん》じることは困難《こんなん》です。それには鋭《するど》い観察力《かんさつりょく》が要《い》りましょうけれども、永《なが》い時間《じかん》をかけて、これをみる場合《ばあい》には誰《たれ》にも納得《なっとく》がゆくはずです。

——世《よ》に落《お》ちておりた神《かみ》が世《よ》に出《で》る——ということも、その通《とお》りになってきています。

それがわからないのは、歴史《れきし》をみる力《ちから》のない幼稚《ようち》さから来《く》るのでしょう。

ややもすると、自分《じぶん》のなすべき努力《どりょく》もせず、社会《しゃかい》のために働《はたら》くことをおろそかにし、現実《げんじつ》から足《あし》を浮《う》かせているような、ある種《しゅ》の人間《にんげん》は、突飛《とっぴ》もない考《かんが》えに頼《たよ》る弱点《じゃくてん》をもっています。

わたしたちの少女《しょうじょ》のころからみて、いまの若《わか》い人々《ひとびと》の、ものの考《かんが》え方《かた》の変《か》わり方《かた》、社会全般《しゃかいぜんぱん》の思想《しそう》の大《おお》きな変《か》わり方《かた》はどうでしょう。それが理解《りかい》できないとすれば、それは、滑稽《こっけい》というよりも、気《き》の毒《どく》におもわれます。

そのように、この教《おしえ》に対《たい》する低《ひく》い理《り》解力《かいりょく》で、この教《おしえ》が伝《つた》えられるとすれば、指導《しどう》の仕方《しかた》が悪《わる》いということになるのかも知《し》れませんが、これは人々《ひとびと》の良識《りょうしき》というか、むしろ、常識《じょうしき》にまつより致《いた》し方《かた》がありません。霊智《れいち》も霊覚《れいかく》も、その先端《せんたん》は常識《じょうしき》に結《むす》びつくものであり、人智《じんち》を超《こ》えた神《かみ》の啓《けい》示《じ》も常識的《じょうしきてき》にうなずけるものとなるはずです。これを忘《わす》れてはならないと思《おも》います。そうして、日々《にちにち》の正業《せいぎょう》にはげみ、社会《しゃかい》の歩《あゆ》みとともに悩《なや》み、それを解決《かいけつ》するために現実的《げんじつてき》に努力《どりょく》することがなによりも必要《ひつよう》ではないでしょうか。

大　峠

大本開祖《おほもとかいそ》の筆先《ふでさき》には大峠《おおとうげ》のくることを明《あき》らかにお示《しめ》しになっています。筆先《ふでさき》に示《しめ》されてありますことは、みなその通《とお》りになって来《き》ます。これは、これまでの歴史《れきし》が証明《しょうめい》しています。ここ五六十年《ねん》の、思《おも》ってもみない世《よ》の変《か》わり方《かた》を見《み》てもそれはわかります。――といって、いたずらに心《こころ》を奪《うば》われ、騒《さわ》いだところで、人間《にんげん》にどんなことができましょう。お筆先《ふでさき》のお示《しめ》しは、人《ひと》の心《こころ》をおどかすためでもなく狼狽《うろたえ》さすものでもないことは分《わ》かり切《き》ったことで、その一つ一つを、心《こころ》をしずめていただき、そのみ旨《むね》にそう心構《こころがま》えと、日々《にちにち》の行《おこ》ないを高《たか》めることが大切《たいせつ》でしょう。

百姓《ひゃくしょう》であれば、神《かみ》さまにご守護《しゅご》をねがって米《こめ》や麦《むぎ》を熱心《ねっしん》につくる暮《くら》し、人間《にんげん》の努力《どりょく》をかたむけて、なお神《かみ》に祈《いの》り、力《ちから》かぎりの努力《どりょく》をしてゆく、それは自分《じぶん》の暮《くら》しの上《うえ》だけでなく、広《ひろ》く世《よ》の中《なか》のために働《はたら》き、意義《いぎ》ある運動《うんどう》に奉仕《ほうし》し、そういう生活《せいかつ》の中《なか》で、人間《にんげん》が天国《てんごく》に帰《かえ》る日《ひ》のために、自分《じぶん》のこころを養《やしな》い育《そだ》ててゆく、ゆとりのある暮《くら》しを怠《おこた》らないことであると思《おも》います。

霊のこと

竹田《たけだ》にいた頃《ころ》、ある人《ひと》が——三代《だい》さんは霊《れい》について、くわしいことをご存知《ぞんじ》ないから、霊《れい》の話《はなし》をしてあげる——といって来《き》たので、——わたしは大本《おほもと》の娘《むすめ》ですから、あなたの知《し》っていらっしゃるぐらいのことは知《し》っているのですよ——とこたえたことがあります。

世《よ》の中《なか》には、霊《れい》が見《み》えるとか、霊《れい》の力《ちから》で病気《びょうき》を治《なお》すとかいうことを、大変《たいへん》なことのように思《おも》っている人《ひと》がありますが、そんなことは驚《おどろ》くほどのことでもないのです。わたしでも、それぐらいのことはしようと思《おも》えばできるつもりです。

本当《ほんとう》のことは、そんなものでないということを、考《かんが》えてみてほしいとおもいます。

お茶事の装い

お茶《ちゃ》をならっている人《ひと》を時《とき》おり呼《よ》んで、お茶事《ちゃじ》をさし上《あ》げることがあります。ところがある人《ひと》から、お茶事《ちゃじ》の客《きゃく》は五《いつ》ツ紋《もん》をきるのが正式《せいしき》の服装《ふくそう》というような言葉《ことば》がでました。お茶《ちゃ》は心《こころ》を楽《たの》しむためのもの、心《こころ》を天国《てんごく》に遊《あそ》ばせるものなら、着物《きもの》にもとらわれないのが本当《ほんとう》でしょう。五《いつ》ツ紋付《もんつき》も一生《しょう》にいくらも着《き》ないものですから、タンスの底《そこ》にしまっておくのが惜《お》しいとおもわれるなら、着《き》られるのもよいでしょう。いずれにしましても、茶《ちゃ》は浄《きよ》らかな遊《あそ》びを楽《たの》しむものですから、諸事《しょじ》それにそうよう運《はこ》んでゆきたいものです。

行為

「霊界物語《れいかいものがたり》」の拝読《はいどく》に熱心《ねっしん》であるということが、ある人《ひと》には、ご自分《じぶん》の趣味《しゅみ》になっていたり、もう少《すこ》しいって、ご自分《じぶん》の感情《かんじょう》のハケ口《ぐち》になっている場合《ばあい》もあります。それもよいでしょうが、広《ひろ》く道《みち》のために尽《つ》くす努力《どりょく》から遠《とお》ざかってはならないとおもいます。

大本《おほもと》のいっていることは、うっかりすると共産主義者《きょうさんしゅぎしゃ》の理想《りそう》と同《おな》じことに受取《うけと》られます。目標《もくひょう》は似《に》ていても、大本《おほもと》には敵《てき》がないというだけでも大《おお》きな違《ちが》いがあります。

○

信仰《しんこう》をしている団体《だんたい》の中《なか》にも、悪意《あくい》の人《ひと》はあるものです。

○

矢《や》に毒《どく》をぬって人《ひと》を倒《たお》す原始人《げんしじん》のように、人《ひと》を毒《どく》する言葉《ことば》を射《い》る人《ひと》があります。この人《ひと》らは何《なに》を信仰《しんこう》しているのかとおもわれるでしょうが、その人《ひと》とて頭《あたま》の中《なか》では分《わ》かっていても、腹《はら》の中《なか》のものは別《べつ》ですから、頭《あたま》でわかったといっても、その通《とお》りには行《おこ》なえないのです。

こういうことは、他《た》からはどうしようもないもので、本人《ほんにん》が自分《じぶん》を省《かえり》みて、自分《じぶん》で生命《いのち》がけになってお腹《なか》の掃除《そうじ》にかからなければ、おかげはいただけないものです。

また、そういう人《ひと》に太刀打《たちう》ちしようと思《おも》う人《ひと》があります。また、太刀打《たちう》ちできないからといって、はじめから怖《おそ》れてかかる人《ひと》もありますが、そのいずれの必要《ひつよう》もありません。自分《じぶん》さえ、まことをもっていれば、おそれることも気《き》にする必要《ひつよう》もありません。ただ、辺《あた》りのさわがしさに耐《た》えることだけが必要《ひつよう》です。

○

ある信者《しんじゃ》の人《ひと》が「三代《だい》さまのところへ行《ゆ》きたいけれど、三代《だい》さまは着物《きもの》がやかましいから、貧乏人《ほうにん》は行《ゆ》きにくい。それにお玉串《たまぐし》もいるし……」といっていたというのです。

まア、どういってよいのか、呆《あき》れてしまいます。なぜ、こういう間違《まちが》いをされるのかと、なさけなくなります。

わたしは女性《じょせい》ですから、少女《しょうじょ》のころから着物《きもの》には興味《きょうみ》があります。ことに木綿《もめん》の味《あじ》わいを好《この》んで、木綿《もめん》の縞《しま》でも絣《かすり》でも、洗《あら》いさらされた藍《あい》の味《あじ》わいを好《この》もしくおもってきたものです。わたしが着物《きもの》に心《こころ》をよせるといっても、決《けっ》して流行《りゅうこう》を追《お》ったりするようなものでなかったはずです。

そのことさえ分《わ》かっていてもらえば、わたしのところへ来《く》るのに、決《けっ》して着物《きもの》にとらわれて来《き》にくいなどという想念《そうねん》は浮《う》かばないはずです。

それから、わたしは人《ひと》にはものを上《あ》げたいとは念《おも》っても、（無《な》いからそれが充分《じゆうぶん》に出来《でき》ないのですが）無理《むり》な気持《きもち》のものを、人《ひと》から受《う》けとれるわたしではないのです。（昭三〇、六）

今日の生

この教団《きようだん》に現在《げんざい》、大正《たいしよう》十年《ねん》ごろのような立替立直《たてかえたてなおし》熱《ねつ》がないからといって、不満《ふまん》に思《おも》っている方《かた》もあるようです。それで、予言的《よげんてき》なことを叫《さけ》ぶ人《ひと》に魅力《みりよく》を感《かん》じられるとか。予言《よげん》、警告《けいこく》に信仰《しんこう》的感激《てきかんげき》を求《もと》め、そこに自己《じこ》の精神的不安《せいしんてきふあん》をあずけてゆこうとされる方《かた》があるようです。

予言《よげん》といっても、一生懸命《しようけんめい》に世《よ》の中《なか》のことを思《おも》っている方《かた》に、時《とき》に神界《しんかい》の動《うご》きを感《かん》じさしていただくことが起《お》こります。そういう断片的《だんぺんてき》に霊界《れいかい》の動《うご》きを受《う》ける人《ひと》は、それは今後《こんご》も局部的《きよくぶてき》に現《あら》われてくることでしょう。

しかしそれとは別《べつ》に、責任《せきにん》のない放言《ほうげん》にひとしい言葉《ことば》が予言《よげん》として扱《あつか》われ、低《ひく》い信仰者《しんこうしゃ》の感激《かんげき》をあつめている場合《ばあい》もあります。

大本開祖《おほもとかいそ》の筆先《ふでさき》は、一時的《じてき》の直感《ちょっかん》とか、局部的《きょくぶてき》の霊感《れいかん》から発生《はっせい》して来《き》たものか、どうかということは、お読《よ》みになった方《かた》は感《かん》じられていることとおもいます。

これは、人間《にんげん》の人格的反応《じんかくてきはんのう》によって作《つく》ったものでもなく、もっともっと深《ふか》い大《おお》きなところから、天地《てんち》の新《あたら》しい節《ふし》となって現《あら》われて来《き》たものであります。そして予言《よげん》というより確言《かくげん》であるといえます。

大本《おほもと》においては、これからの世《よ》について、大局的《たいきょくてき》にハッキリと示《しめ》されています。けれども、このお示《しめ》しは、いたずらに世《よ》の立替《たてか》え立直《たてなお》しを信《しん》じ、叫《さけ》び、徒《と》手漫然《しゅまんぜん》とその日《ひ》の来《く》るのを待《ま》っていよというのではないはずです。

そのお示《しめ》しに基《もと》づき、現在《げんざい》、私《わたし》たちは何《なに》をさしていただけばよいかということを無《な》しにしては、せっかくのお示《しめ》しをむなしくすることになるでしょう。

いかなる世《よ》が来《く》るにせよ、われわれの生《い》きているのは、今日《こんにち》の世《よ》の中《なか》です。たとえ、百日後《にちご》にどんなことがあるにしても、われわれにとっては、今日《きょう》という、明日《あす》という、明後日《あさって》という空白《くうはく》を、どうするかということが問題《もんだい》です。今日《きょう》があり明日《あす》があり、それをどうするかによって、示《しめ》された世界《せかい》をわれわれは迎《むか》えることができるのです。今日《きょう》を棄《す》てて、われわれに示《しめ》された世界《せかい》もないわけです。それでは、今日《きょう》をどう生《い》きるかということこそ、わたしたちにとって一番大切《ばんたいせつ》な問題《もんだい》でしょう。

おうおうにして、予言信仰《よげんしんこう》を求《もと》める人々《ひとびと》には、この今日《きょう》の問題《もんだい》をおろそかにする傾向《けいこう》のあることは戒《いま》しめなければなりません。

本当《ほんとう》に大本《おほもと》の筆先《ふでさき》が腹《はら》に這入《はい》っているのであれば、もう少《すこ》し落《お》ちついて今日《きょう》をどう生《い》きるかということを、われわれの今日《こんにち》の現実《げんじつ》の中《なか》に、進展的《しんてんてき》に求《もと》め、具体的《ぐたいてき》に現《あら》わしてゆかなければならないと思《おも》うのです。

近代の迷信

最近《さいきん》、こんなことをおもってみました。

一般《ぱん》に、近代《きんだい》の知性《ちせい》といわれるものも――持《も》っているごくわずかの方《かた》は別《べつ》として――大《たい》ていの人《ひと》びとは、科学《かがく》のそれに盲信《もうしん》しているのではないかと思《おも》われます。

これはもう何年《なんねん》も前《まえ》、といって、昭和《しょうわ》二十×年《ねん》のことですが、その当時《とうじ》、一流《りゅう》の新聞《しんぶん》に「京都《きょうと》地震説《じしんせつ》」が、盛《さか》んに書《か》き立《た》てられ、そのために、ひと騒《さわ》ぎをしたことがありました。

それというのが、京都《きょうと》地震説《じしんせつ》は、ある国立大学《こくりつだいがく》の地震学研究室《じしんがくけんきゅうしつ》で、地震学《じしんがく》では世界的権威《せかいてきけんい》といわれる教授《きょうじゅ》が、発表《はっぴょう》したからです。

「科学《かがく》」という近代人《きんだいじん》がもっとも信頼《しんらい》している世界《せかい》から打《う》ち出《だ》されたというので、府庁《ふちょう》でも市《し》役所《やくしょ》でも、臨時予算《りんじよさん》をくみ、耐震工作《たいしんこうさく》に大童《おおわらわ》であったといいます。その頃《ころ》、京都《きょうと》の街《まち》を歩《ある》くと、会社《かいしゃ》や学校《がっこう》なども建物《たてもの》に柱《はしら》をかったりしている光景《こうけい》をいくつも見《み》かけました。わたしの知《し》っている人《ひと》で――地震来《じしんきた》る――の警告《けいこく》をして歩《ある》いた人《ひと》さえあります。

それほど、大騒《おおさわ》ぎをしていたにもかかわらず、地震《じしん》に近《ちか》いものさえなかったことは、なによりしあわせであったわけです。

ところが、これがもし、宗教団体《しゅうきょうだんたい》の大本《おおもと》が「京都地震《きょうとじしん》」を予言《よげん》していたというようなことであれば、どんなことになったでしょう。世間《せけん》も新聞人《しんぶんじん》も放《ほ》っておかなかったでしょう。おそらく、人心《じんしん》〇〇の罪名《ざいめい》をかぶせられて、大変《たいへん》なことであったろうことは想像《そうぞう》に難《かた》くありません。

それが、科学者《かがくしゃ》がいったというだけで、世《よ》の中《なか》の人々《ひとびと》はわけもなく信《しん》じ込《こ》み、それが「誤算《ごさん》」であったことについて、科学者《かがくしゃ》も新聞人《しんぶんじん》も、何《なん》の責任《せきにん》も感《かん》じないでいます。

というように、近代《きんだい》の人《ひと》は、世間《せけん》の一般《ぱん》の人《ひと》も新聞人《しんぶんじん》も、科学者《かがくしゃ》のいうことにはミソもクソもないのです。これは、おかしいことであるはずです。少《すこ》し冷静《れいせい》に考《かんが》えてみれば、誰《たれ》にでも肯《うな》ずける近代《きんだい》の盲点《もうてん》です。

このように、近代人《きんだいじん》の知性《ちせい》の中《なか》に迷信《めいしん》があり、それに陥《おちい》って、心《こころ》をしばられている科学盲信《かがくもうしん》というのがかなり多《おお》いようです。

要　求

わたしの知《し》っているその人《ひと》は大工《だいく》でした。若《わか》いころから女遊《おんなあそ》びに凝《こ》り、さんざん極道《ごくどう》をしましたが、五十過《す》ぎになって、けろりと、もの忘《わす》れでもしたように止《や》めてしまいました。このごろは、しきりと宗教《しゅうきょう》を求《もと》めて、大本《おほもと》のお筆先《ふでさき》を読《よ》んでられます。

その人《ひと》は「私《わたし》は永年《ながねん》、肉体《にくたい》の欲望《よくぼう》にのみ夢中《むちゅう》になってきましたが、それだけでは、なんとなくさみしくなって、こんどは精神的《せいしんてき》なものを摂取《せっしゅ》したい要求《ようきゅう》が、むさぼるように起《お》きて来《き》まして」

といっています。

この言葉《ことば》をきいて、いつか読《よ》んだ内村鑑三全集《うちむらかんぞうぜんしゅう》の中《なか》の一節《せつ》を思《おも》い出《だ》しました。

——明治《めいじ》のキリスト教伝道《きょうでんどう》につくした、当時《とうじ》の婦人運動《ふじんうんどう》の著名《ちょめい》な指導者《しどうしゃ》の婦人《ふじん》が、過去《かこ》を、端正《たんせい》な姿《すがた》で歩《あゆ》みながら、更年期《こうねんき》に入《い》ったころ、どういうものか異性《いせい》に対《たい》して、みるに耐《た》えない媚態《びたい》を示《しめ》すように変《か》わってしまわれた。これは自分《じぶん》の今《いま》だに解決《かいけつ》することのできない不可思議《ふかしぎ》で、生涯《しょうがい》の疑問《ぎもん》とするところである——というようなものでした。

わたしの知人《ちじん》にしても、内村鑑三《うちむらかんぞう》の書《か》いている婦人《ふじん》にしても、立場《たちば》は逆《ぎゃく》であっても、意味《いみ》においては似通《にかよ》った点《てん》があります。

おそらくその婦人《ふじん》は更年期《こうねんき》に入《い》るまで、自分《じぶん》の精神的《せいしんてき》なものの追求《ついきゅう》の激《はげ》しさに、肉体的《にくたいてき》な欲求《よっきゅう》は圧《おさ》えられていたが、肉体《にくたい》のたそがれを感《かん》じたと同時《どうじ》に、爆発《ばくはつ》するように押《お》し出《だ》されてきたのでしょう。

このように、人間《にんげん》の肉体《にくたい》と霊魂《れいこん》は、人《ひと》によっては、全《まった》く関係《かんけい》のない別《べつ》なものであるとすれば、これはさみしいことです。そして、これが大方《おおかた》の人《ひと》にひそむ性《さが》とすれば、人《ひと》というものは本来《ほんらい》、悲《かな》しいものであるといわなければなりません。（昭三〇、六）

宗教人とコウカツ

ある評論家《ひょうろんか》がある宗教家《しゅうきょうか》を、批評《ひひょう》している中《なか》に——彼《カレ》ハコウカツナ人間《ニンゲン》デアル——という言《こと》葉《ば》がありました。

これは、宗教家《しゅうきょうか》としては、一発《ぱっ》のもとに心臓《しんぞう》を打《う》ちぬかれたようなもので、どれほど恥《は》ずかしいことであったかともおわれます。

阿呆《あほう》といわれても、宗教家《しゅうきょうか》にとってそれは、そう恥《はじ》ではありません。女《おんな》に甘《あま》いといわれても、まだその方《ほう》は致命的《ちめいてき》なものではありません。——世渡《よわた》りが上手《じょうず》でズルイ……といわれてしまえば、本当《ほんとう》はもうおしまいです。

しかし今《いま》の宗教家《しゅうきょうか》は、評論家《ひょうろんか》の言葉《ことば》よりも、警察《けいさつ》ににらまれるのがこわいのかも知《し》れません。事実《じじつ》あれくらいいやなことはありませんから。

スズ

越後《えちご》の友《とも》が、籾種《もみだね》のことを〈スズゴメ〉（鈴米《すずこめ》）とよんでおり、苗《なえ》のよく立《た》ったことを〈スズが大《おお》きくなりました〉と話《はな》していました。

これをきいて、お能《のう》の三番叟《ばそう》に黒色《こくじき》の尉《じょう》が出《で》て、鈴《すず》をふる舞《まい》が、種播《たねま》きの姿《すがた》を現《あら》わしたものであることを思《おも》い出《だ》し、不思議《ふしぎ》な言葉《ことば》のつながりをおもしろく感《かん》じました。

ほんもの

大正十年《たいしょうねん》ごろ、舞鶴《まいづる》の海軍鎮守府《かいぐんちんじゅふ》にいた人《ひと》で、すぐ近《ちか》くの綾部《あやべ》に——世《よ》の立替《たてか》え立直《たてなお》しを叫《さけ》んでいる大本《おほもと》――のあることを噂《うわさ》にきいたのですが、そんなものは多分《たぶん》、山子《やまこ》であろうぐらいで、大《たい》した興味《きようみ》もなかったところ、大本事件《おほもとじけん》が起《お》こりました。

どの新聞《しんぶん》も――目《め》の敵《かたき》のようにして――悪評《あくひよう》をかき立《た》て、書き並《なら》べているのを見《み》て、その人《ひと》は――これはおかしいぞ。これだけ悪《あ》しざまにいわれるというのは、よほど、おそれられているからで、案外《あんがい》、大本《おほもと》は本物《ほんもの》かも知《し》れない――と思《おも》いました。さっそく綾部《あやべ》にゆき、大本《おほもと》の話《はなし》をきいてその方《かた》は入信《にゆうしん》されています。現在《げんざい》はもう老齢《ろうれい》で新潟《にいがた》にすんでいられますが、このように、大本《おほもと》が世間的《せけんてき》に満身創痍《まんしんそうい》の時《とき》に、その宗教《しゆうきよう》の真実《しんじつ》を発見《はつけん》され、不滅《ふめつ》の信仰《しんこう》にはいられた方《かた》もあります。

永遠への準備

わたしが地方《ちほう》に出《で》て、地方《ちほう》の信者《しんじや》の方《かた》にお会《あ》いしていて、妙《みよう》に堅《かた》くなる人《ひと》と、楽《らく》に話《はなし》をしてくれる人《ひと》があります。かたくなっている人《ひと》の中《なか》に――どうも、私《わたし》は歌《うた》が作《つく》れませんので――と申《もう》し訳《わけ》なさそうにされる方《かた》がありました。

歌《うた》が作《つく》れなくとも、信仰《しんこう》さえしっかりしてれば良《よ》いので、歌《うた》の雑誌《ざっし》を出《だ》している方《ほう》は、誰《たれ》にでも歌《うた》をすすめますが、これは一つの運動《うんどう》をしているからで、その故《ゆえ》に、歌《うた》が作《つく》れぬからといって歎《なげ》いたりすることはありません。

楽天社《らくてんしゃ》でいっていることも、決《けっ》して職業歌人《しょくぎょうかじん》のようになれといっているのではないので、歌《うた》を作《つく》るために大切《たいせつ》な職業《しょくぎょう》がおろそかになるようでは、行《ゆ》き過《す》ぎです。それぞれの職業《しょくぎょう》に精《せい》を出《だ》すことができる宗教《しゅうきょう》であり、芸術《げいじゅつ》の受《う》けとり方《かた》であるべきです。

それは、この世《よ》において、職業《しょくぎょう》は一番大切《ばんたいせつ》なものです。しかし人間《にんげん》にはもう一つ、この世《よ》にいる間《あいだ》に、準備《じゅんび》しなければならないものがあるため、歌《うた》を作《つく》り、茶《ちゃ》に遊《あそ》ぶ要求《ようきゅう》が、内的《ないてき》におのずから生《しょう》じてくるわけです。

それで、日々《にちにち》の業《ぎょう》にはげみ、その上《うえ》に余裕《よゆう》を見出《みいだ》し、歌《うた》も作《つく》ってゆかれることはよいことです。ことに日本《にほん》の国土《こくど》に生《う》まれて来《き》たのであれば、三十一文字《みそひともじ》の道《みち》を学《まな》ぶことは結構《けっこう》と思《おも》います。

そのために、肝腎《かんじん》のことがおろそかにならないよう、重《かさ》ねてつけそえますが。

大本

昭和《しょうわ》十年《ねん》の大本事件《おほもとじけん》の時《とき》、京都《きょうと》の五条署《じょうしょ》で取調《とりしら》べの警察官《けいさつかん》にむかい、母《はは》は「わたしは、宗団《しゅうだん》の建《たて》ものや財産《ざいさん》が惜《お》しゅうていうのではない、そんな慾《よく》にほうけて頑張《がんば》っているのと違《ちが》いますよ。大本《おほもと》に起《お》こったことは、いっさい、これまで日本《にほん》の国《くに》に映《うつ》って来《き》ていますから、大本《おほもと》が潰《つぶ》れたら、日本《にほん》が潰《つぶ》れるからわたしはいうのです。あなたは日本《にほん》を潰《つぶ》す気《き》ですか」と、火《ひ》の出《で》るような勢《いきお》いであったといいます。これは、大本《おほもと》が、人間《にんげん》の頭《あたま》の上《うえ》でつくった団体《だんたい》でないからです。

人間《にんげん》がつくったものであれば、大本《おほもと》は昭和《しょうわ》十年《ねん》の事件《じけん》で、すっかり形《かたち》をなくしていたでしょう。また、人間《にんげん》が作《つく》ったものであれば、人間《にんげん》の考《かんが》えでどうにでもなるところです。そうでないことは、今日《こんにち》までの大本《おほもと》をみれば、よく分《わ》かります。

大本《おほもと》が作《つく》ったものでなく、生《う》まれたものであることさえ腹《はら》に沁《し》みてくれれば、とやかく心痛《しんつう》することもありません。それぞれの立場《たちば》に精進《しょうじん》して、大《おお》きな気持《きもち》で一切《さい》に素直《すなお》になってゆけましょう。

呼 吸

人間《にんげん》は、こちらに愛情《あいじょう》があれば、相手《あいて》に少々《しょうしょう》わるいところがあっても、案外《あんがい》、気《き》にならないものです。その時《とき》のコツというか、呼吸《こきゅう》というか、そういう経験《けいけん》を、よくとらえておいて、どんな人《ひと》にもひそかに好意《こうい》をもってもらいたいと思《おも》います。これが、とりもなおさず地上《ちじょう》を天国化《てんごくか》するのに大切《たいせつ》な要素《ようそ》でありましょう。それで、自分《じぶん》の思《おも》うことを主張《しゅちょう》するのであれば、人《ひと》のいうところも理解《りかい》しなければなりません。

人間の小説

いくつかの雑誌《ざっし》の小説《しょうせつ》を読《よ》んでみた感《かん》じでは、終戦後《しゅうせんご》、とくに売《う》れっ子《こ》になっている小説家《しょうせつか》が書《か》くものは、どれも、人間《にんげん》の肉欲的《にくよくてき》な面《めん》のみをとり上《あ》げて、醜悪《しゅうあく》な感《かん》じのするものを、しつっこく描《か》き上《あ》げています。

このように、うすぎたなく、よごれたなんの夢《ゆめ》もないものを、多《おお》くの人《ひと》がよく黙《だま》って、読《よ》まされているとおもいます。

はたして、文芸作家《ぶんげいさっか》の取扱《とりあつか》う人間《にんげん》の世界《せかい》はこんなものだけでよいのでしょうか。

なるほど人間《にんげん》の一部《ぶ》には、二三の作家《さっか》が取《と》り上《あ》げているような、そうしなければならないものがあるとしても、人間《にんげん》はそれだけのものではないはずです。人間《にんげん》とはそんな平面的《へいめんてき》なものでなく、もっともっと複雑《ふくざつ》なものであるということがいえるとすれば、これからの文学《ぶんがく》には、もっと深《ふか》く人間《にんげん》をみつめた、人間《にんげん》の本当《ほんとう》の苦《くる》しみや喜《よろこ》びや悩《なや》みを描写《びょうしゃ》したものが、必《かなら》ず生《う》まれてくることと思《おも》います。

気品

謡《うたい》にしても、歌《うた》にしても、芸術《げいじゅつ》といわれるものは、どこかに漂《ただよ》う気品《きひん》があってほしいと思《おも》います。

ことに、避《さ》けたいことは、ねちゃねちゃした感《かん》じで、これは本人《ほんにん》はよい気《き》なものでも、受《う》ける方《ほう》には嫌《いや》なものです。こういうことは本人《ほんにん》としては致《いた》し方《かた》ないかも知《し》れませんが、それだけに、努《つと》めて日々《にちにち》の自己《じこ》を虚心《きょしん》に省《かえり》み、へりくだり、より信仰《しんこう》にはげみ、その道《みち》に精進《しょうじん》することではないかとおもいます。そうすることにより、互《たが》いに自己《じこ》の境地《きょうち》を向上《こうじょう》させていただきたいものです。

（昭三〇、八）

人生につながるもの

宗教《しゅうきょう》そのものは、本来《ほんらい》、人《ひと》を集《あつ》めようとするものでなく、人《ひと》が来《き》ても来《こ》なくても、どちらでもよく、人《ひと》を集《あつ》めるとか、集《あつ》まらないとかいうことから超越《ちょうえつ》したものでしょう。道《みち》を求《もと》めて来《く》る人《ひと》があれば、道《みち》を説《と》くまでのものでありましょう。

しかし、宗教運動《しゅうきょううんどう》ともなりますと、これは別《べつ》なものと考《かんが》えます。その運動《うんどう》によって社会《しゃかい》を教化《きょうか》し、一人《ひとり》でも多《おお》くの人《ひと》をみちびこうというのであれば、やはり組織《そしき》を強化《きょうか》し、目的《もくてき》に向《むか》って合理的《ごうりてき》に運動《うんどう》を進《すす》めることを考《かんが》えなくてはなりません。大衆《たいしゅう》が一番身近《ばんみぢか》に感《かん》じ、求《もと》めて受《う》け入《い》れる、効果《こうか》のある宣伝法《せんでんほう》が行《おこ》なわれなければなりません。

高《たか》い理想《りそう》に立《た》つことは、正《ただ》しい意味《いみ》で必要《ひつよう》であります。しかし、それだけでは、目的《もくてき》が果《は》たせない現実《げんじつ》であれば、いたずらに高《たか》い理想《りそう》をのみかかげて、宗教家《しゅうきょうか》の誇《ほこ》りとしていたのでは、それは宗教家《しゅうきょうか》の見栄《みえ》でしかありません。

高《たか》い理想《りそう》に立《た》つと同時《どうじ》に、一面《めん》は心《こころ》をへり下《くだ》り、身《み》をおとして、それが現世利益的《げんせりやくてき》な低《ひく》い方法《ほうほう》であっても、その時《とき》の大衆《たいしゅう》の切実《せつじつ》に求《もと》めるものの中《なか》に飛《と》び込《こ》み、大衆《たいしゅう》の要求《ようきゅう》の中《なか》に、神《かみ》の救済《きゅうさい》の証《あかし》を立《た》て、順序《じゅんじょ》を経《へ》て精神界《せいしんかい》の向上《こうじょう》をはかるのでなければならないとおもいます。

たとえば、こういうことも考《かんが》えられます。

西行《さいぎょう》とか芭蕉《ばしょう》とか良寛《りょうかん》の方法《ほうほう》は、永遠性《えいえんせい》の問題《もんだい》として、私《わたし》たちの中《なか》に、今日大《こんにちおお》きなものを残《のこ》しています。けれども、この人《ひと》たちが在世中《ざいせいちゅう》、今日私《こんにちわたし》たちがこれらの人《ひと》から受《う》けている恩恵《おんけい》に、その時代《じだい》の幾人《いくにん》を浴《よく》さしめたでしょうか。おそらく当時《とうじ》は、一介《かい》の乞食坊主《こじきぼうず》として、大衆《たいしゅう》からは相手《あいて》にされなかったでしょう。ここに宗教運動者《しゅうきょううんどうしゃ》の考《かんが》えるべき問題《もんだい》がありましょう。それは宗《しゅう》教運動《きょううんどう》であれば、やはり何《なに》よりも、その当時《とうじ》の大衆《たいしゅう》に結《むす》びつき、一人《ひとり》でも多《おお》くの人《ひと》を救《すく》うことが必要《ひつよう》です。

私《わたし》たちに身近《みぢか》な問題《もんだい》といえば、人間性《にんげんせい》の問題《もんだい》——夫婦《ふうふ》の問題《もんだい》と、いろいろ複雑《ふくざつ》な問題《もんだい》もありま す。これらを現実的《げんじつてき》に解決《かいけつ》するために、まず、みずからがこれに当《あた》らなければなりません。真剣《しんけん》に祈《いの》り、お蔭《かげ》をいただいて、いただいたお蔭《かげ》を光《ひかり》とし、隣人《りんじん》の共通《きょうつう》の悩《なや》みにプラスしてゆくことが、世界《せかい》に平和《へいわ》を来《きた》らす上《うえ》に、どうしても欠《か》くことのできないものであるとおもいます。

○

フロリダ山法師《やまほうし》の花《はな》を眺《なが》めるたびにおもうのです。人間《にんげん》も花《はな》のように清《きよ》く端正《たんせい》で、安《やす》らぎと慰《なぐさ》めを与《あた》えあいたいものであると。

わたしは、自然《しぜん》を深《ふか》く観《み》ればみるほど、その美《うつく》しさに打《う》たれます。そうして、その中《なか》に、知《し》らず知《し》らずのうちに、大《おお》きなみ諭《さと》しを学《まな》んでいます。

自然《しぜん》は、「礼儀《れいぎ》」ということについても、人間《にんげん》に真実《しんじつ》を教《おし》えていてくれます。

映　画

ときどき映画《えいが》を見《み》ます。

たいていの場合《ばあい》は、人《ひと》に誘《さそ》われてゆくのですが、時《とき》には、自分《じぶん》でも見《み》ておきたいと思《おも》って出《で》かけます。

映画《えいが》からは、お能《のう》の時《とき》に受《う》けるような、おもしろさを感《かん》じることは少《すく》ないわけですが、文学《ぶんがく》の場合《ばあい》と同《おな》じように、誠実《せいじつ》ない、い、いとなみによって作《つく》られた映画《えいが》からは、人間《にんげん》について、実感《じっかん》に即《そく》した知識《ちしき》と、そこに充実《じゅうじつ》する感動《かんどう》を与《あた》えられます。

しかし、大《たい》ていの映画《えいが》は、なにかに一般《ぱん》に迎合《げいごう》した、甘《あま》い作品《さくひん》が多《おお》いようです。

それでも、人《ひと》は、自分《じぶん》の追《お》っている夢《ゆめ》を、現実《げんじつ》では見果《みは》てぬ夢《ゆめ》を、映画《えいが》の画面《がめん》や登場人物《とうじょうじんぶつ》に託《たく》して浮《う》かび上《あ》がらせてみたり、自分《じぶん》の過去《かこ》の想《おも》い出《で》や、それからくる感懐《かんかい》が、あたかもスクリーンの中《なか》に再現《さいげん》しているかの如《ごと》く感《かん》じたりなどして、それぞれに娯《たの》しみを求《もと》めているのではないでしょうか。

ずっと前《まえ》ですが、こんなことを感《かん》じたことがあります。

「帰郷《ききょう》」の中《なか》で男優佐分利信《だんゆうさぶりしん》から、一種《しゅ》のエロチシズムをもって、好《この》ましいという感情《かんじょう》を起《お》こさしめる魅惑性《みわくせい》が濃厚《のうこう》に発散《はっさん》していたことを。

——これかもしれない——

映画《えいが》に多《おお》くの人《ひと》を魅《ひ》きつけるもの、人《ひと》のこころを揺《ゆ》り動《うご》かすものは——と、一大発見《だいはっけん》をした思《おも》いになったものですが。

その時《とき》、流露《りゅうろ》していたものは、明《あき》らかに——浮気《うわき》——と呼《よ》ばれるもので、それを思《おも》うと、世人《せじん》が映画《えいが》を、愛好《あいこう》しているその中《なか》に、危険《きけん》なものがひそんでいるといえるわけです。

このように一々厳重《げんじゅう》に考《かんが》えては、人間《にんげん》はこの世《よ》に生《い》き難《がた》いでしょうが、——やきもちやきの男《だん》性《せい》は、自分《じぶん》の奥《おく》さんが映画《えいが》を見《み》て楽《たの》しんでいることが、どういうことかを知《し》れば、どんなことになるでしょう——と、他人事《ひとごと》のようにいってみましたが、かりに、わたしが男性《だんせい》であれば、奥《おく》さんに映画《えいが》を見《み》せないでしょう。どんなに封建的《ほうけんてき》といわれようと、嫉妬《やきもち》やきといわれようと、わたしは、自分《じぶん》の奥《おく》さんを独占《どくせん》したいでしょうから。

そんな意味《いみ》で、昨今《さっこん》、離婚問題《りこんもんだい》で婦人雑誌《ふじんざっし》を賑《にぎ》わした平林《ひらばやし》たい子《こ》さんの態度《たいど》は、とても好《この》もしくおもわれます。あのように、未練《みれん》たらしい妻《つま》としての態度《たいど》はどうでしょう。そこに、女性《じょせい》として、人間《にんげん》として共感《きょうかん》できる好《この》もしさを感《かん》じるのです。

たいていの人《ひと》は、著名《ちょめい》になると、このような場合《ばあい》、愛《あい》し合《あ》って来《き》たものの別《わか》れとは見《み》えない醜《みにく》さで、憎《にく》しみ合《あ》って別《わか》れてゆくのが例《れい》です。あの方《かた》は、いつまでもやさしく、人間《にんげん》らしい切《せつ》ない心《こころ》づかいを失《うしな》わず、その態度《たいど》にご主人《しゅじん》もうたれたのか、最後《さいご》には優《やさ》しい文章《ぶんしょう》を書《か》いています。

映画鑑賞《えいがかんしょう》の場合《ばあい》も、人間《にんげん》の誠実《せいじつ》な面《めん》で、映画中《えいがちゅう》の人生《じんせい》を他人事《ひとごと》ならずおもい、ただ単《たん》なる官能《かんのう》的《てき》なぐさみでなしに、人生《じんせい》の縮図《しゅくず》として真実《しんじつ》を学《まな》ぶ面白《おもしろ》さであってほしいものです。

口元の美

女《おんな》の人《ひと》にも、年《とし》をとってから非常《ひじょう》に美《うつく》しくなる人《ひと》と、若《わか》いころには美《うつく》しかった人《ひと》で、〝まア、あの人《ひと》が〟と驚《おどろ》かされるほど、やつれて見《み》える顔《かお》があります。

これには、いろいろの原因《げんいん》がありましょうが、直接《ちょくせつ》、人《ひと》の眼《め》に訴《うった》えてくる一番大《ばんおお》きな原因《げんいん》は、頬《ほほ》から、口《くち》もとへかけての線《せん》のふくらみ、にあるのではないかとおもいます。そしてその美《うつく》しさは、頬《ほお》や口《くち》もとの内側《うちがわ》の口腔《こうこう》の健康《けんこう》、ことに歯《は》ぐきと歯《は》のそれにありましょう。

わたしはお洒落《しゃれ》ですから、そういうところに、心《こころ》をつかっています。歯《は》を大切《たいせつ》にし、歯《は》の手入《てい》れを怠《おこた》らないようにしています。それは、何時《いつ》までも、娘《むすめ》ごろのような口元《くちもと》でいたいためです。

それで、三度《ど》の食事《しょくじ》の後《あと》には、必《かなら》ず口中《こうちゅう》を清《きよ》めます。歯《は》ブラシは、刺戟《しげき》が強過《つよす》ぎるので、日《ひ》に一、二度《ど》ぐらいしか使《つか》いませんが、食後《しょくご》には必《かなら》ず指《ゆび》で歯《は》ぐきを左右上下《さゆうじょうげ》とその内側《うちがわ》の、八カ所《しょ》をていねいに摩擦《まさつ》します。一度《ど》よく口中《こうちゅう》を洗《あら》ってから、歯《は》みがきには、お塩《しお》を使《つか》いますが、軽《かる》く刺戟《しげき》する程度《ていど》にとどめ、そのまま軽《かる》い刺戟《しげき》を残《のこ》したままでおきます。

歯《は》ぐきをおとろえさすと、それが、口元《くちもと》のゆるみとなってただよい出《で》ます。こうして、口元《くちもと》から老《お》いの影《かげ》がしのびそめていることに、案外世間《あんがいせけん》のお洒落《しゃれ》な女性《じょせい》も気《き》づいていないようです。

若《わか》いころには、誰《たれ》でも、年齢《ねんれい》のもつ溌溂《はつらつ》とした美《うつく》しさにおおわれて、そういうことに気《き》づかないものですが、女性《じょせい》の生命《せいめい》といわれる美《うつく》しさを、老《お》い先《さき》ながく保《たも》とうと思《おも》えば、本当《ほんとう》は若《わか》いころから歯《は》や歯《は》ぐきを大切《たいせつ》にしなければなりません。

若《わか》さを超《こ》えた年齢《ねんれい》に入《い》れば一番先《ばんさき》に口元《くちもと》の変化《へんか》が醜《みにく》く目立《めだ》ちます。自分《じぶん》の口元《くちもと》がゆるみかけているのに、その方《ほう》はおろそかにして、お白粉《しろい》や紅《べに》だけでお洒落《しゃれ》をしても、上面《うわべ》の化粧《けしょう》だけではかくせないものです。そういう人《ひと》がにわかに老《ふ》けてみえ、若《わか》き日《ひ》の美貌《びぼう》をみずからけずり落《お》として

しまうのです。（昭三〇、九）

自由について

戦後《せんご》、日本《にほん》で行《おこ》なわれている「民主主義《みんしゅしゅぎ》」の方法《ほうほう》で、果《は》たして、人間《にんげん》が、自由《じゆう》になり得《う》るかと、わたしには疑問《ぎもん》があります。

民主主義《みんしゅしゅぎ》が、社会史《しゃかいし》の上《うえ》で、どう説明《せつめい》されるべきかは別《べつ》としまして、少《すく》なくとも、社会主義的《しゃかいしゅぎてき》なものの考《かんが》え方《かた》だけで、人間《にんげん》の自由《じゆう》を考《かんが》えることには、危惧《きぐ》が感《かん》じられます。

人間《にんげん》の生《い》きている世界《せかい》は、それらの人《ひと》の考《かんが》えているよりも、さらに広《ひろ》い存在《そんざい》であるとおもうからです。ある意味《いみ》では、社会主義的《しゃかいしゅぎてき》なものの考《かんが》え方《かた》にたよっている人《ひと》が、かえって人間《にんげん》の本当《ほんとう》の自由《じゆう》をせばめ、自分自身《じぶんじしん》を縛《しば》りつけている滑稽《こっけい》を見《み》せつけます。

世《よ》には、現代《げんだい》の傾向《けいこう》に対《たい》し、わたしと同《おな》じ感《かん》じを抱《いだ》いている人《ひと》も少《すく》なくないでしょう。特《とく》にわたしは、千年以上《ねんいじょう》も前《まえ》に、わたしたちの祖先《そせん》が詠《うた》い上《あ》げた「万葉集《まんようしゅう》」に、そのことを考《かん》がえさせられます。

万葉《まんよう》は、社会史《しゃかいし》の上《うえ》でいえば、どういう時代《じだい》であったでしょう。政治的《せいじてき》にいっても、経済的《けいざいてき》にみても、今《いま》とは比較《ひかく》にならない不自由《ふじゆう》な時代《じだい》であったことは、誰《たれ》しも想像《そうぞう》に難《かた》くありません。にもかかわらず、端的《たんてき》にいって、万葉人《まんようびと》の詠《うた》ったあの歌《うた》の大《おお》らかな、自由《じゆう》な、のびのびとした調《しら》べはどうでしょう。今《いま》の、われわれの誰《たれ》よりも遙《はる》かに自由《じゆう》な精神《せいしん》で、生命《せいめい》そのものを謳歌《おうか》していたことは確《たし》かです。

万葉集《まんようしゅう》を口《くち》ずさむ時《とき》、そこにわたしたちは、自分《じぶん》たちよりも明《あか》るくて、素朴《そぼく》で雄大《ゆうだい》な気宇《きう》を蔵《ぞう》して、万葉人《まんようびと》が生《い》きていたであろうことを疑《うたが》うわけにはゆきません。

そうして見《み》れば、人間《にんげん》が自由《じゆう》を得《う》るということを、単《たん》に解放《かいほう》にゆだねることや、人権《じんけん》を法律的《ほうりつてき》な権利《けんり》にのみ限《かぎ》る、現代《げんだい》の一般的《ばんてき》な傾向《けいこう》には、大《おお》いに反省《はんせい》されなければならないものがあるようです。

経済的《けいざいてき》、社会的解放《しゃかいてきかいほう》のなされなければならないことは、大本《おほもと》の神諭《みさとし》にもあり、これのどれほど大切《たいせつ》であるかは申《もう》すまでもありませんが、神諭《みさとし》では、それらの前《まえ》に、人間《にんげん》に与《あた》えられる真《しん》の自由《じゆう》とは何《なん》であるかということが、根本的《こんぽんてき》に考《かんが》え直《なお》さなければならないことになっていましょう。

宗教運動のゆく道

父《ちち》の遺《のこ》した教《おしえ》の中《なか》に、
――人間《にんげん》の肉体《にくたい》の構造《こうぞう》が判《わか》れば、宇宙《うちゆう》の紋理《もんり》が判《わか》る――
という意味《いみ》を伝《つた》えたものがありますが、これは、一つには私《わたし》たちの肉体《にくたい》が、神《かみ》によってつくられたものであり、そこに、人智《じんち》のはかり知《し》れない、神秘《しんぴ》が厳存《げんぞん》していることをさとした言葉《ことば》でしょう。

わたしたちは、自分《じぶん》の体《からだ》の構造《こうぞう》について、案外《あんがい》わかっていないものです。医学《いがく》の上《うえ》でも、判《わか》っている部分《ぶぶん》よりは、不明《ふめい》の部分《ぶぶん》の方《ほう》が多《おお》いのではないでしょうか。自分《じぶん》の体《からだ》でありながら、自分《じぶん》の自由《じゆう》になっているものか、どうかを考《かんが》えてみますと、自分《じぶん》の体《からだ》の内部《ないぶ》で刻々《こくこく》に起《お》こっているさまざまの働《はたら》きについて、わたしたちは、それを意識《いしき》することすらできないものです。

こうして見《み》ると、自分《じぶん》の体《からだ》さえ、わたしたちの意《い》の侭《まま》のものではありません。

わたしたちは、自分《じぶん》の肉体《にくたい》さえも、自分《じぶん》のものというよりは、何《なに》ものかによって与《あた》えられ、営《いとな》まれていると考《かんが》えないわけにはゆきません。同《おな》じことは、私《わたし》たちの心《こころ》についても言《い》えましょう。

これを少《すこ》しく、つき詰《つ》めてみますと、私《わたし》たちの与《あた》えられている肉体《にくたい》も一つの自然《しぜん》であり、さらに、大自然《だいしぜん》は、わたしたちの体《からだ》と同《おな》じように、それを営《いとな》んでいる、一つの不思議《ふしぎ》な意志《いし》の働《はたら》きであると考《かんが》えられます。

大本《おほもと》の神示《しんじ》に、

「せかいのものは　てんちのものであるから　せかいのじんみんは　じんみんのもののように
おもうて　つよいものがちになりておるが　いつたん　ひきあげるから　しらしておくぞよ」
という、み諭《さと》しがあります。

この世《よ》の一切《さい》は、神《かみ》さまからお預《あず》かりしているものです。このお預《あず》かりしているものを、ますます開《ひら》発き、より善《よ》く、より美《うる》わしく、さしていただこうと努《つと》めることが、人間《にんげん》の使命《しめい》でなければなりません。

この、人間本来《にんげんほんらい》の自覚《じかく》に立返《たちかえ》ることが、世《よ》の中《なか》を改造《かいぞう》してゆく根本《こんぽん》のもので、この根本《こんぽん》に立返《たちかえ》る時《とき》、わたしたちは、いまの世《よ》の中《なか》の間違《まちが》い、それは、神《かみ》さまも申《もう》されています——強《つよ》いもの勝《か》ちの世《よ》、われよしの世《よ》の有様《ありさま》——を正《ただ》しく視《み》ることが出来《でき》、その有様《ありさま》をもたらしているところの人間《にんげん》の気持《きもち》を、まず、切替《きりか》えることによって、はじめて、政治的《せいじてき》にも経済的《けいざいてき》にも、万民《ばんみん》が楽《たの》しく暮《くら》せる世《よ》の中《なか》に立替《たてか》えさしていただくことができるのです。

一方的《ほうてき》に、政治的《せいじてき》、経済的解放《けいざいてきかいほう》へと、あるいは今日《こんにち》の世界的危機《せかいてききき》といわれているものに立向《たちむか》うのでなく、それらに先行《せんこう》して、世《よ》の中《なか》の人《ひと》の魂《たましい》を、人間本来《にんげんほんらい》の自覚《じかく》に目《め》ざめさせることが、世界《せかい》の平和《へいわ》を可能《かのう》にするので、そのために、勇気《ゆうき》と情熱《じょうねつ》をかけて奉仕《ほうし》さしていただくのが、宗教《しゅうきょう》運動《うんどう》をする人《ひと》のゆく道《みち》ではないかと考《かんが》えます。

更年期

もうすこしまえのこと、丹羽文雄氏《にわふみおし》が、〈二度《ど》の思春期《ししゅんき》〉という文章《ぶんしょう》を書《か》いていて、小説家《しょうせつか》ともなれば、こういう女性《じょせい》の心理《しんり》までもよく見分《みわ》けるものと、感心《かんしん》させられたことがあります。

というのは、ある女流作家《じょりゅうさっか》の、「女《おんな》は、晩年《ばんねん》になると、ケンランたる夢《ゆめ》を描《えが》くようになる」、「女《おんな》の更年期《こうねんき》は思春期《ししゅんき》の状態《じょうたい》に通《つう》ずるものがある」という、女性《じょせい》としての経験《けいけん》を語《かた》った言葉《ことば》について、氏《し》は——これまで、女性《じょせい》の更年期《こうねんき》は、ローソクの燃《も》えつきる瞬間《しゅんかん》の一度《ど》だけパッと明《あか》るく燃《も》える、それと同様《どうよう》のあらわれであろうと、単純《たんじゅん》に考《かんが》えていたが、それは間違《まちが》いであった——と、この年《ねん》齢《れい》の女性特有《じょせいとくゆう》の心理《しんり》について、よく掘《ほ》り下げて書《か》いていたからです。

たしかに、女性《じょせい》の更年期《こうねんき》には、〈第《だい》二の青春《せいしゅん》〉があります。

わたしの手許《てもと》にいただく手紙《てがみ》にも、この年齢《ねんれい》の友《とも》からのは、処女《しょじょ》のような感情《かんじょう》で綴《つづ》られたものが多《おお》く、すでに老《ふ》けかかった差出人《さしだしにん》の姿《すがた》と思《おも》い合《あ》わせて、驚《おどろ》かされます。

それは、女性《じょせい》としての生命《せいめい》に、黄昏《たそがれ》が迫《せま》ろうとしていて、それを意識《いしき》するとしないにかかわらず、郷愁《きょうしゅう》のように、若《わか》き日《ひ》の華《はな》やかなもの、あるいは見果《みは》てぬ夢《ゆめ》へのあこがれが、おのずから生《しょう》じてくるのでしょう。

更年期《こうねんき》に這入《はい》った女友《おんなとも》だちは、色彩《しきさい》も決《き》まって華《はな》やかに移《うつ》り、紋様《もんよう》も派手《はで》を好《この》み、生活《せいかつ》の上《うえ》にも夢《ゆめ》を求《もと》めるようになります。

そんなことが、この時期《じき》の女性《じょせい》に、行跡上《ぎょうせきじょう》の間違《まちが》いが多《おお》いという統計上《とうけいじょう》の数字《すうじ》に表《あら》われるのでしょうが、更年期《こうねんき》は、女性《じょせい》にとって第《だい》二の青春《せいしゅん》のようにめぐって来《き》ます。

もともとつくられ、生《う》まれさせられてきた人間《にんげん》にとって、先天的《せんてんてき》な人間《にんげん》の生理《せいり》の力《ちから》は、倫理《りんり》や、上品《じょうひん》な趣味《しゅみ》だけで律《りつ》することのできないものがあるようです。

これについて、丹羽《にわ》文雄《ふみお》氏《し》は次《つぎ》のような意味《いみ》のことをいっています。

「女性《じょせい》の更年期《こうねんき》に明滅《めいめつ》するものは、時間《じかん》を超越《ちょうえつ》して、その人《ひと》の更年期《こうねんき》までの年月《としつき》にも匹敵《ひってき》する千万量《せんまんりょう》の思《おも》いが、その短《みじか》い間《あいだ》にこめられるらしい。更年期《こうねんき》が思春期《ししゅんき》に通《つう》じるのは、その意味《いみ》からで、その状態《じょうたい》は精神《せいしん》と肉体《にくたい》のアン・バランスから来《く》るものである。肉体《にくたい》だけが、ひとり大人《おとな》になって、精神《せいしん》が追《お》いつけないというアン・バランスの逆《ぎゃく》に、精神《せいしん》が成長《せいちょう》したときに、それに従《したが》う肉《にく》体《たい》がすでに老衰期《ろうすいき》に入《い》りつつあるというアン・バランスが生《しょう》ずる。しかも更年期《こうねんき》にも、スタンダールのいう結晶作用《けっしょうさよう》が起《お》こるのである。故《ゆえ》に、更年期《こうねんき》は、小説家《しょうせつか》の想像《そうぞう》するよりも、事態《じたい》ははるかに深刻《しんこく》な本能的焦躁《ほんのうてきしょうそう》のあらわれのようである」と。

女性《じょせい》には、更年期《こうねんき》が襲《おそ》ってくるものです。

しかしわたしは、その年齢《ねんれい》の、人間《にんげん》の醜《みにく》さも、冷《つめた》さも、一応《おう》は心得《こころえ》ていて女性《じょせい》の、なお、その上《うえ》に、美《うつく》しく、浄《きよ》らけく、熱《あつ》く、香《かぐ》わしく夢《ゆめ》を描《えが》こうとする、そういう、女性《じょせい》の宿命《しゅくめい》に、ものの、い、あわれを感《かん》じないではいられません。（昭三〇、一一）

ともしびを集めて高くかかげん

うかがった先《さき》で、聞《き》かしていただいたおかげ話《はなし》の一つです。

「台風《たいふう》二十二号《ごう》は九州南端《しゅうなんたん》では、風速《ふうそく》五十一メートルの強《つよ》さで吹《ふ》き荒《あ》れていました。どちらかといえば、小屋《しょうおく》の大牟礼《おおむれ》茂樹《しげき》氏《し》のうちでは、昼《ひる》のうちに突《つ》っ張《ば》りをかうなどの備《そな》えで大変《たいへん》でした。夜《よる》になりましたが、もちろん電灯《でんとう》は点《つ》きません。それで、ちょっと危《あぶ》ないとは思《おも》いましたが、ローソクの火《ひ》を皿《さら》の上《うえ》に立《た》てて、家内《かない》と赤《あか》ん坊《ぼう》をあやしながら急《いそ》いで夕食《ゆうしょく》をすませました。そのうち、昼間《ひるま》の疲《つか》れで睡気《ねむけ》がさし、あとは家内《かない》に任《まか》せたつもりで、ウツラウツラとしてしまったので

す。（そんな夜《よ》の、人《ひと》の暮《くら》しのあわれさは、誰《たれ》の一生《しょう》にも多少《たしょう》は経験《けいけん》のあるものでしょう）

その時《とき》、うつつとも夢《ゆめ》ともなく耳《みみ》もとで、誰《たれ》かやさしい女《おんな》の人《ひと》の声《こえ》がしました。「おシッコにゆきなさい」……。子供《こども》のころ、母親《ははおや》に起《お》こされながら耳《みみ》にした言葉《ことば》のように、私《わたし》には聞《きこ》えました。そんな憶《おも》い出《で》にさそわれていると、私《わたし》を起《お》こした人《ひと》は便所《べんじょ》の方《ほう》に歩《あゆ》まれました。太《ふと》った感《かん》じの方《かた》で、変《か》わった前掛《まえかけ》をしめておられましたが、そのまま戻《もど》られませんので、何《なに》か気《き》になって仕《し》方《かた》がありません。それでもウツラウツラとしていました。そうすると先《さき》の女《おんな》の人《ひと》が、親《した》し気《げ》な声《こえ》で「早《はよ》うゆきなさい」と今度《こんど》は私《わたし》の肩《かた》をゆさぶって起《お》こされました。私《わたし》はハッとして眼《め》をあけました。

まっ暗《くら》なはずの室内《しつない》が、晃々《こうこう》と明《あか》るいのです。次《つぎ》の瞬間《しゅんかん》、私《わたし》はドキリとしました。皿《さら》の上《うえ》のローソクが皿《さら》の外《そと》に流《なが》れそうになり、それが赫々《あかあか》と燃《も》えているのです。

妻《つま》は赤《あか》ん坊《ぼう》に添寝《そいね》しているうちに、これも疲《つか》れて睡《ねむ》りこんだのです。蚊帳《かや》を吊《つ》らずに横《よこ》になっていたことがしあわせでした。さっそく、缶《かん》を焰《ほのお》の上《うえ》に伏《ふ》せ、事《こと》なきを得《え》ました」

○

以上《いじょう》は鹿児島《かごしま》の前田《まえだ》さんの話《はなし》で、大牟礼《おおむれ》さんに現《あら》われた女《おんな》の人《ひと》は、わたしであると信《しん》じられているようです。それは夢《ゆめ》の中《なか》の人《ひと》が、木《こ》の花帯《はなおび》をつけた太《ふと》った女性《じょせい》であるところかららしいです。それが私《わたし》であるかどうかは別《べつ》として、霊界《れいかい》の働《はたら》きが夢《ゆめ》になって現《あら》われる時《とき》は、さまざまに、その人《ひと》の想念《そうねん》とか智恵《ちえ》に応《おう》じて、抽象化《ちゅうしょうか》されて映《えい》じてくるものです。日《ひ》ごろ、わたしを慕《した》っていてくだされば、あるいはわたしの姿《すがた》と化《か》して働《はたら》きが行《おこ》なわれるでしょう。ともかくも、その人《ひと》に一番《ばん》よい方法《ほうほう》で、神《かみ》さまのご守護《しゅご》が行《おこ》なわれたので、もしその人《ひと》が、モウ少《すこ》しおくれて気《き》づいたとすれば、風速《ふうそく》五十一メートルの強風下《きょうふうか》で、どんなことが生《しょう》じたでしょう。

私《わたくし》たちは、神《かみ》さまの千変万化《せんぺんばんか》の働《はたら》きにより、常《つね》に守《まも》られて生《い》きているのですが、やはり、こうした体験《たいけん》を得《え》たとき、はっきりと、その御恩《ごおん》を感《かん》ずることができます。そういうことがキッカケとなって、この世《よ》に霊界《れいかい》があり、神《かみ》さまが坐《ま》しまし、神《かみ》さまによって一切《さい》が生《い》かされていることを、だんだんと深《ふか》くわからしていただくことができます。こうして神《かみ》を発見《はっけん》することにより、本当《ほんとう》の自分自身《じぶんじしん》をも発見《はっけん》することができます。大本《おほもと》の教《おしえ》を信仰《しんこう》している人《ひと》は、このことを本当《ほんとう》にわからしてもらえるはずです。

それにしても現在《げんざい》、大本《おほもと》の人《ひと》は、神《かみ》さまのお蔭《かげ》になれ過《す》ぎています。それほど大本《おほもと》の人《ひと》には沢《たく》山《さん》のお蔭《かげ》があるのです。人間《にんげん》はお蔭《かげ》になれ過《す》ぎると、少々《しょうしょう》のことではお蔭《かげ》とも思《おも》わないようになってしまいます。世間《せけん》には、大本《おほもと》の人《ひと》がそれほどに思《おも》わないようなことでも、非常《ひじょう》なお蔭《かげ》として感激《かんげき》している宗団《しゅうだん》があります。ちょっとしたお蔭《かげ》と思《おも》うことでも、それを空《むな》しく埋《う》もらさないで、神《かみ》さまの坐《ま》しますことを証《あか》すお光《ひかり》とし、信仰《しんこう》の世界《せかい》に多少《たしょう》とも人々《ひとびと》を導《みちび》くことが本当《ほんとう》ではないでしょうか。私《わたくし》たちは、いただいているお蔭《かげ》を、自分《じぶん》のお腹《なか》の中《なか》にしまっておかずに、神《かみ》さまの存在《そんざい》を知《し》らしていただく燈火《ともしび》として、燈火《ともしび》をあつめて、神《かみ》さまのお光《ひかり》を高《たか》くかかげさしていただきたいと思《おも》います。

そうさしていただくことが、お蔭《かげ》を頂《いただ》いている者《もの》のなすべき、お礼《れい》の第《だい》一とおもうのです。

流行

　近《ちか》ごろの女《おんな》の人《ひと》はことに、それが流行《りゅうこう》ともなりますと、どのような（みっともない）ことでも、恥《は》ずかしげもなく受《う》け容《い》れてゆかれるようにさえ見受《みう》けます。だとすれば、これほど滑稽《こっけい》なことはないでしょう。

　平安朝《へいあんちょう》に始《はじ》まるという優雅《ゆうが》な木《こ》の花帯《はなおび》も（三幅前掛《みはばまえかけ》の異称《いしょう》）、それが現代人《げんだいじん》にとって実用的《じつようてき》でよいものでも、ただ世間《せけん》の流行《りゅうこう》でないというだけで、世《よ》の女《おんな》の人《ひと》たちは採《と》り容《い》れることにためらいがちです。

　女性《じょせい》の服装《ふくそう》は、その時代《じだい》の生活《せいかつ》が要求《ようきゅう》するものでなければなりません。と同時《どうじ》に、女性本来《じょせいほんらい》の美《うつく》しさを清《きよ》らかに描《えが》き出《だ》してくれるものでなければなりません。

木《こ》の花帯《はなおび》が現代人《げんだいじん》の和装生活《わそうせいかつ》を軽快《けいかい》にし、また、経済《けいざい》と保健《ほけん》の面《めん》にプラスする多《おお》くの長所《ちょうしょ》のあることは前《まえ》にも述《の》べましたが、木《こ》の花帯《はなおび》の美的効果《びてきこうか》の一つとして、――女《おんな》の腰《こし》の線《せん》を美《うつく》しく見《み》せる――ことが挙《あ》げられます。かりに男《おとこ》が締《し》めるとすれば、不細工《ぶさいく》で憎《にく》らしいものを描《えが》き出《だ》します。それは男《おとこ》と女《おんな》とでは、天《てん》の与《あた》えた骨格《こっかく》が異《こと》なるからです。そのように、木《こ》の花帯《はなおび》は女性《じょせい》の生命《せいめい》である――女性《じょせい》らしいもの――を美《うつく》しく生《い》かしてくれます。

それには、やはり、締《し》め方《かた》があって、三廻《みまわ》りで二重《ふたえ》にしめること、三廻目《みまわりめ》をゆるくしめるところに美《うつく》しい腰《こし》の線《せん》の生《しょう》じるコツがあります。木《こ》の花帯《はなおび》をしめるにはなれないと、なかなか容易《ようい》ではありません。一筋《すじ》にグルグル巻《ま》きつけては、全然《ぜんぜん》、木《こ》の花帯《はなおび》の良《よ》さがなくなってしまいます。ゆったりとしていて、キチンとしまっている締《し》め方《かた》が上手《じょうず》な締《し》め方《かた》でしょう。これは理屈《りくつ》ではなく、着付《きつ》けに工夫《くふう》していない人《ひと》の木《こ》の花帯《はなおび》は、かえってみぐるしく、着付《きつ》けと配色《はいしょく》さえよければ木《こ》の花帯《はなおび》は美《うつく》しくてよいものです。その点《てん》、現代《げんだい》の若《わか》い人《ひと》は洋装《ようそう》のデザインで感覚的《かんかくてき》にも洗練《せんれん》されていて、自分《じぶん》のものを上手《じょうず》に出《だ》されます。

そういうように、流行《りゅうこう》も、自分《じぶん》の好《この》みにもとづいて選《えら》ぶべきでしょう。いまのお太鼓帯《たいこおび》とて、伝統的《でんとうてき》な衣裳《いしょう》というほどの歴史《れきし》はなく、見《み》た目《め》にも、しめても、よいものとは思《おも》えません。ある外人《がいじん》が――腰《こし》にクッションをつけている――といって笑《わら》ったそうですが、笑《わら》いごとでなく見《み》なれてない人《ひと》の眼《め》にそんなに映《うつ》ったようです。

少《すこ》し前《まえ》、〈日本美《にっぽんび》を求《もと》めて〉という映画《えいが》をつくったアメリカの青年《せいねん》が、木《き》の花帯《はなおび》をみて、――素晴《すば》らしいデザインだ――と感心《かんしん》するので――これは七百年《ねん》も昔《むかし》の日本《にっぽん》の服装《ふくそう》ですよ――といったところ、――美《うつく》しいものは、何時《いつ》まで経《た》っても新《あたら》しい――と――垂《た》れの先《さき》がブッサキになっているところも活動的《かつどうてき》でよろしい――と讃《ほ》めました。

流行《りゅうこう》もいろいろありますが、その流行《りゅうこう》が、人《ひと》の心《こころ》をしずめるものでなければなりません。どこか上《うわ》ついて、悪《わる》くいえば心境《しんきょう》の乱《みだ》れるような流行《りゅうこう》は、これを採《と》るべきではありません。流行《りゅうこう》をとりいれることによって、生活《せいかつ》がし易《やす》くなり、同時《どうじ》に、女性《じょせい》のこころを清《きよ》めてくれるようなものがのぞましいのです。(昭三〇、一二)

茶について

日本女性《にっぽんじょせい》の遠慮《えんりょ》がちな態度《たいど》には、美徳《びとく》である場合《ばあい》と、卑屈《ひくつ》な護身術《ごしんじゅつ》である場合《ばあい》も、多《おお》いようです。

なにかの会合《かいごう》の場合《ばあい》など、先《さき》に来《き》た人《ひと》から前《まえ》に坐《すわ》るのが当然《とうぜん》でも、女《おんな》の人《ひと》のうちには、なかなか先着順《せんちゃくじゅん》に坐《すわ》ろうとしないで、係《かかり》の人《ひと》が——それでは、後《うし》ろのみなさんが、お困《こま》りになりますから——と、前《まえ》の方《ほう》につめることを幾度《いくど》すすめても、変《へん》に固辞《こじ》するくせがあります。

これは、けっして遠慮《えんりょ》がちな態度《たいど》でも、謙譲《けんじょう》なところでもないでしょう。

こうした態度《たいど》が、とくに中年以上《ちゅうねんいじょう》の婦人《ふじん》に多《おお》いというのも、これにはいままでの女《おんな》の人《ひと》は、なにかというと——頭《あたま》が高《たか》い——という言葉《ことば》でたたかれ、いじめつけられてきた悪習《あくしゅう》のために、知《し》らず知《し》らずのうちに、それから自分《じぶん》をかばうことを身《み》につけてしまったのでしょう。そして、それが、遠慮《えんりょ》がちな女性《じょせい》の態度《たいど》と、分別《ぶんべつ》をあやまらす仮面《かめん》をつくり上《あ》げてしまったのかも知《し》れません。

けれども、人《ひと》から頭《あたま》の高《たか》い女《おんな》だと思《おも》われたくないという——自分《じぶん》の面子《メンツ》を守《まも》りたい私情《しじょう》にこだまって、多勢《おおぜい》の人《ひと》の迷惑《めいわく》を省《かえり》みないというのは、やはり利己主義《りこしゅぎ》というもので、その場合《ばあい》の遠慮《えんりょ》がちそうにみえる態度《たいど》は、実際《じっさい》はぐれつなトリックであり、卑屈《ひくつ》な護身術《ごしんじゅつ》でしかありません。

多勢《おおぜい》の集《あつ》まる場《ば》では、みなが困《こま》るようなことはさけ、ひそかにでも集《あつ》まりのためを考《かんが》えることが、文字《もじ》通《どお》り遠慮《えんりょ》というものでしょう。

この世《よ》に生《う》まれてきた以上《いじょう》、そこに人《ひと》と人《ひと》との関係《かんけい》は誰《たれ》しも逃《のが》れられないところです。それぞれの顔《かお》だちが違《ちが》うように、それぞれの心《こころ》の持《も》ち方《かた》も変《か》わっている、そうした人々《ひとびと》の暮《くら》している世《よ》の中《なか》では、そこに気楽《きらく》に暮《くら》し合《あ》えるための秩序《ちつじょ》や、礼儀《れいぎ》は、お互《たが》いの、望《のぞ》むところです。

しかし、人間《にんげん》の社会《しゃかい》に、秩序《ちつじょ》や礼儀《れいぎ》の大切《たいせつ》なことはわかっていても、実際《じっさい》に身《み》につけるには、それ相応《そうおう》の努力《どりょく》が必要《ひつよう》なことを忘《わす》れています。

茶道《さどう》は、そういうことを身《み》につける上《うえ》に、まことによく出来《でき》たものです。ただ現在《げんざい》、世上《せじょう》に行《おこ》なわれている茶《ちゃ》の湯《ゆ》の中《なか》には、形《かたち》にとらわれて、かえって人間《にんげん》のみにくい執着《しゅうちゃく》を溜《た》め、見栄《みえ》を競《きそ》う面《めん》が浮《う》き上《あ》がっているかもしれません。けれども、お茶《ちゃ》は惟神《かむながら》に愛《あい》の精神《せいしん》から生《う》まれさせられたものと考《かんが》えます。

わたしたちはこの教《おしえ》の中《なか》に、茶《ちゃ》の心《こころ》を、いただいていますが、日本《にっぽん》の国《くに》に生《う》まれ、この国《くに》の自《し》然《ぜん》、風土《ふうど》の上《うえ》に生《せい》をたくすお互《たが》いにとって、この国《くに》に生《う》まれた茶《ちゃ》を習《なら》うことは、一番美《ばんうつく》しい暮《くら》しの法《ほう》を整《ととの》えてくれるものと思《おも》います。わたくしたちの祖先《そせん》が民族的《みんぞくてき》な体験《たいけん》から見出《みいだ》した茶道《さどう》には、それだけのものがあると思《おも》うのです。

茶の姿

口《くち》では精神的《せいしんてき》なことをいっていても、実際《じっさい》はあさましい茶《ちゃ》の湯《ゆ》の姿《すがた》を知《し》るからには、わたしの純真《じゅんしん》な友《とも》らに、強《し》いて茶《ちゃ》をすすめようとはおもいません。わたしにも、いやな思《おも》い出《で》があるからです。

ある初釜《はつがま》に招《よ》ばれた時《とき》でした。——アナタはああいう茶会《ちゃかい》には不慣《ふな》れですから来《こ》られたら、私《わたし》の名《な》をいって呼《よ》んで下《くだ》さいよ——と、教《おし》えられ、聞《き》いていた時刻《じこく》に参《まい》り、玄関子《げんかんし》に取次《とりつ》いでもらったところ、その方《かた》のお顔《かお》を立《た》ててくださったものとみえ、すでに多勢《おおぜい》の方《かた》が襖《ふすま》をはずした広間《ひろま》にコの字形《じがた》に坐《すわ》っていられましたが、その日《ひ》の正客《しょうきゃく》の次《つぎ》にわたしの席《せき》をこしらえてくださいました。まごついたのはわたしでした。

正客《しょうきゃく》は当時《とうじ》の貴族《きぞく》で、後《あと》から来《き》たわたしが、その次《つぎ》にとはお茶《ちゃ》の道《みち》では違法《いほう》です。けれども、今《いま》の場合《ばあい》、わたしの席《せき》を定《き》めるため、多勢《おおぜい》の人《ひと》が席《せき》をゆずってられる以上《いじょう》、もしわたしが、今《いま》の席《せき》を辞退《じたい》すれば、ために、せっかく落《お》ちつかれた大勢《おおぜい》の人《ひと》が動《うご》かなければならず、無駄《むだ》に時間《じかん》を費《つい》やし人《ひと》さわがせをすることになるので、空《あ》けられている席《せき》に、心《こころ》ならずも進《すす》みました。

ところが、後日《ごじつ》、或《あ》る富豪《ふごう》の婦人《ふじん》が——傲慢《ごうまん》な女《おんな》である——と私《わたし》のことを口《くち》をきわめて罵《ののし》ったと伝《つた》え聞《き》きました。他人《たにん》には上面《うわつら》だけが見《み》えるもの、それもしかたがないとは思《おも》うものの、その婦人《ふじん》もながくお茶《ちゃ》をならっている人《ひと》であっただけに、私《わたし》はさみしい思《おも》いをしました。

あのような場合《ばあい》、お茶《ちゃ》の心《こころ》をもって、もう少《すこ》し深《ふか》いところに目《め》をつけるべきでしょうに。そのような心《こころ》を養《やしな》うためのお茶《ちゃ》ではないかとおもうのですが。ただ形《かたち》の上《うえ》でお茶《ちゃ》をしたからといって、お茶《ちゃ》の心《こころ》に這入《はい》れるものではないようです。

茶《ちゃ》は、たましいの奥《おく》の愛情《あいじょう》と繋《つなが》るものです。

わたしの祖母《そぼ》（開祖《かいそ》）は、茶《ちゃ》の湯《ゆ》について、形《かたち》の上《うえ》では何《なん》のかかわりももたれなかったのですが、祖母《そぼ》は高《たか》い茶《ちゃ》のこころを身《み》につけていられました。まことに、たぐいまれなる大茶人《だいちゃじん》であったと、わたしはいつも敬《うや》まっています。祖母《そぼ》は行《おこ》ないの、ふとした節《ふし》にも、茶《ちゃ》の美《うつく》しい姿《すがた》が宿《やど》っていました。その生活《せいかつ》には、いつも、茶《ちゃ》でいう――和敬清寂《わけいせいじゃく》――の気《き》がただようていました。

そういう祖母《そぼ》の教《おしえ》を汲《く》む人《ひと》びとは、いまの茶《ちゃ》の一部《いちぶ》の姿《すがた》には、いくつかの反撥《はんぱつ》を感《かん》じられることでしょう。

けれども、茶《ちゃ》は、大本《おおもと》の教《おしえ》の道《みち》をふむ人《ひと》がならって、矛盾《むじゅん》を感《かん》じるものではありません。この教《おしえ》によって生《い》き、暮《くら》してゆく上《うえ》に必要《ひつよう》なものを、身《み》につけてくれます。

祖母《そぼ》の示《しめ》した教《おしえ》の道《みち》をふむ人《ひと》が、現実《げんじつ》の暮《くら》しで、茶《ちゃ》はたいへん役立《やくだ》つものとおもいます。

茶《ちゃ》をならうには、よい師《し》を選《えら》び、師《し》を尊敬《そんけい》し、師《し》の導《みちび》きに素直《すなお》であることです。その場合《ばあい》にも、その人《ひと》の立場《たちば》に応《おう》じて、質実《しつじつ》に歩《あゆ》んでいただきたいとおもいます。

安分

茶《ちゃ》に「知足安分《ちそくあんぶん》」という言葉《ことば》があります。好《す》きな言葉《ことば》の一つで、人《ひと》は、それぞれの境遇《きょうぐう》に応《おう》じた本当《ほんとう》の楽《たの》しみを見出《みいだ》し、心安《こころやす》んじなければならないという意味《いみ》でしょう。

道具《どうぐ》にこる茶《ちゃ》が流行《りゅうこう》しても、わたしのところは、そういうことに染《そ》まらないようにします。道《どう》具《ぐ》ばかり並《なら》べてみたところで、精神《せいしん》が抜《ぬ》けては仕方《しかた》がありません。道具《どうぐ》がないからと、いくら笑《わら》われても、それは決《けっ》して恥《は》ずかしいことでもありません。

それよりも、道具《どうぐ》に見栄《みえ》をはって、うわついた茶《ちゃ》にならぬように気《き》をつけたいものです。

知足安分《ちそくあんぶん》の精神《せいしん》は、一部《ぶ》の人《ひと》にしか行《おこ》なわれていないといわれています。ことに最近《さいきん》、道具《どうぐ》を競《きそ》う傾向《けいこう》が激《はげ》しくなり、茶会《ちゃかい》というと重美級《じゅうびきゅう》の道具《どうぐ》を使《つか》ったり、よい道具《どうぐ》をそろえないと、人《ひと》が招《よ》べないとするきらいがあります。あるはずもない道具《どうぐ》を、借《か》りてくるのでは、せっかくの茶《ちゃ》の清《きよ》らかさを失《うしな》ってしまいます。

よい道具《どうぐ》は、そうたやすく誰《たれ》にも分《わ》かるものではないでしょう。ことに、ちょっと茶会《ちゃかい》でみせていただいたぐらいで、分《わ》からないのが本当《ほんとう》で、それは、ながく自分《じぶん》の身《み》につけて愛用《あいよう》してはじめて、道具《どうぐ》の本当《ほんとう》のよさは、心《こころ》にしみて味《あじ》わえるものだとおもいます。

浄《きよ》らけき茶巾《ちゃきん》だにあらば、われ茶碗《ちゃわん》にても茶《ちゃ》は飲《の》めるものにて候《そうろう》――という、初期《しょき》の茶《ちゃ》の精神《せいしん》は今《いま》も変《か》わりないはずです。貧乏《びんぼう》くさいことを言《い》いますが、あまり良《よ》い道具《どうぐ》ばかりの茶《ちゃ》は、かえって窮屈《きゅうくつ》なもので、胸《むね》をしめつけられて息苦《いきぐる》しいおもいもします。けれども金《かね》をもっている人《ひと》は、良《よ》い道具《どうぐ》を楽《たの》しまれるのもよろしいのでしょう。これは世《よ》の中《なか》をうるおすに役立《やくた》つことにもなりましょう。でも、そればかりが茶《ちゃ》ではないので、まずしい人《ひと》にも楽《たの》しめる茶《ちゃ》はあります。世《せ》間《けん》の茶《ちゃ》は世《せ》間《けん》の茶《ちゃ》で、大本《おほもと》は、神《かみ》さまがおつくりになったお道《みち》の団体《だんたい》ですから、清《きよ》らかな、本当《ほんとう》に楽《たの》しい茶《ちゃ》を行《おこ》なわさしていただきたいと思《おも》います。（昭三一、一）

みなもと清ければ

祖母《そぼ》（大本開祖《おほもとかいそ》）は、幼《おさ》ないころから、父《ちち》よりも、母《はは》よりも、一ばん好《す》きな方《かた》でした。いつも、ものしずかな、やさしい慕《した》わしい方《かた》でした。それで、わたしはいつも祖母《そぼ》のお部屋《へや》に行《い》っていました。

母《はは》が祖母《そぼ》のご身辺《しんぺん》を気《き》づかい「ええもの（美味《おい》しい食《た》べもの）あげるで、こっちへおいで」などと呼《よ》び出《だ》しても、もらうものだけ貰《もら》ってしまうと、またすぐ、祖母《そぼ》のお部屋《へや》へゆくのでした。

そのうち、祖母《そぼ》のお声《こえ》がかりもあって、妹《いもうと》の梅野《うめの》もいっしょに開祖《かいそ》さまのおそばで起居《ききょ》するようになったのは、七、八才《さい》のころからとおもいます。

祖母《そぼ》は、夜《よ》な夜《よ》な昔語《むかしがたり》をしてくださいました。それで、夜《よる》がくるのを待《ま》ちかねて、祖母《そぼ》のお部屋《へや》へとまりにゆきました。それに、夜《よる》は、行燈《あんどん》の灯影《ほかげ》がさらにもの静《しず》かさを深《ふか》めて、わたしにはピッタリとした、みちたりた夜々《よよ》を過《す》ごすことができたからです。

丹波縞《たんばじま》の夜着《よぎ》の中《なか》で、両方《りょうほう》からせりあって、祖母《そぼ》によりそい、「阿波《あわ》の巡礼《じゅんれい》お鶴《つる》」の悲《かな》しいものがたりを話《はな》してもらっては、涙《なみだ》を瞼《まぶた》ににじませるのがたのしくて、それが毎夜《まいよ》、同《おな》じ話《はなし》を聞《ま》かされているにもかかわらず、涙《なみだ》をさそわれることに、なにかせつない真実《しんじつ》につつまれる思《おも》いでした。

赤《あか》ちゃんが、お母《かあ》さんの背《せ》なのぬくもりに守《まも》られていつとなく安《やす》らいでいるように、祖母《そぼ》といっしょにいることにより暖《あたた》かい、やさしい、清《きよ》いものにくるまれていました。

わたしが学校《がっこう》にゆくようになってからも、福知《ふくち》山《やま》の町《まち》にあったという、諸国伝説《しょこくでんせつ》に出《で》てくるような話《はなし》を聞《き》かせてもらいました。今《いま》にして想《おも》えば、開祖《かいそ》さまのお話《はな》しぶりには、甘《あま》い感傷《かんしょう》のようなものが漂《ただよ》うていて、開祖《かいそ》さまにも、うら若《わか》い乙女《おとめ》の頃《ころ》があったことを、ほほえましく感《かん》じさせられます。

祖母《そほ》は、いつまでも清純《せいじゅん》な乙女《おとめ》の感情《かんじょう》にぬれた、みずみずしい人間的《にんげんてき》なものを、そのきびしいご生涯《しょうがい》の崇高《すうこう》さのうちに、もちつづけられた方《かた》でした。

祖母《そほ》は、お小《ちい》さいうちから他家《たけ》に奉公《ほうこう》に出《で》なければならなかった、そういう貧困《ひんこん》の町家《ちょうか》にお生《う》まれになりました。家庭《かてい》をおもちになってからも、一方《ひとかた》ならぬ苦労《くろう》をおつづけになったと聞《き》いていますが、そのような境遇《きょうぐう》の方《かた》によくありがちな、よごれた影《かげ》などの、みじんも、さがし出《だ》すことのできない、まことに気高《けだか》いお方《かた》でした。わたしの少女《しょうじょ》のころには、もと武家《ぶけ》の奥《おく》さんであった方《かた》のなかに、気品《きひん》の高《たか》い老婦人《ろうふじん》をみることが、おうおうありましたが、祖母《そほ》はもう一つ気高《けだか》く、そのなかにやさしさがあって、やさしいわりに、シャンとした、お腹《なか》の底《そこ》に金鉄《きんてつ》の棒《ぼう》でも入《はい》っているような感《かん》じを受《う》けるのでした。

それに、手織木綿《ておりもめん》の着物《きもの》を、いつもさっぱりとお召《め》しになっていられて、人《ひと》はよく、祖母《そぼ》は絹《きぬ》ものを召《め》されているのではないかと、見《み》まちがうほどでした。

ときおり、「女《おんな》はいつも薄化粧《うすげしょう》ぐらいはしている方《ほう》がよろしい」と申《もう》されましたが、ご自分《じぶん》では少《すこ》しもなさいませんでした。もっとも祖母《そぼ》は、色《いろ》の白《しろ》いキメ細《こま》かいお肌《はだ》のきれいなお方《かた》であったからでしょう。

祖母《そぼ》の性格《せいかく》や体質《たいしつ》は、祖母《そぼ》のお食事《しょくじ》にもつながっていたとおもいます。

行燈《あんどん》の灯影《ほかげ》で、祖母《そぼ》は塗《ぬ》りの膳《ぜん》におとなしくむかわれていました。そして塗《ぬ》りの大《おお》きな椀《わん》に二口《くち》か三口《くち》ほどのご飯《はん》をもられ、それにいつも白湯《さゆ》をおかけになって、ゆっくりと召《め》し上《あ》がっていられました。こうして、一度《ど》お代《か》えになるくらいでした。いたって食《しょく》の細《ほそ》いお方《かた》でしたが、これはご老境《ろうきょう》のせいばかりでなく、迫《せま》ってくる人類《じんるい》の大峠《おおとうげ》を思《おも》われ、大難《だいなん》を小難《しょうなん》にて過《す》ごさしていただきたいそのご一念《ねん》で、食欲《しょくよく》の枯《か》れたようなご様子《ようす》でした。――世《よ》の中《なか》の難渋《なんじゅう》している人《ひと》のことが思《おも》われて、食《た》べものが喉《のぞ》をとおりませぬわいナ――とおもらしになったこともしばしばでした。

おかずは、だいたい菜食《さいしょく》で、野菜《やさい》はなんでもよろこんでお上《あ》がりになりました。それに乾物《かんぶつ》の干《ほし》ずいき、高野豆腐《こうやどうふ》、椎茸《しいたけ》、わけても生湯葉《なまゆば》はことのほかお好《す》きでした。ときおりは体《からだ》を養《やしな》うため鯉《こい》こくを上《あ》がられました。それに鮎《あゆ》の塩焼《しおやき》は大変《たいへん》なお喜《よろこ》びであったことも思《おも》い出《だ》します。そのように祖母《そぼ》のお食事《しょくじ》は、清食《せいしょく》そのものでした。

そうした、祖母《そぼ》のおそばで育《そだ》ったせいでしょうか、わたしの食《た》べものの好《この》みも、祖母《そぼ》が喜《よろこ》んで召《め》し上《あ》がったものが好《す》きで、好《す》きなものが膳《ぜん》に出《で》るといつでも、祖母《そぼ》が想《おも》われて懐《なつか》しさに堪《た》えません。

祖母《そぼ》は蔬菜《そさい》つくりがお好《す》きでした。暇《ひま》あるごとに畑《はた》に出《で》て、お世話《せわ》を楽《たの》しまれました。南瓜《かぼちゃ》つくりがお上手《じょうず》で、近所《きんじょ》の人《ひと》がびっくりするほどの収穫《しゅうかく》をあげられたそうです。お土《つち》にしたしむとの喜《よろこ》び、尊《とうと》さを、年老《としお》いてももたれましたが、晩年《ばんねん》、足《あし》を踏違《ふみちが》いなされてから、お好《す》きな畑《はた》にもお出《で》になりませんでした。お筆先《ふでさき》がたえまなく出《で》るようになってから、神《かみ》さまは、祖母《そぼ》が畑《はた》にお出《で》ましになるのをお止《と》めになったようです。

畑作《はたさく》をおやめになってからでしょう。祖母《そぼ》は梅《うめ》の杖《つえ》をおつきになって間《ま》も正《ただ》しくコツンコツンとひびかせながら、廊下《ろうか》からお庭《にわ》の方《ほう》をずっとまわられました。「今日《きょう》は悪霊《あくれい》が来《き》ていたから叱《しか》ってやりました」などと申《もう》されて、杖《つえ》の音《おと》とともに歩《あゆ》んでゆかれたこともありました。

ある夜《よ》のこと、祖母《そぼ》が煙管《きせる》でタバコを喫《す》っていらっしゃるのをお見《み》かけしたことがありました。そのようなことは、かつてないことで、わたしはびっくりして「おばアさん、タバコあがられるのですか」と、思《おも》わず声《こえ》をかけました。祖母《そぼ》は、わたしの声《こえ》に驚《おどろ》かれたようで、「おスミがおいていったので、ちょっといただいてみました」とおっしゃって、恥《は》ずかしそうにされました。

そういうときの祖母《そぼ》の、ういういしいお姿《すがた》の美《うつく》しさも忘《わす》れえぬものとなっています。

祖母《そぼ》のご生家《せいか》の前《まえ》に、葉《は》タバコを刻《きざ》んで商《あきな》っている店《みせ》があって、お小《ちい》さいころから、それとなく葉《は》タバコの香《かおり》を、嗅《か》いでこられたそんな関係《かんけい》からでしょうが、「タバコが好《す》きなようです」とおっしゃったことがあります。それを欲《ほっ》するままに求《もと》めず、一生《しょう》たしなまれなかったところに、祖母《そぼ》が、そうした面《めん》でも、きびしく歩《あゆ》まれたことをおもいます。こうした克己心《こっきしん》の強《つよ》いご性格《せいかく》は、お小《ちい》さいころからのものでしょうが、それらについて祖母《そぼ》は――お母《かあ》さんがよく気《き》をつけて育《そだ》ててくだされたからです――とおっしゃいました。

祖母《そぼ》のご日常《にちじょう》は、朝《あさ》は暁《あかつき》まえに床《とこ》を離《はな》れられ、きまって水《みず》ごりをいただかれました。それから神前《しんぜん》で神《かみ》さまを礼拝《れいはい》なさいました。その時《とき》の祖母《そぼ》の祝詞《のりと》の声《こえ》のさわやかさは、私《わたし》にとっていちばんつよく印象《いんしょう》づけられています。それは、すがすがしく、金《きん》の鈴《すず》を振《ふ》るようなお声《こえ》でした。若《わか》若《わか》しく、そしておだやかな調子《ちょうし》のうちに、凛《りん》としたなんともいえぬ力《ちから》がひびいてきました。

それから、祖母《そぼ》は、かすかに首《くび》をふられながら、ながながと神《かみ》さまとお話《はな》しになっていました。なにごとにも、ご神示《しんじ》をうかがわれて、お計《はか》りや、お申《もう》しつけをなされました。

ある時《とき》、わたしに「直日《なおひ》さん、あなたは御神号《ごしんごう》を書《か》くように神《かみ》さまがおっしゃるから、書《か》いてくださいよ」と申《もう》されました。わたしが「そんなこわいことは出来《でき》ません」と申《もう》し上《あ》げますと、「私《わたし》もお筆先《ふでさき》をかくようにと聞《き》かされたとき――神《かみ》さま、私《わたし》は字《じ》は一字《じ》も知《し》りませんから――とご辞退《じたい》しましたが、神《かみ》さまが――神《かみ》の申《もう》すようにすればこの方《ほう》が書《か》かすのであるから、素直《すなお》に筆《ふで》をもってくだされ――と申《もう》されますので筆《ふで》を執《と》りましただけで、今日《きょう》までたくさんのお筆先《ふでさき》をかかせていただきました。なんでも神《かみ》さまのことは、素直《すなお》にさしていただくのが一番《ばん》ですよ」とていねいに、ご自分《じぶん》の体験《たいけん》をとおして教《おし》えてくださいました。それから、わたしも御神体《ごしんたい》のご用《よう》をさせていただくようになりました。

神《かみ》さまとお話《はなし》をされたり、お筆先《ふでさき》をお書《か》きになるお時間《じかん》のほかは、禅宗《ぜんしゅう》の修行堂《しゅぎょうどう》での雲水《うんすい》のそれに似通《にかよ》うものがありました。その立居《たちい》ふるまいのしずけさ、美《うつく》しさは、高《たか》い茶《ちゃ》の世界《せかい》そのものにうかがわれました。

そのように、ご生活《せいかつ》が宗教《しゅうきょう》であり茶道《さどう》であるということは、まことに尊《とうと》いことにおもわれます。

もちろん、祖母《そぼ》は、禅堂《ぜんどう》にお坐《すわ》りになったことも、茶《ちゃ》の湯《ゆ》の点前《てまえ》を習《なら》われたこともなく、それでいて、それらの世界《せかい》に相似《そうじ》の雰囲気《ふんいき》が感《かん》じられ、それが一段《だん》と気《き》品高《ひんたか》く、一種《しゅ》いうにいわれぬ薫《かお》りとなって漂《ただよ》い出《で》ているご日常《にちじょう》でした。

それが、祖母《そぼ》の周辺《しゅうへん》の人々《ひとびと》にも影響《えいきょう》して、清純《せいじゅん》にしておかすべからざる教風《きょうふう》を形成《けいせい》していました。

わたしは、自由奔放《じゆうほんぽう》にありたい子供《こども》のころでありながら、そういう気品高《きひんたか》いものにうたれ、魅《ひ》きつけられたものです。そうした気品高《きひんたか》い生活《せいかつ》に入《はい》ってみたい欲望《よくぼう》にかられ、規則正《きそくただ》しい生活《せいかつ》に生《い》きることに懐《なつ》かしさをおぼえ、あこがれの気持《きもち》をいだいたものです。

祖母《そぼ》のご生活《せいかつ》から発《はっ》してくる気品《きひん》に、感応《かんおう》し交《まじ》わってゆくことに、生《い》きてゆく楽《たの》しみをおぼえました。

そのころの教風《きょうふう》として、とくに目立《めだ》ったのは〈質実剛健《しつじつごうけん》〉の気風《きふう》ではなかったかとおもいます。それは、漠然《ばくぜん》とした神《かみ》への感謝《かんしゃ》というのでなく、実際《じっさい》の生活《せいかつ》の中《なか》で、お土《つち》の御恩《ごおん》、水《みず》のご恩《おん》、火《ひ》のご恩《おん》、人《ひと》の有難《ありがた》さということが、きびしいまでに実践《じっせん》されていたことによるものです。

起居動作《ききょどうさ》にも、端正《たんせい》で、ものしずかなことが求《もと》められました。祖母《そぼ》は立居《たちい》のそうぞうしいのはお嫌《きら》いで、それについて時《じ》、所《しょ》、位《い》ということがやかましく、どこででも鼻唄気分《はなうたきぶん》で仕事《しごと》をしているようなことは大《だい》のお気《き》ざわりでした。そんなとき「ここを何処《どこ》と心得《こころえ》ていられますか」と、ご立腹《りっぷく》の言葉《ことば》を聞《き》くことがありました。したがって、身《み》の行跡《ぎょうせき》の定《さだ》まらぬ人《ひと》や、偉《えら》そうなことをいったりすることも大《だい》のおきらいで、ひそかに目立《めだ》たないところに注意《ちゅうい》してゆくというのが、そのころの気風《きふう》でした。

祖母《そぼ》は、いつも体《からだ》をきれいにされていました。お水《みず》で体中《からだじゅう》を拭《ぬぐ》われ、またお湯《ゆ》におはいりになっても、糠袋《ぬかぶくろ》などで、ていねいによく洗《あら》われました。それでいつもお顔《かお》のはだにつやつやとした輝《かがや》きがありました。こういうことも、今《いま》の化粧《けしょう》とちがって、人《ひと》の目立《めだ》たないところに、根気《こんき》のよい磨《みが》きがかかっていました。

こうした、もののすみずみにまで心《こころ》を入《い》れることは、教団《きょうだん》の家事《かじ》にも滲透《しんとう》して、一切《さい》のものを生《い》かしてゆく形《かたち》になって現《あら》われていました。大根《だいこん》の切《き》れはしや、赤葉《あかば》も大切《たいせつ》にして、味《あじ》わいよくいただくことが工夫《くふう》されていました。こうした一事《じ》が万事《ばんじ》にわたり、一つの生活様式《せいかつようしき》がつくられていました。

祖母《そぼ》が、お筆先《ふでさき》に示《しめ》されましたことは、すべてその通《とお》りになってきました。お筆先《ふでさき》は単《たん》なる宗《しゅう》教《きょう》の教典《きょうてん》でなく、神《かみ》さまの約束《やくそく》を書《か》きのこされたものであり、法則《ほうそく》を定《さだ》められたものであるとおもいます。

お筆先《ふでさき》がしっかりとお腹《なか》に治《おさ》まりさえすれば、人《ひと》の行為《こうい》は、しぜんと、奥山《おくやま》のようにしずかなものになってきます。そこに平和《へいわ》の礎《いしずえ》がしっかりときずかれて来《く》るものです。

お筆先《ふでさき》をいただくたびに、わたしは、開祖《かいそ》さまのしずかな、おやさしいお姿《すがた》をなつかしむものです。

祖母《そぼ》は夕方《ゆうがた》になると、縁先《えんさき》にうずくまって、宵《よい》の明星《みようじよう》に見入《みい》って、時《とき》の経《た》つのも忘《わす》れたようにしていらっしゃいました。

いつも、苔《こけ》の上《うえ》に打《う》ち水《みず》をしたような、侘《わ》びた、ゆかしいご生活《せいかつ》でありました。（昭三一、二）

夏の父、冬の父

長《ちょう》じてからは、父《ちち》（王仁三郎《おにさぶろう》）の身辺《しんぺん》が忙《いそ》がしく、ゆっくり父《ちち》と親《した》しむことの少《すく》なかったわたしは、父《ちち》への懐《なつか》しさといえば、幼《おさな》い時《とき》から少女《しょうじょ》の頃《ころ》へのことしか浮《う》かんできません。

何才《なんさい》ころのことでしょう、土橋《どばし》のかかった灌水用《かんすいよう》の流《なが》れがあって、その岸《きし》にわたしは足《あし》を投《な》げ出《だ》して、父《ちち》が魚《さかな》を獲《と》るのをながめていました。藍色《あいいろ》の水《みず》がキラキラと陽《ひ》に小波立《さざなみた》ち、父《ちち》の胸《むね》のあたりまで浸《した》していました。すると父《ちち》は魚《さかな》をつかんだ両手《りょうて》を高《たか》く差上《さしあ》げ、わたしの方《ほう》を向《む》いてカラカラと笑《わら》うのでした。その時《とき》の印象《いんしょう》が、今《いま》でも童話《どうわ》の世界《せかい》の一コマのように愉《たの》しく浮《う》かんできます。

それからやはり夏《なつ》の日《ひ》の川原《かわら》でした。その時《とき》は村《むら》の子供《こども》たちも何人《なんにん》か近《ちか》くに遊《あそ》んでいました。

川原《かわら》の石《いし》を起《お》こしてザル蟹《がに》を探《さが》していた父《ちち》が、つかまえた蟹《かに》をいきなり口《くち》の中《なか》にほうり込《こ》んで、カリカリと音《おと》をたてながら喰《く》ってしまったのですが、それがグロテスクな映像《えいぞう》となって今《いま》でも残《のこ》っています。

冬《ふゆ》の父《ちち》の思《おも》い出《で》に、雪《ゆき》の深《ふか》い朝《あさ》、学校《がっこう》に行《ゆ》く私《わたし》を、子煩悩《こぼんのう》な父《ちち》は何時《いつ》もおんぶして連《つ》れていってくれました。しかし私《わたし》は、なんだか人《ひと》に見《み》られるのを恥《は》ずかしく思《おも》いながら、父《ちち》の背《せ》におぶさって行《ゆ》くのでした。

冬《ふゆ》の父《ちち》で、もう一つ忘《わす》れられぬことは、雪《ゆき》の日《ひ》の夕暮《ゆうぐ》れ、縁側《えんがわ》にたたずんでいますと、父《ちち》が空《そら》に向《むか》ってパッと石《いし》を投《な》げつけました。しばらくすると、串《くし》にさした黒《くろ》い団子《だんご》のようなものを持《も》って来《き》てくれたのですが、口《くち》に入《い》れると何《なん》ともいえぬ美味《おい》しいものでした。

何年《なんねん》かのちに、その思《おも》い出《で》を母《はは》に語《かた》ると、「寒雀《かんすずめ》やァ」と教《おし》えてくれました。石《いし》を投《な》げて雀《すずめ》を打《う》ち落《お》としたのか、それにしては串焼《くしやき》を持《も》って来《き》てくれたのが早過《はやす》ぎたようにおもえて、少女時代《しょうじょじだい》の思《おも》い出《で》は、流《なが》れゆく雲《くも》のように記憶《きおく》の遠《とお》くから淡《あわ》く浮《う》かんでくるものです。（昭二五、八）

直日

みろくの世《よ》願《ねが》ひつつ来《き》て五十年《ねん》
わがこころいまだ争《あらそ》ひにみつ

開《ひら》きましし一筋《すぢ》の道《みち》ふみゆくに
たどきも知《し》らに思《おも》ふことあり

貧《ひん》富《ぷ》の差《さ》ちぢまりて地《ち》上《じやう》にあらそひの
無《な》き世《よ》ときけばひたに恋《こひ》しき

大本事件の思い出

〈昭和《しょうわ》十年《ねん》の大本事件《おほもとじけん》〉について、当時《とうじ》、弁論《べんろん》をしていただいた弁護士《べんごし》の方《かた》から、事件《じけん》の真相《しんそう》についての単行本《たんこうぼん》（未刊《みかん》）を出版《しゅっぱん》したいから、わたしにも資料《しりょう》を提供《ていきょう》するようにと仰有《おっしゃ》っていただいたので、当時《とうじ》をいろいろと追懐《ついかい》して、資料《しりょう》になりそうなものをまとめてみました。

こういうことは過大《かだい》に言《い》いたいものですから、できるだけ気持《きもち》を沈潜《ちんせん》させ、大《おお》げさにならぬように書《か》いたつもりです。

あのとき、無力《むりょく》な私《わたし》たちが受《う》けた心《こころ》の痛手《いたで》というか、精神的《せいしんてき》な被害《ひがい》について、――これは公判《こうはん》廷《てい》の問題《もんだい》にはならない性質《せいしつ》のものでしょうが、わたしにとって実際《じっさい》に苦《くる》しめられたのは、世《よ》の心《こころ》ないかげ口《ぐち》や、また悪意《あくい》ある批判《ひはん》、ざん言《げん》であったのですし、警察《けいさつ》もそれを受《う》けいれ、むしろ奨《しょう》励《れい》するかのように、それを根拠《こんきょ》にして、どれほど公判廷《こうはんてい》に出《で》るまでを、わたしたち無辜《むこ》の民《たみ》を苦《くる》しめたことでしょう。

あのとき、もし、かげの、かくれた信者《しんじゃ》の援助《えんじょ》、協力《きょうりょく》、慰《なぐさ》めがなかったら、わたしは予審《よしん》が開《ひら》かれるまでに、すでに一家《いっか》心中《しんじゅう》をしていたろうとおもいます。──公《おおやけ》の問題《もんだい》にならぬ──などと言《い》って、遠慮《えんりょ》してはいられないので、とりとめもなく思《おも》いつくままに書《か》いてみました。

1

昭和《しょうわ》十年《ねん》十二月《がつ》八日《か》、未明《みめい》のことでした。

「火事《かじ》だッ！　火事《かじ》だッ！」

と、なんだか異様《いよう》に、押《お》しつぶしたような不気味《ぶきみ》な声《こえ》で眼《め》がさめますと──わたしは、いつも、スッカリ消燈《しょうとう》して眠《ねむ》るので──起《お》きるなり、部屋《へや》のすみの電燈《でんとう》のスイッチのヒモを引《ひ》っぱろうとしますと、その時《とき》すでになだれ込《こ》んできていた警官《けいかん》は、

「何《なに》をするか」

といいながら、わたしを前後左右《ぜんごさゆう》から背《せな》をかかえ、両手《りょうて》をおさえ、身動《みうご》きならぬようにしました。

「部屋《へや》のすみに、電燈《でんとう》のスイッチがあるのです。引《ひ》っぱってください」

といいました。

なんとした狼狽《ろうばい》ぶりでしょう。わたしと、あとは七つの女《おんな》の子《こ》、当才《とうさい》の女《おんな》の子《こ》だけの寝室《しんしつ》です。モ一人《ひとり》の子供《こども》は、ほかの部屋《へや》で、だき乳母《うば》に抱《だ》かれて寝《ね》ています。

そのあいだ、口々《くちぐち》に、

「日出麿《ひでまる》はどこへ行《い》った？　日出麿《ひでまる》はどこへ行《い》った？」

というのです。

「亀岡《かめおか》に、昨夜《ゆうべ》行きました」

と、いくら答《こた》えても耳《みみ》に入《い》らぬかのようでした。

これが、治安《ちあん》をまもっている警官《けいかん》かとおもうと、なさけなくなりました。おんな子供《こども》をつかまえて、数《すう》十人《にん》の男《おとこ》たちが。

なんて人《ひと》たちだろう、この人《ひと》たちは。一たい私《わたし》たちが何《なに》をしようというのでしょう。腹立《はらだ》たしくもあり、一種異様《しゅいよう》な切迫感《せっぱくかん》に、こわくもありました。

その間《かん》、わたしは――これはまた、《大本事件《おほもとじけん》》が起《お》きたのであろう――と思《おも》うのでしたが、火事《かじ》でなくてよかったと、ホッとしました。

なぜかというと、あの大勢《おおぜい》の――火事《かじ》だ、火事《かじ》だ――と押《お》しつぶしたような不気味《ぶきみ》な声《こえ》を聞《き》いた時《とき》、〈これは大変《たいへん》、わたしの家《いえ》が火元《ひもと》で、新町《しんまち》を類焼《るいしょう》させているのか〉と思《おも》ったからです。

大本事件《おほもとじけん》は、ゆくところに行《い》って調《しら》べてもらえば、どんな嫌疑《けんぎ》でも晴《は》れるものの、それよりも、大勢《おおぜい》の人《ひと》の難儀《なんぎ》の方《ほう》が、わたしにとっては大変《たいへん》だと思《おも》ったからです。

わたしの寝室《しんしつ》になだれ込《こ》んで来《き》た警官《けいかん》たちは、帽子《ぼうし》の紐《ひも》を顎《あご》にかけ、土足《どそく》のまま踏《ふ》み込《こ》んで来《き》ていましたが、夜明《よあ》けとともに、わたしを一室《しつ》に軟禁《なんきん》すると、八畳《じょう》四間《ま》つづきの襖《ふすま》を明《あ》け放《はな》ち、ストーブをたきながら、皆《みな》で監視《かんし》していました。

今《いま》にも京都《きょうと》に連《つ》れて行《ゆ》かれるのかと待《ま》っていましたが、午前《ごぜん》十時《じ》ごろ、統務閣《とうむかく》というところへ上役《うわやく》の人《ひと》（検事《けんじ》？）が見《み》えるというので、わたしも警官《けいかん》たちと、教主殿《きょうしゅでん》の廊下《ろうか》つづきの東方《とうほう》の建物《たてもの》のところに行《ゆ》き、迎《むか》えさせられました。

そこで外套《がいとう》を着《つ》けたままの人達《ひとたち》が中腰《ちゅうごし》になって、わたしのあたっている火鉢《ひばち》をとり囲《かこ》み、「教《きょう》主殿《しゅでん》はどこだ」と言《い》ったり、「贅沢《ぜいたく》なもんだろうなア」などと言《い》ったりしていましたが、教主殿《きょうしゅでん》にゆくと、「質素《しっそ》なもんだなア」とつぶやいている人《ひと》もありました。それでも警官《けいかん》たちの中《なか》には、粗末《そまつ》な調度品《ちょうどひん》を見《み》て——贅沢《ぜいたく》だ、贅沢《ぜいたく》だ——といっている人《ひと》もいたので、わたしは、人《ひと》によって、こんなにも見方《みかた》が違《ちが》うものかと思《おも》いました。

その日《ひ》のうちに、わたしのそばにいた人達《ひとたち》は、おおかた、行《ゆ》く先《さき》も教《おし》えられず、みなどこかへ連《つ》れてゆかれました。

その年《とし》の二月《がつ》に生《うま》れた聖子《きよこ》についていてくれていた人《ひと》と、その他《た》、家《いえ》の世話《せわ》をしていた女《おんな》の人《ひと》をのぞいては、わたしのそばにいることは許《ゆる》されませんでした。

夜《よる》、くらくなってから、わたしも自動車《じどうしゃ》に乗《の》せられました。自動車《じどうしゃ》は消燈《しょうとう》したままで、くらい上《うえ》にも暗《くら》い夜道《よみち》を、不安《ふあん》げにしている小《ちい》さな子供《こども》へ、わたしは「燈火管制《とうかかんせい》よ、燈火管制《とうかかんせい》よ」と機嫌《きげん》をとりながら運《はこ》ばれてゆきました。着《つ》いたのは上野《うえの》の桜井同吉氏《さくらいどうきちし》方《かた》でありました。

ここの家《いえ》も、同吉氏《どうきちし》は今朝《けさ》どこかへ連《つ》れてゆかれたままです。そこへ一家《か》六人《にん》――わたしと子《こ》供《ども》三人《にん》、女《おんな》の人二人《ひとふたり》――が、いつ限《かぎ》りともなく厄介《やっかい》になることになりました。

食時《しょくじ》の時《とき》も、便所《べんじょ》にゆく時《とき》も、夜《よる》やすむ時《とき》も、三人《にん》の刑事《けいじ》が監視《かんし》していました。

翌日《よくじつ》か、翌々日《よくよくじつ》でした。母《はは》が島根《しまね》県《けん》の松江《まつえ》別院《べついん》から帰《かえ》ってきて、寝食《しんしょく》をともにすることになりました。母《はは》のそばにいた福田《ふくだ》つな子《こ》さんもいっしょにきましたが、着《き》のみきのままで、足袋《たび》のはき替《か》えもない始末《しまつ》なので、用《よう》のおきるたびに、福田《ふくだ》さんは不便《ふべん》をかこちながら、上野《うえの》の桜井氏《さくらいし》宅《たく》から三丁《ちょう》ほどへだたった本宮山《ほんぐうやま》の上《うえ》までのぼっていっては、そこに陣《じん》どっている警官《けいかん》の主任《しゅにん》の長《なが》岡文吉《おかぶんきち》という方《かた》に許《ゆる》しをうけて足袋《たび》、はだ着《ぎ》というように持《も》って帰《かえ》っていました。

そのうちに、こんなことでは困《こま》るからというので、

「箪笥《たんす》一本《ぽん》だけ、こちらへ運《はこ》びたい」

と言《い》ったところ、

「チョット待《ま》ってくれ、現状維持《げんじょういじ》にしておきたいから」

というので、福田《ふくだ》さんが「それでは」と念《ねん》を押《お》すと、

「難波大助《なんばだいすけ》のような天皇《てんのう》を狙撃《そげき》し奉《たてまつ》った者《もの》でさえ、その罪《つみ》は一家《か》一門《もん》に及《およ》ぼす、というようなことはなかったのだから安心《あんしん》するように」

と言《い》ったということを、福田《ふくだ》さんは、わたしにもたびたび言《い》っていました。

かと言《い》って、いちいち許可《きょか》をうけて、毎日《まいにち》、なんかかんか取《と》りにゆかねばならぬので、ずいぶん不自由《ふじゆう》をしました。

一週間目《しゅうかんめ》に、桜井氏邸《さくらいしてい》から半丁《はんちょう》へだたった月光閣《げっこうかく》という信者《しんじゃ》さんの住《す》んでいる家《いえ》に移《うつ》ってゆきました。

ここの二階《かい》三間《ま》に住《す》むことになったのですが、わたしのそばの二人《ふたり》のこった女《おんな》の人《ひと》たちは、警《けい》

察《さつ》の人達《ひとたち》から、早《はや》く帰《かえ》れ、早《はや》く帰《かえ》れと言《い》われて居《い》づらく、一人《ひとり》は滋賀県《しがけん》へ帰省《きせい》してしまいました。上《うえ》の子供《こども》は幼稚園児《ようちえんじ》でしたが、「早《はや》く幼稚園《ようちえん》に行《ゆ》きたい」といってせがみ、せめて、学校行《がっこうゆ》きの姿《すがた》でも見《み》たいというので、二階《かい》の手摺《てすり》から見《み》せてやりました。

一月《つき》あまりして、わたしたちの監視《かんし》は解《と》かれたのか、つききっていた警察官《けいさつかん》はいなくなりました。が、家《いえ》の前《まえ》の染物屋《そめものや》の一室《しつ》を借《か》りて、寒《さむ》いのに障子《しょうじ》をあけて、いちいち、人《ひと》の出入《でい》りを監視《かんし》しているということでした。

在住信者《ざいじゅうしんじゃ》、奉仕者《ほうししゃ》は毎日々々《まいにちまいにち》、警察《けいさつ》に呼《よ》びつけられているということでしたが、ある日《ひ》、わたしも呼《よ》ばれて、天声社《てんせいしゃ》の二階《かい》で取調《とりしら》べを受《う》けました。

小川貢《おがわみつぐ》という方《かた》でしたが、わたしがオドオドしていたのでしょう、

「なにも、こわがることはないよ。ひどい目《め》に会《あ》うんじゃないから」

と言《い》っていました。古《ふる》い事《こと》なので、どんなことを聞《き》かれたか、仔細《しさい》にはおぼえていませんが、

「お前《まえ》は、こんなひどい目《め》にあって、何《なに》か思《おも》い当《あた》ることはないか」

と言《い》いました。いつまでもおし黙《だま》っていると、

「ないはずはない、何《なに》かいってごらん」

と、たびたび促《うなが》しますので、わたしは、

「この間《あいだ》、新聞《しんぶん》に〈静岡《しずおか》に大本事件《おほもとじけん》〉として、また地方《ちほう》に検挙《けんきょ》があった記事《きじ》がでていまして、引致《いんち》された人々《ひとびと》の名《な》が載《の》っていましたが、母《はは》は――誰《たれ》だろう、知《し》らん人《ひと》や――と言《い》っていました。福田《ふくだ》つな子《こ》さんも――いっこう思《おも》いあたりません、名《な》も聞《き》いたことない人《ひと》ですから、もしかしたら、愛善会員《あいぜんかいいん》かもしれませんよ――と言《い》ってたことがありましたが、なんでも一厘組《りんぐみ》とかいって、みろくの世《よ》になれば、出口王仁三郎《でぐちおにざぶろう》が天皇《てんのう》の位《くらい》にのぼるので、そのことを一厘《りん》の仕《し》組《ぐみ》というのであるなどといっているそうで、その人達《ひとたち》の思想《しそう》を、大本全部《おほもとぜんぶ》の思想《しそう》と間違《まちが》えられたのではないかと思《おも》います」

と申《もう》しましたら、小川氏《おがわし》は、なんとも言《い》わずにいましたが、そのうち、ご自分《じぶん》の呑《の》んだ湯呑茶碗《ゆのみちゃわん》を、わたしの前《まえ》に示《しめ》して、

「たとえば、この茶碗《ちゃわん》が大本《おほもと》とすればなァ、その一厘《りん》の仕組《しぐみ》は、あなたたちの知《し》らぬような微《び》微《び》たる、あるいは、新《あたら》しい信者《しんじゃ》であっても、その責任《せきにん》は、ここへ及《およ》ぼすで」

と言《い》って、湯呑茶碗《ゆのみちゃわん》の中心《ちゅうしん》を指《ゆび》で示《しめ》しました。わたしは、心の中《こころなか》で——ヤッパリこれだった、こんな無茶《むちゃ》なことってあるものだろうか——と、憤激《ふんげき》にたえませんでした。

ある朝《あさ》、とんきょうな声《こえ》で、玄関先《げんかんさき》から、

「あさの、あさの、二代《だい》、二代《だい》」

と呼《よ》ぶ声《こえ》に驚《おどろ》いて行《ゆ》きますと、母《はは》は早《はや》や、端然《たんぜん》と玄関広間《げんかんひろま》に坐《すわ》っていました。見《み》ますと、玄関《げんかん》のたたきと、玄関《げんかん》の外《そと》に足《あし》をまたげ、壁《かべ》に背《せ》をもたせかけ、かっぷくの良《よ》い中年《ちゅうねん》の男《おとこ》が、母《はは》を見下《みくだ》すようにして無言《むごん》で立《た》っています。横《よこ》には警察署長五十嵐《けいさつしょちょういがらし》氏が直立不動《ちょくりつふどう》、謹厳《きんげん》そのもののようにして侍《じ》しています。わたしも母《はは》の横《よこ》に坐《すわ》りました。

母《はは》は、いつまでも立《た》ったまま無言《むごん》で見下《みくだ》している人《ひと》の、その重《おも》い空気《くうき》と圧迫感《あっぱくかん》にたえかねたように言《い》い出《だ》しました。

「何《なに》か御用《ごよう》ですかい」

「フン」

しばらく沈黙《ちんもく》がつづきます。また、たまりかねて、

「大本《おほもと》を見《み》に来《き》なはったんですかい」

「フン」

「これから、本宮山《ほんぐうやま》へ行《ゆ》きなはるんですかい」

「いいや。寒《さむ》いなア」

と、その人《ひと》はプツンと言《い》ったきり、無言《むごん》で外《そと》に出《で》てゆきました。間《ま》もなく警笛《けいてき》を鳴《な》らしながら、本宮山《ほんぐうやま》へ警察《けいさつ》の自動車《じどうしゃ》は登《のぼ》って行《ゆ》きました。警官《けいかん》のほか、一般人《ぱんじん》は大本境内《おほもとけいだい》へ入《はい》ることを許《ゆる》されていないのです。

しばらくして、

「お母《かあ》さん、あれ、何《なに》をしに来《き》たの」

「面白《おもしろ》がって、わしらを見《み》に来《き》たんじゃ」

と言《い》っていました。この人《ひと》が杭迫軍二《くいざこぐんじ》という人《ひと》でした。

本宮山《ほんぐうやま》にかぎらず大本《おほもと》の境内《けいだい》、諸建築物《しょけんちくぶつ》は、大本人《おほもとじん》はいっさい、ふつう世間《せけん》の人《ひと》も立入禁止《たちいりきんし》でした。（官憲《かんけん》に占拠《せんきょ》されたといいますか、誰《たれ》も許可《きょか》してくれませんでした）

毎日《まいにち》、朝《あさ》から晩《ばん》まで、本宮山《ほんぐうやま》の上《うえ》から、トンカン、トンカンと鉄具《かなぐ》で何《なに》かを掘《ほ》り起《おこ》すらしい音《おと》がしていました。

私「何《なに》をしているんでしょう」

母「何《なに》か隠《かく》してあると思《おも》って、さがしとるじゃろかいな」

と笑《わら》いました。

その頃《ころ》、町《まち》でも、信者間《しんじゃかん》でも、まことしやかに、二十万円《まんえん》の金《かね》がかくしてある、と言《い》っていました。どうしても、ないない、と官憲《かんけん》がしきりに何《なに》かさがしているともいうことでした。

二月《がつ》の末《すえ》ごろでしたが、ある日《ひ》、

——チョット相談《そうだん》がある——と言《い》って来《き》て、母《はは》は警察《けいさつ》へ呼《よ》ばれて行《ゆ》きました。夕方《ゆうがた》おそくなって、一緒《しょ》について行《い》っていた福田《ふくだ》つな子《と》さんが、顔色《かおいろ》を変《か》えて帰《かえ》ってきました。その日《ひ》、妹《いもうと》たちも来《き》ていましたが、よって行《ゆ》きますと、福田《ふくだ》さんは泣《な》き泣《な》き、

「大変《たいへん》なことになりました。二代様《だいさま》は署長《しょちょう》とどなり合《あ》いをなさって、留置場《りゅうちじょう》に、頭《あたま》の髪《かみ》を解《と》いて入《い》れられなさいました」

とて、事《こと》の始終《しじゅう》を語《かた》ってくれました。

その話《はなし》

——二代《だい》は字《じ》が読《よ》めぬから、お前《まえ》がついて来《と》い——と言《い》われて一しょに行《ゆ》きますと、一枚《まい》の写《しゃ》真《しん》を見《み》せられました。それには、聖師様《せいしさま》の手蹟《しゅせき》で、

——私《わたし》は今《いま》まで、悪《わる》い思想《しそう》をいだいておった。まことに申《もう》し訳《わけ》ない、慚愧《ざんき》にたえない。そのお詫《わび》のしるしに、自分《じぶん》の全財産《ぜんざいさん》を、当局《とうきょく》におまかせする——

と、こういった意味《いみ》のことが書《か》いてあるのです。私《わたし》は、

「これはウソです」

と言《い》ったところが、

「そんなことを言《い》ったて、このとおり王仁《おに》が判《はん》を押《お》してるじゃないか」

といいました。それで、二代様《だいさま》にも、お前《まえ》も同意《どうい》して判《はん》を押《お》せというので、二代様《だいさま》も私《わたし》も、

「良《よ》い事《こと》はしたが、悪《わる》い事《こと》は何《なに》一つしていないから、そんな判《はん》はよう押《お》さん」

「そんな事《こと》いったとて、お前《まえ》の主人《しゅじん》が、そう言《い》ってるじゃないか」

「主人《しゅじん》は主人《しゅじん》、私《わたし》は私《わたし》です」

「何《なに》をいうか、一つ穴《あな》の貉《むじな》が」

といって、おどしたり、また、下手《したで》に出《で》て慰《なぐさ》めたりするので、二代様《だいさま》もしまいには、

「私《わたし》や主人《しゅじん》の名儀《めいぎ》にしてあっても、神様《かみさま》の土地《とち》であり、私《わたし》一存《ぞん》では判《はん》は押《お》せんから、信者《しんじゃ》の主《おも》だった人《ひと》を呼《よ》んで話《はな》さしてもらわんと」

と頼《たの》まれたところが、それもダメ。それで二代《だい》さまが、

「私《わたし》がこんなにいうのは、財産《ざいさん》が欲《ほ》しくていうのやない。子供《こども》の時《とき》から、教祖様《きょうそさま》に聞《き》かされているのには――大本《おほもと》の型《かた》が、世《よ》の中《なか》に写《うつ》る――といわれているので、大本《おほもと》の土地《とち》を売《う》ったら、日本《にっぽん》の国《くに》も、やがては外国《がいこく》に取《と》られるようになることは必定《ひつじょう》やから頑張《がんば》るのです」

と言《い》ったりなさいましたので、結局《けっきょく》、大喧嘩《おおげんか》で、二代様《だいさま》は署長《しょちょう》に大声《おおごえ》で怒鳴《どな》りなさる。両方《りょうほう》から怒鳴《どな》り合《あ》いで、とうとう、留置場《りゅうちじょう》へ入《い》れられてしまわれ、私《わたし》には帰《かえ》れということなので帰《かえ》って来《き》ましたが、こんな残念《ざんねん》なことはありません――

言《い》いおわると、福田《ふくだ》さんは、泣《な》きながらふるえていました。

わたしや妹《いもうと》たちは、つねづね母《はは》の責任感《せきにんかん》の強《つよ》い性質《せいしつ》から押《お》して、無理強《むりじ》いされたら、舌《した》を噛《か》み切《き》って死《し》んでしまうだろうと思《おも》うと恐《おそ》ろしくて、矢《や》も楯《たて》もなく、早《はや》く帰《かえ》ってもらいたくなってきました。

その上《うえ》、その日《ひ》は、獄中《ごくちゅう》で縊死《いし》された栗原白嶺《くりはらはくれい》さんの死体《したい》が帰《かえ》り、わたしは弔問《ちょうもん》に行《い》ってきたばかりなので、なんともいえぬ強迫感《きょうはくかん》と絶望感《ぜつぼうかん》で、虚無的《きょむてき》になっていまして、この先《さき》、日本《にっぽん》の国《くに》がどうなろうと、わたしたちの知《し》ったことではなく、ただ、どうでもこうでも、母《はは》の傍《そば》にすがりついていたく、泣《な》き泣《な》き福田《ふくだ》さんをせき立《た》てて、母《はは》に判《はん》を押《お》して家《いえ》に帰《かえ》ってもらうよう頼《たの》みに行《い》ってもらいました。

子供《こども》の願《ねが》いには弱《よわ》い母《はは》です。遅《おそ》くなって母《はは》は帰《かえ》って来《き》ました。しかし、その夜《よ》一晩《ばん》だけいて、翌日《よくじつ》の午後《ごご》、また警察《けいさつ》から自動車《じどうしゃ》をもってきて――チョット来《き》てほしい――と呼《よ》びにこられ、そのまま帰《かえ》って来《き》ませんでした。

うまいこと騙《だま》されたのです。

母《はは》は、どんなに口惜《くや》しかったことだろう。こんなことになるなら、母《はは》の思《おも》いのままに頑張《がんば》ってもらった方《ほう》が、母《はは》のためにもよかったと、いく度《ど》くやしがったか知《し》れません。

大本検挙《おほもとけんきょ》に来《き》た警察官《けいさつかん》の一人《ひとり》に、綾部近在出身《あやべきんざいしゅっしん》の人《ひと》があり、その人《ひと》が休暇《きゅうか》で帰着《きせい》して、

「お母《かあ》、わしは長《なが》いこと警官《けいかん》はせんつもりや、こんな悪《わる》い所《とこ》はないで」

と言《い》ったというのも、その頃《ころ》のことです。

赤児《あかご》の手《て》をもぐように、白《しろ》いものでも黒《くろ》いとするところが、天皇直属《てんのうちょくぞく》といわれる警察官《けいさつかん》なのだということを、この事件《じけん》でハッキリ知《し》りました。

あの当時《とうじ》、ある警察官《けいさつかん》から、福田《ふくだ》つな子《こ》さんに手紙《てがみ》が届《とど》きました。それは、本宮山上《ほんぐうさんじょう》の母《はは》の家《いえ》を監視《かんし》していた一人《ひとり》でした。

——わたしは、こんどの当局《とうきょく》の処置《しょち》について、憤慨《ふんがい》にたえぬものをおぼえます。長《なが》くそばにいてあげて、あなた方《がた》にわたしの力《ちから》だけの便宜《べんぎ》をはかってあげたいと思《おも》うが、命令《めいれい》で京都《きょうと》へ帰《かえ》ったので、それがしてあげられなくなった。皆《みな》さん、からだを大切《たいせつ》にしてください——

と慰問《いもん》の言葉《ことば》がしたためてありました。

世間《せけん》の人《ひと》はいうまでもなく、それこそ、今《いま》までの親《した》しかった友《とも》だちさえ、私達《わたしたち》を見《み》る眼《め》の冷《つめた》かったときに、こんな、思《おも》いもそめぬ優《やさ》しい言葉《ことば》を、それもあの時《とき》は、敵《てき》とも思《おも》える世界《せかい》の人《ひと》からもらったのですから、福田《ふくだ》さんからそれを見《み》せてもらって、わたしも、どんなにうれしかったことでしょう。

この手紙《てがみ》は終《おわ》りに——読後《どくご》は火中《かちゅう》にしてくれるように——と書《か》き添《そ》えてあったので、その人《ひと》が迷惑《めいわく》を受《う》けてはと、惜《お》しみ惜《お》しみ焼《や》きすてました。

この話《はなし》を、今《いま》は故人《こじん》となられた田代《たしろ》三郎《ろう》弁護士《べんごし》にお話《はなし》しましたら、

「惜《お》しいことをした、人権蹂躙《じんけんじゅうりん》のよい証拠《しょうこ》になるのに」

と仰有《おっしゃ》ったことがありますが、その時私《ときわたし》は〈この世《よ》に、吾々《われわれ》にも人権《じんけん》なんてことがあるのだろうか〉と不思議《ふしぎ》な言葉《ことば》を聞《き》くように耳《みみ》にしたものです。

母《はは》の姿《すがた》を——警察《けいさつ》の自動車《じどうしゃ》で山家《やまが》の方《ほう》へつれて行《ゆ》かれるのを見《み》た——という人《ひと》、——いいや、福知山《ふくちやま》の方《ほう》へゆくのを見《み》た——という人《ひと》など、いろいろ噂《うわさ》は飛《と》びましたが、母《はは》のつれてゆかれた先《さき》は、それきり知《し》れませんでした。多分《たぶん》、京都《きょうと》に留置《りゅうち》されているのだろうということで。

2

みろく殿《でん》、言霊閣《ことたまかく》、穹天閣《きゅうてんかく》などの建造物《けんぞうぶつ》が次々《つぎつぎ》にこわされましたのは、十一年《ねん》の四月頃《がつごろ》であっ

たとおもいます。綾部《あやべ》の町《まち》の人《ひと》は、はしばしからも面白《おもしろ》そうに、大音響《だいおんきょう》をたてて、こわれる言霊閣《ことたまかく》などの建物《たてもの》を見物《けんぶつ》に来《き》て、それらの人《ひと》が月光閣《げっこうかく》の前《まえ》を笑《わら》いさざめきながら、〈陸続《りくぞく》として跡《あと》を絶《た》たぬ〉という言葉《ことば》そのままの光景《こうけい》が、二三日《にち》は展開《てんかい》されました。

母《はは》が自分《じぶん》で糸《いと》をひき、いろいろの植物《しょくぶつ》を染《そ》めて織《お》り上《あ》げた反物《たんもの》は、警察《けいさつ》の手《て》で町《まち》の人《ひと》たちに捨《す》て値《ね》で売《う》られました。わたしの前《まえ》にわざわざ、安価《やすね》で買《か》ったことを自慢《じまん》して、見《み》せに来《き》た旧信者《きゅうしんじゃ》の夫人《ふじん》もありました。

また、本宮山《ほんぐうやま》の母《はは》の家《いえ》に糸《いと》をしかけたままの何十台《なんだい》の機《はた》も売《う》られ、その上《うえ》、その機《はた》の税金《ぜいきん》だけは容赦《ようしゃ》なく取《と》り立《た》てられました。

毎日々々《まいにちまいにち》、わたしの家《いえ》の樹木《じゅもく》は、思《おも》いもそめぬ人《ひと》のうちに運《はこ》ばれてゆきました。わたしは買物《かいもの》にいった帰《かえ》り町角《まちかど》でハッと胸《むね》を突《つ》かれた感《かん》じに立《た》ち止《どま》ったことがあります。それは、わたしの家《いえ》の沓脱石《くつぬぎいし》を、或《あ》るキリスト教信者《きょうしんじゃ》の家《いえ》に運《はこ》びこもうとしているところでした。

わたしは、誰《たれ》にも売《う》ろうといったことはおろか、思《おも》ったことさえも憶《おぼ》えがありませんでした。

みろく殿《でん》の柱《はしら》など、細々《こまごま》に切《き》りさいなまれ、おまけに風呂屋《ふろや》の焚物《たきもの》にされ、わたしの旧居《きゅうきょ》であった掬水荘《きくすいそう》も、十曜《とよう》の紋《もん》のついた人形《にんぎょう》の着物《きもの》も、日出麿《ひでまる》が使用《しよう》していた机《つくえ》も、その上《うえ》ご苦労《くろう》にも、鉢前《はちまえ》の手洗鉢《てあらいばち》、これはどこの家《いえ》にでもある焼物《やきもの》でなしに、自然石《しぜんせき》とか、みかげ石《いし》とか、天然石《てんねんせき》を掘《ほ》ったものまで、日出麿《ひでまる》が使用《しよう》したという、ただそれだけの理由《りゆう》でこわされました。

亀岡《かめおか》は亀岡《かめおか》で、月宮《げっきゅう》宝座《ほうざ》はダイナマイトをかけてこわされ、父《ちち》の着物《きもの》も箪笥《たんす》のまま焼《や》かれ、そういった物《もの》を焼《や》く煙《けむ》りが、一月《つき》の間《あいだ》もつづいたということです。

ある日《ひ》、警察署長《けいさつしょちょう》から電話《でんわ》で、相談《そうだん》したいことがあるから来《く》るように、とのことなので行《ゆ》きましたところ、

「あんたはこんな目《め》にあって、これから生活《せいかつ》してゆくのにも困《こま》るだろう。あんたの家《いえ》の名儀《めいぎ》で借家《しゃくや》が二十軒《けん》ばかりあるから、その家賃《やちん》で子供《こども》等《ら》を育《そだ》ててゆくように。それには、あんただけでは困《こま》るだろうから、誰《たれ》か、あんたが見《み》てよいと思《おも》う人《ひと》を考《かんが》えてくれ」

といいました。わたしの相談相手《そうだんあいて》になってほしい人《ひと》は、みな囚《とら》われて、いないので、考《かんが》えたあげ

く、遠縁《とおえん》にあたる餅屋《もちや》の近松光二郎《ちかまつみつじろう》という人《ひと》の名《な》をあげました。署長《しょちょう》は、

「その人《ひと》に午後《ひる》から来《き》てもらって相談《そうだん》してあげる」

と言《い》いました。

それから、この人《ひと》がわたしの家《いえ》の借家《しゃくや》の管理人《かんりにん》ということにきまり、近松《ちかまつ》さんだけは、わたしの家《いえ》に出入《でい》りを公然《こうぜん》と許《ゆる》され、何《なに》かと日常《にちじょう》のことを世話《せわ》してくれるようになりました。

この借家《しゃくや》というのは、大本《おほもと》の奉仕者《ほうししゃ》、在住信者《ざいじゅうしんじゃ》たちに貸《か》してある家《いえ》で、綾部《あやべ》の町《まち》に点在《てんざい》しているもの、そんなものがあったことを後《あと》になって気《き》がつき、綾部警察《あやべけいさつ》の落度《おちど》になるので、ああいって、おためごかしの温情主義《おんじょうしゅぎ》をとったものですと、あとから言《い》ってくれた人《ひと》がありました。

そのうちに、京都《きょうと》から赤塚弁護士《あかつかべんごし》が、父《ちち》から頼《たの》まれて月光閣《げっこうかく》を訪《たず》ねて来《こ》られ、なぜかホッとしたことを憶《おぼ》えています。

このころのわたしの心《こころ》の奥《おく》には、世《よ》の中《なか》からは捨《す》てられ、政府《せいふ》からは——地上《ちじょう》に大本《おほもと》の痕跡《こんせき》をとどめない——とまで憎《にく》まれた者《もの》だけの心情《しんじょう》がありました。

私等《わたしら》をつねづね知《し》っていた人《ひと》たちまでが、新聞雑誌《しんぶんざっし》に書き立《た》ててあることを、故意《こい》にか、批判《ひはん》力《りょく》のない無智《むち》のゆえにか、それとも、長《なが》いものには巻《ま》かれろの事《こと》なかれ心理《しんり》からか、当局《とうきょく》の人《ひと》たちの宣伝《せんでん》に乗《の》せられて、わたしたちを白《しろ》い目《め》で見《み》、そばに来《き》ても知《し》らぬ顔《かお》で、唾《つば》もかけてくれなかったのですから。

そのころでした。綾部《あやべ》では、大本《おほもと》の境内《けいだい》は当局《とうきょく》の人《ひと》の外《ほか》には一ぱんの人《ひと》も、とくに信者《しんじゃ》は一歩《ほ》も足《あし》を踏《ふ》み入《い》れることは出来《でき》なかったのですが、ある日《ひ》、三日間《かかん》とか、綾部《あやべ》の有識者《ゆうしきしゃ》という人《ひと》たちだけ、警察《けいさつ》の監視人《かんしにん》から許《ゆる》されて、大本《おほもと》の中《なか》を見《み》せてもらったそうです。

わたしの歌《うた》の友《とも》であり、茶《ちゃ》の友《とも》である郡是《ぐんぜ》社員《しゃいん》の奥《おく》さんが、ある日《ひ》、お茶《ちゃ》の友《とも》だちと一しょに、わたくしをお茶《ちゃ》によんでくれて、見《み》て来《き》た話《はなし》を、何《なに》か意味《いみ》あるらしく話《はな》していました。モウ一人《ひとり》の重役《じゅうやく》の奥《おく》さんは、

「それでも、三代《だい》さんの部屋《へや》には、不敬《ふけい》なものは一つもなかったげな」

と言《い》いました。

わたしは心《こころ》の中《なか》で、——不敬《ふけい》とは何《なに》か、わたしの部屋《へや》には一つもなかったなど、何《なに》をいってるんだろう、この人《ひと》たちは。バカだなア——と、唖然《あぜん》として聞《き》いたことがありました。

わたしのお茶友達《ちゃともだち》の家《いえ》には、燦然《さんぜん》とした十六御紋章《ごもんしょう》の菓子器《かしき》を、古道具屋《ふるどうぐや》で買《か》って来《き》ている人《ひと》もありました。しかし、わたしの家《いえ》には、父母《ふぼ》の性質《せいしつ》が開《あ》けっ放《ぱな》しですから——内証《ないしょう》やで——と大声《おおごえ》でどなりながら話《はな》すような野人《やじん》ばかりなので、何《なん》の隠《かく》し事《ごと》もないのです。菊《きく》のご紋章《もんしょう》どころか、類似《るいじ》したもの一つありません。

ただし、どこの家《いえ》にもある菊《きく》の文様《もよう》のあるものくらいは、探《さが》せば、どこかに一つや二つはあるでしょう。それは、だれもが秋《あき》の文様《もよう》として選《えら》ぶ一般《ぱん》の文様《もよう》ですから。

こうしたものでも、わたしの家《いえ》では、呉服屋《ごふくや》がもってきた妹《いもうと》の菊《きく》の文様《もよう》の袋帯《ふくろおび》も、不敬罪《ふけいざい》の証拠品《しょうこひん》にもち帰《かえ》られました。これと同《おな》じ帯《おび》は、わたしの知《し》っている或《あ》る会社《かいしゃ》の社長《しゃちょう》の娘《むすめ》さんも買《か》っています。

大本《おほもと》では、言霊《ことたま》のスを⦿の文字《もじ》で表《あら》わすことがありますが、蛇《じゃ》の目《め》の唐傘《からかさ》をひろげると⦿の紋《もん》になるということから、⊙の音《おん》は皇《すめら》に通《つう》じるとて、とがめられました。こんなに見《み》られては、こわくて、唐傘《からかさ》一つウッカリ買《か》えません。倉《くら》につけてある十曜《とよう》の紋《もん》を菊《きく》の紋《もん》だとて、特高《とっこう》に奴鳴《どな》りつけられたこともあります。

綾部《あやべ》の有識者《ゆうしきしゃ》が綾部《あやべ》の神苑《しんえん》を巡覧《じゅんらん》したのと前後《ぜんご》して、亀岡《かめおか》の方《ほう》でも、町会議員《ちょうかいぎいん》とか、教育者《きょういくしゃ》とかには特別《とくべつ》、大本《おほもと》の境内《けいだい》や家屋《かおく》を開放《かいほう》して展覧《てんらん》させたそうでして、とくに父《ちち》のいた家《いえ》の部屋《へや》には、間毎《まごと》に寝床《ねどこ》を敷《し》いて春画《しゅんが》がおいてあったそうです。その中《なか》の一人《ひとり》が――これはおかしい、王仁《わに》さんは旅行中《りょこうちゅう》に囚《とら》われたはずだし、この家《いえ》に留守《るす》を守《まも》る人《ひと》が誰《たれ》も居《い》ないはずがないのに、こんなに寝床《ねどこ》が敷《し》きッぱなしにしてあるわけがない――と言《い》ったら、案内《あんない》の警察官《けいさつかん》に大変叱《たいへんしか》られたといいます。

八ツの女《おんな》の子《こ》が麻疹《はしか》になり、かなり重態《じゅうたい》であるところへ、満《まん》一才《さい》の赤《あか》チャンが、また麻疹《はしか》になりました。この児《こ》は乳離《ちばな》れがよくなくて、しじゅうお腹《なか》をこわしていました。そこへ麻疹《はしか》なので、看護婦《かんごふ》さんを頼《たの》んできてもらっていると、そういうところへ、特高《とっこう》がわたしに用《よう》があるからと、警察《けいさつ》から迎《むか》えに来《き》ました。

わたしは署長室《しょちょうしつ》に入《い》れられるや、いきなり、

「直日《なおひ》、白状《はくじょう》せい」

とどなりつけられました。

この署長《しょちょう》は木下《きのした》といって、亀岡《かめおか》から、そのころ転勤《てんきん》して来《き》た人《ひと》でしたが、あまりにも非常識《ひじょうしき》というか、唐突《とうとつ》なこの言葉《ことば》に、あっけにとられて、わたしが呆然《ぼうぜん》と顔《かお》を見《み》つめていると、

「お前《まえ》のお父《とお》もお母《かあ》も白状《はくじょう》したで、嘘《うそ》をつかんと、何《なに》もかもいってしまえ」

といって、わたしを留置場《りゅうちじょう》のすぐ隣《とな》りの、壁《かべ》一枚《まい》へだたっている保護室《ほごしつ》へ入《い》れてしまいました。

そして髪《かみ》は解《と》かれ、解《と》かれた髪《かみ》を紙縒《こより》で結《むす》ばされ、着物《きもの》の紐《ひも》も替《か》えられてしまいました。

わたしはその時《とき》、妊娠《にんしん》七カ月《げつ》でしたが、翌日《よくじつ》の朝《あさ》八時《じ》頃《ごろ》から、警察官《けいさつかん》が撃剣《げっけん》の稽古《けいこ》をする道場《どうじょう》へ呼《よ》び出《だ》され、調《しら》べられました。係官《かかりかん》は小川貢氏《おがわみつぐし》でした。初《はじ》めは、

「火《ひ》の巻《まき》（註、大本《おほもと》の筆先《ふでさき》の一集《しゅう》）の伏字《ふせじ》を読《よ》んでみよ」

と言《い》われたり、

「霊界物語《れいかいものがたり》は読《よ》んだか」

と問《と》われました。それから、

「五六七《みろく》の世《よ》とはどんなものか、お前《まえ》たちが出世《しゅっせ》するんだろう」

というので、わたしは、

「そんなことありません。たれもかれも、みな幸福《こうふく》に生《い》きがいのある世《よ》になることだそうです」

と答《こた》えますと、

「お前《まえ》は単純《たんじゅん》にそう思《おも》っているけれど、ほんとは、お前《まえ》らの一家《か》一門《もん》が出世《しゅっせ》することやで」

と言《い》いました。

九日《ここのか》の間《あいだ》、毎日《まいにち》、午前《ごぜん》も午後《ごご》も調《しら》べられたと思《おも》いますが、大体《だいたい》、そんな突拍子《とっぴょうし》もない、噴飯《ふんぱん》にたえぬことばかりでした。いま思《おも》えば、馬鹿々々《ばかばか》しくてお話《はなし》にもならぬことですが、戦前《せんぜん》の――

天皇《てんのう》は現人神《あらひとがみ》でいらせられる——とした皇室《こうしつ》の威光赫々《いこうかくかく》たる時代《じだい》に、冗談《じょうだん》にもこんなことを疑《うたが》われたのでは、生《い》きた空《そら》もなく、とくに私《わたし》のような小心《しょうしん》ものは、この世《よ》のあるかぎり救《すく》われない気《き》持《もち》で、意気銷沈《いきしょうちん》してしまいました。

二人《ふたり》の子供《こども》が重態《じゅうたい》の上《うえ》に、モウ一人《ひとり》の次女《じじょ》も病気《びょうき》になり、とくに赤《あか》チャンは生命《いのち》があぶないという報《しら》せが毎日来《まいにちき》て、とうとう九日目《ここのかめ》に、小川氏《おがわし》から、

「お前《まえ》の父母《ふぼ》および主人亡《しゅじんな》きあとは、子供等《こどもら》を日本国民《にっぽんこくみん》として恥《は》ずかしくないように育《そだ》てよ」

と言《い》われ、帰《かえ》されました。始末書《しまつしょ》は、小林特高《こばやしとっこう》が下書《したがき》をしてくれました。

その始末書《しまつしょ》（写《うつ》し）

私儀《わたくしぎ》

不逞不敵《ふていふてき》ノ大反逆思想《だいはんぎゃくしそう》ヲ抱《いだ》イテヲリマシタニモカカワラズ、此度寛大《このたびかんだい》ナル御処置《ごしょち》ニヨリ起訴猶予《きそゆうよ》ノ恩典《おんてん》ニ浴《よく》シマシテ感激《かんげき》ニタエマセン。今後《こんご》、マスマス謹慎《きんしん》イタシマシテ、日本国民《にっぽんこくみん》トシテノ本《ほん》分《ぶん》ヲツクシタイト存《ぞん》ジテヲリマス。此儀御誓約《このぎごせいやく》マオシ上《あ》ゲマス。

出口《でぐち》朝野《あさの》

昭和《しょうわ》十一年《ねん》十月《がつ》三日《か》
京都地方裁判所《きょうとちほうさいばんしょ》
検事《けんじ》　小野謙三殿《おのけんぞうどの》

3

許《ゆる》されて帰《かえ》るとき、

「転向《てんこう》せよ、宗教《しゅうきょう》はこれから何《なに》にするつもりだ」

と尋《たず》ねられたので、

「禅宗《ぜんしゅう》にします」

と、なんということなしにいったことがあります。その時《とき》、わたしは——なぜ転向《てんこう》をすすめるのでしょう——ほんとに吾々《われわれ》の団体《だんたい》に反逆思想《はんぎゃくしそう》があったとすれば、するなといっても転向《てんこう》せずにはおられません。〈転向《てんこう》せよ〉という言葉《ことば》にわたしは、何《なに》かうそくさいものを感《かん》じて、腑《ふ》に落《お》ちなくて仕方《しかた》がありませんでした。

家《いえ》に帰《かえ》ってから、いま一人《ひとり》、わたしの家《いえ》にとどまっていた女《おんな》の人《ひと》も——信者《しんじゃ》であるから——という理由《りゆう》のもとに、「帰《かえ》すように」とすすめられ、無理《むり》やりに但馬《たじま》の国《くに》へかえしました。三日《か》ほど、大急《おおいそ》ぎでご飯《はん》たく稽古《けいこ》などをしてから。

子供《こども》が病気《びょうき》がちなので手《て》が要《い》るので、光二郎《みつじろう》さんのはからいで、従兄弟《いとこ》の男《おとこ》と町《まち》の信者《しんじゃ》さん(?)と二人《ふたり》が、通《かよ》いで来《き》てくれることになりました。

警察《けいさつ》で調《しら》べられたとき、月光閣《げっこうかく》という建物《たてもの》の名《な》が父王仁三郎《ちちおにさぶろう》のつけた名前《なまえ》で〈月光《げっこう》〉というのが不敬《ふけい》であるからとて、何《なに》か改名《かいめい》せよといわれていたので、わたしは〈雑草居《ざっそうきょ》〉という名《な》に替《か》えました。

そのころ、近松光二郎《ちかまつみつじろう》さんが驚《おどろ》いて来《き》て、わたしに話《はな》してくれました。

「三代《だい》さん、死刑《しけい》は一人《ひとり》や二人《ふたり》やないそうですで。幹部《かんぶ》みなや、と特高《とっこう》が来《き》て言《い》いましたがエ。

そして大本《おほもと》の信者《しんじゃ》はみな船《ふね》に乗《の》せられて、どこかの海《うみ》に沈《しず》められるそうですで」

と暗《くら》い顔《かお》をして言《い》いました。ここの家《いえ》は昔《むかし》から餅屋《もちや》で、しじゅう警察官《けいさつかん》が遊《あそ》びに来《き》ています。

わたしは思《おも》いました。そういえば、小川氏《おがわし》が「昔《むかし》であったら一家《か》一門《もん》さか磔《はりつけ》や」、それから
「この聖代《せいだい》の大御代《おおみよ》を、悪《あく》の代《よ》とはなんじゃ、反逆《はんぎゃく》ではないか」

といったことを。

それから、ある新聞記者《しんぶんきしゃ》が、まだ母《はは》が綾部《あやべ》にいる時《とき》、月光閣《げっこうかく》に来《き》て、

「今度《こんど》の事件《じけん》の原因《げんいん》は七つあります。その一つは、某宗団《ぼうしゅうだん》が自分《じぶん》の信者《しんじゃ》は爺《じい》さん婆《ばあ》さんばかりなのに、大本《おほもと》は青年層《せいねんそう》に喰《く》い込《こ》んでいるので、非常《ひじょう》に脅威《きょうい》を感《かん》じ、また、昭和神聖会《しょうわしんせいかい》が発会《はっかい》式《しき》の時《とき》に、大本《おほもと》の昭和青年会《しょうわせいねんかい》の各支部《かくしぶ》が団旗《だんき》をもってその宗門《しゅうもん》の玄関先《げんかんさき》に勢《せい》ぞろいをしたのを、自分達《じぶんたち》へ攻《せ》めかけて来《き》たのかと錯覚《さっかく》をおこしたこと、あれやこれやがあり、ある特別《とくべつ》の縁《えん》故《こ》をたどって袞竜《こんりょう》の袖《そで》（註、天子《てんし》の御威徳《ごいとく》の意《い》）にすがったこと、モウ一つは昭和神聖会《しょうわしんせいかい》のとなえている皇道経済《こうどうけいざい》が、財閥《ざいばつ》の神経《しんけい》を刺戟《しげき》したこと、それで高等政策《こうとうせいさく》に掛《か》けられたのですよ」

などと、母《はは》たちに語《かた》っていたことを思《おも》い出《だ》しました。

八月二日《がっか》に男《おとこ》の子《こ》が産《う》まれましたので、わたしも起訴《きそ》になるかと案《あん》じていましたが、とうとう、不起訴《ふきそ》という知《し》らせが、九月《がつ》も末《すえ》になってからありました。

お産《さん》の前《まえ》から、特高《とっこう》は三日《か》にあげず来《き》ていました。しまいには隔日《かくじつ》に、産褥中《さんじょくちゅう》にも来《き》ていましたが、来《く》るたびに、「どこへ移《うつ》るんやいな」と家移《やうつ》りをすすめます。わたしは別《べつ》に、家移《やうつ》りしようと話《はな》したことはありませんが、特高《とっこう》が如何《いか》にもきめつけていうので、しまいには、恐怖心《きょうふしん》にかられて近松《ちかまつ》さんに、

「どこかへ移《うつ》る家《いえ》を探《さが》して」

と頼《たの》むのですが、本気《ほんき》にしてくれません。

わたしは二間《ま》ばかりの草屋根《くさやね》の小屋《こや》のような家《いえ》に移《うつ》りたい、いっそ、人目《ひとめ》をはなれた山《やま》に、小《こ》屋掛《やが》けでもして暮《くら》そうかと思《おも》うのですが、近松《ちかまつ》さんが話《はなし》に乗《の》ってくれないので、特高《とっこう》との間《あいだ》に立《た》

ってイライラとし、しまいには神経衰弱《しんけいすいじゃく》のようになって、家移《やう》りすることばかり考《かんが》え、生活《せいかつ》には少《すこ》しも困《こま》っていなかったのに、小《ちい》さな家《いえ》にはいることのために、コッソリ、桜井夫人《さくらいふじん》や茶《ちゃ》の友《とも》だちにたのんでは、箪笥《たんす》や着物《きもの》を売《う》っていました。

いつまでたっても、移《うつ》る家《いえ》もなく長引《ながび》くので、特高《とっこう》（山本《やまもと》という人《ひと》）も、しまいには痺《しび》れをきらしてか「移《うつ》る家《いえ》はどこでもよい、制限《せいげん》せえへんで、何日《いつ》移《うつ》ってや」と、気味《きみ》の悪《わる》いことにはニヤニヤ笑《わら》いながら催促《さいそく》するので、わたしはモウたまりかねて近松《ちかまつ》さんに話《はな》したところ、近松《ちかまつ》さんのところへ特高《とっこう》が行《い》って話《はな》すには「直日《なおひ》はなんで――家移《やう》りする、家移《やう》りするというんやろ」といっていたというのです。

それで近松《ちかまつ》さんも、ヤット警察《けいさつ》の陰険《いんけん》な手段《しゅだん》がわかって、家《いえ》を探《さが》す気《き》になってくれ、ズット以《い》前《ぜん》、大本第《おほもとだい》五宿舎《しゅくしゃ》であった建物《たてもの》を造作《ぞうさく》して、次《つぎ》の妹《いもうと》と私《わたし》たち子供《こども》四人《にん》は、上野《うえの》のその家《いえ》に引《ひ》き移《うつ》りました。十月《がつ》にもなっていたでしょうか。

翌年《よくねん》の五月《がつ》ごろでした。京都《きょうと》の警察《けいさつ》から日出麿《ひでまる》（主人《しゅじん》）に会《あ》ってもよいという許可《きょか》が出《で》たので、赤《あか》チャンを抱《だ》いて出《で》かけました。府庁《ふちょう》の特高室《とっこうしつ》でしょうか、大《おお》きな部屋《へや》に数十人《すうにん》と思《おも》うばかりの人《ひと》が事務《じむ》をとっている中《なか》の、小川氏《おがわし》の机《つくえ》のそばにまず連《つ》れてゆかれました。

「主人《しゅじん》に会《あ》わしてもらえることについて感想《かんそう》を言《い》え」

というのですが、聖代《せいだい》の御代《みよ》の有難《ありがた》さを讃《たた》えたならばよいのであろうとは思《おも》いましたが、何《なに》も一言《ひとこと》も返事《へんじ》もしないで、しつッこく突《つ》っ立《た》ったままでいました。それでも、さすがに叱《しか》りはしませんでした。

そのとき主人《しゅじん》は山科《やましな》の刑務所《けいむしょ》にいました。

4

翌年《よくねん》の九月《がつ》、妹《いもうと》たちがいるので亀岡《かめおか》へ引越《ひっこ》してゆきました。

そのころ、台湾《たいわん》から見舞《みま》いに来《き》ておられた高橋喜又弁護士《たかはしきまたべんごし》が、

「わたしの支部《しぶ》にね、おかしなことがあったのですよ。無線《むせん》に勤《つと》めている最近入信《さいきんにゅうしん》した人《ひと》の

話《はなし》ですが、その人《ひと》の勤先《つとめさき》に皇族《こうぞく》とか、そういう人《ひと》でないと掛《か》けられない特別《とくべつ》の個所《かしょ》があって、そこで、――モット大本《おほもと》をひどいめにあわせてやれ――という声《こえ》と、――あまりやりすぎたから手《て》心《ごころ》を加《くわ》えるように――という、だいたい、こういう意味《いみ》の声《こえ》とが聞《き》こえて来《き》たといってましたよ」

と、憮然《ぶぜん》とした面持《おもも》ちで、わたしに話《はな》されたことがありました。

それにつけて、神戸《こうべ》から二十年来《ねんらい》の茶道《さどう》の師匠《ししょう》が、ある日《ひ》たずねて来《き》て、

「三代《だい》さん、アホらしおますエ、大宗匠《だいそうしょう》が――長谷川《はせがわ》さん、あんた、何《なに》も知《し》ってなはらへんが、大本《おほもと》は悪《わる》いことを企図《たくら》んどったんエ、某宮様《ほうみやさま》から聞《き》いたんエ――といわはりました」

と、くやしがって話《はな》してくれたことがありました。

わたしは、

\天皇陛下《てんのうへいか》も大本《おほもと》に対《たい》する処置《しょち》を軫念《しんねん》あらせられ、信者《しんじゃ》の精神的動揺《せいしんてきどうよう》の有無《うむ》を御下問《ごかもん》になっ

た＞

という新聞記事《しんぶんきじ》の出《で》たことを思《おも》い出《だ》しました。

小川貢《おがわみつぐ》氏はわたしに、

「お前《まえ》は小《ちい》さな子供等《こども》だけを、しかも、病気《びょうき》の児《こ》らを家《いえ》に残《のこ》しておいて、早《はや》く帰《かえ》りたかろう。早《はや》く帰《かえ》りたかったら、お前《まえ》の知《し》っていること、人《ひと》から聞《き》いた噂《うわさ》など、みな、ここで話《はな》してしまえ、そしたら早《はや》く帰《かえ》してやる」

と言《い》いました。

その言葉《ことば》に、藁《わら》にでもすがる気持《きもち》で——何《なに》か悪《わる》い噂《うわさ》はないか——と探《さが》しましたが、悲《かな》しいことに、わたしは警察《けいさつ》の喜《よろこ》ぶことを誰《たれ》からも聞《き》いていないのです。ヤット探《さが》しあてたのは、モウ十何《なん》年《ねん》も前《まえ》、大正《たいしょう》八、九年《ねん》のころ、茶道《さどう》の師《し》、長谷川女史《はせがわじょし》がわたしに憤慨《ふんがい》しながら、

「三代《だい》さん、神戸《こうべ》のある信者《しんじゃ》さんが、みろくの代《よ》になったら、三代《だい》さんが皇后陛下《こうごうへいか》にならはる

といいました」

というので、

「そう、そんなことになったら、わたしは乞食《こじき》をする」

と言《い》ったことがあるので、そのことを思《おも》い出《だ》して言《い》いましたところ、

「そんなら、なぜ乞食《こじき》せんのか」

といいました。わたしは、

「皇后陛下《こうごうへいか》の生活《せいかつ》を垣間見《かいまみ》たことさえないので、まだ夢《ゆめ》にも〈皇后《こうごう》〉を羨《うらやま》しいと思《おも》ったこともありません」

それから、

「わたしの一番《ばん》うらやましい生活《せいかつ》は、〈良寛和尚《りようかんおしよう》〉と〈蓮月尼《れんげつに》〉です。若《わか》い日《ひ》の感傷《かんしよう》と笑《わら》われるかも知《し》れませんが、わたしは名誉《めいよ》、権勢《けんせい》などに憬《あこ》がれたことは夢《ゆめ》にもありません。――大本《おほもと》神《がみ》の悲願《ひがん》である、〈世界平和《せかいへいわ》、貧富《ひんぷ》の差《さ》のない上《うえ》も下《した》も仕合《しあわ》せに、戦《たたか》いのない、万民生甲斐《ばんみんいきがい》のあ

る世《よ》〉、そして、わたしの小《ちい》さな、ひそかな願《ねが》いは〈佳《よ》い歌《うた》（短歌《たんか》）をただ一首作《しゅつく》りたいこと〉その外《ほか》に何《なん》の念願《ねんがん》もありません」

小川氏《おがわし》は言《い》いました。

「もっと外《ほか》にないか。僕《ぼく》の泊《とま》っている宿《やど》のお手伝《てつだ》いさんでも、いろんな噂《うわさ》を知《し》ってるよ」

と。わたしは思《おも》いました。

——父《ちち》と母《はは》は何《なん》というお人好《ひとよ》しだろう。大本検挙《おほもとけんきょ》の一年《ねん》もモット前《まえ》に、内田良平氏《うちだりようへいし》から「大本《おほもと》を手入《てい》れする情報《じようほう》がはいったから気《き》をつけるように」とたびたび注意《ちゆうい》があったのを、父母《ふぼ》は「何《なに》も注意《ちゆうい》することも、かくすこともない」と、淡々《たんたん》としていたことを。また、母《はは》は、悪意《あくい》ある人《ひと》の噂《うわさ》でさえも「人《ひと》は自分相応《じぶんそうおう》のことを考《かんが》えるもんじゃ。人《ひと》の噂《うわさ》をほんとにしとったらきりがない」とて、頭《あたま》からとり上《あ》げない人《ひと》であったことを——

大本事件解決後《おほもとじけんかいけつご》、父《ちち》に、

「無罪《むざい》になったのだから、損害賠償《そんがいばいしょう》を取《と》ったらどうか」というて来《き》た人《ひと》もありましたが、父《ちち》は淡々《たんたん》として相手《あいて》にしませんでした。

恨《うら》みっぽいこと一言《こと》いったこともありません。〈ただ何事《なにごと》も人《ひと》の世《よ》は直霊《なおひ》に見直《みなお》せ聞《き》き直《なお》せ〉云々《うんぬん》の大本宣伝歌《おほもとせんでんか》の精神《せいしん》を、そのまま心《こころ》の底《そこ》から身《み》につけていた人《ひと》のようです。

大本《おほもと》の人《ひと》は、大《だい》なり小《しょう》なり、皆《みな》この精神《せいしん》に添《そ》うことを念願《ねんがん》としているのです。

それは、あの事件《じけん》の朝《あさ》、あの暴力《ぼうりょく》に対《たい》して、だれ一人《ひとり》手向《てむか》う人《ひと》もありませんでしたのを見《み》てもわかることです。あのとき、警官《けいかん》たちは親子《おやこ》夫婦《ふうふ》水盃《みずさかずき》をして、大本《おほもと》へ来《く》るのに、まるきり赤穂《あこう》四十七士《し》の討入《うちい》りのような覚悟《かくご》で、このお人《ひと》よしの団体《だんたい》を討伐《とうばつ》（？）に来《き》たのでした。もっとも、警官等《けいかんら》は本気《ほんき》であったらしいのです。しかし、上役《うわやく》の人《ひと》たちは、大本《おほもと》が高等政策《こうとうせいさく》にかかっていることを充分知《じゅうぶんし》っていたはずです。

その証拠《しょうこ》には、国体変革《こくたいへんかく》をくわだてた団体《だんたい》であるとして、当局《とうきょく》がとり上《あ》げているその一番《ばん》のポイントともいうべき昭和《しょうわ》三年旧《ねんきゅう》三月《がつ》三日《か》のみろく大祭《たいさい》の御神前《ごしんぜん》には、わたしもおり、梅田信之《うめだのぶゆき》、浅野《あさの》遙《はるか》、中野《なかの》岩太《いわた》氏等《しら》もおられたのですのに、この四人《にん》は、なんの問題《もんだい》にもされていないというバカ気《げ》たというか、不真面目《ふまじめ》なことがあるものでしょうか。

わたしは小川《おがわ》氏《し》に、三月三日《かつか》のみろく大祭《たいさい》の時《とき》のことを尋《たず》ねられましたが、それは、

「そのとき、何《なに》がそなえてあったか、お前《まえ》は何《なに》をもらったか」

というのでした。

お供物《そなえもの》というものは季節《きせつ》々《せつ》の野菜《やさい》、果物《くだもの》、魚類《ぎょるい》、その他《た》はお酒《みき》、お餅《もち》、お水《みず》にきまっているものですから、ことさら意《い》に介《かい》していませんでしたし、そんな愚問《ぐもん》に答《こた》えようとしても、ハッキリした返答《へんとう》のしようもありませんので、私《わたし》は、

「林檎《りんご》かなんかでしょう、おぼえていません」

と言《い》ったのに対《たい》して、当局《とうきょく》がそれほど重要視《じゅうようし》しているというお供物《そなえもの》のことを、強《し》いて追求《ついきゅう》しませんでした。

また、京都《きょうと》に留置《りゅうち》された人《ひと》たちの中《なか》でも、旧代議士《きゅうだいぎし》とか軍人《ぐんじん》とか、相当《そうとう》の社会的地位《しゃかいてきちい》のあった

人《ひと》は早《はや》く釈放《しやくほう》されています。これはどういうことでしょう。
わたし達《たち》には不可解《ふかかい》なことばかりで、嘘《うそ》くさくてしかたがありませんでした。

5

事件《じけん》も無罪《むざい》になり、時《とき》もたち、あの事件《じけん》に関係《かんけい》した人《ひと》たちは、自分《じぶん》たちの非《ひ》を、やり過《す》ぎであったことを、充分心《じゆうぶんこころ》の底《そこ》では認《みと》めているはずです。公平《こうへい》に判断《はんだん》をせずにおれないことと思《おも》うのにもかかわらず、また、今頃《いまごろ》になって、どういうわけか〈大本攻略記《おほもとこうりやくき》〉などと、ある雑誌《ざつし》に麗々《れいれい》しく掲載《けいさい》した当時警察部長《とうじけいさつぶちよう》をしていた人《ひと》があります。その人《ひと》は事件《じけん》の初《はじ》め、わたしが桜井同吉氏《さくらいどうきちし》の邸《やしき》に厄介《やつかい》になっているとき視察《しさつ》に見《み》え、「大事《だいじ》にしてあげてくれよ」と監視《かんし》の警官《けいかん》たちに、慈《じ》悲《ひ》(?)の一言《ひとこと》をおいていった人《ひと》なので、今《いま》も、頭《あたま》の禿《は》げたズングリ型《がた》の人《ひと》であったことまでおぼえています。

あれから、世《よ》の変遷《へんせん》があまりにも激《はげ》しいので、少《すこ》し精神《せいしん》に異常《いじよう》をきたしていられるのではないかとも思《おも》うのですが、それにしても、あの著名《ちよめい》な〈文芸春秋《ぶんげいしゆんじゆう》〉という雑誌社《ざつししや》の編集人《へんしゆうじん》が受《う》けつけるくらいですから、この人《ひと》の頭《あたま》は正常《せいじよう》なのでしょう。そうとすれば、わたしは神《かみ》の前《まえ》に、いまも朝夕《あさゆう》、世界《せかい》の平和《へいわ》、万民《ばんみん》の幸福《こうふく》を祈《いの》っているものですが、宗教人《しゆうきようじん》という無抵抗主義者《むていこうしゆぎしや》であるために、一般人《ばんじん》よりも無力《むりよく》な人間《にんげん》ですから、また、こういう権力《けんりよく》をもった人達《ひとたち》に、往時《おうじ》の暴虐《ぼうぎやく》をくり返《かえ》されようとしているのではなかろうか、などと要《い》らぬ推測《すいそく》をして、恐怖《きようふ》にたえぬ思《おも》いに沈《しず》むことがあります。

（昭三〇、四）

茶のこころ

ある方《かた》が茶《ちゃ》を初《はじ》めるようになったとて、その感想《かんそう》をわたしに言《い》ってくれました。

「茶《ちゃ》の湯《ゆ》のお点前《てまえ》というのは、なかなか順序《じゅんじょ》よくできていますね」と。

その言葉《ことば》には、驚《おどろ》きと尊敬《そんけい》の気持《きもち》がふくまれていました。

その方《かた》は、もと陸軍《りくぐん》の軍人《ぐんじん》でしたが、茶《ちゃ》の点前《てまえ》の無駄《むだ》なく、合理的《ごうりてき》にすすめられる順序《じゅんじょ》や、おのずからこころの正《ただ》される態度《たいど》や、茶《ちゃ》のもっている温《あたた》かい調和《ちょうわ》の世界《せかい》に、かつて学《まな》ばれた兵法《へいほう》のもつ科学性《かがくせい》や、ながい武士道的精神生活《ぶしどうてきせいしんせいかつ》の体験《たいけん》から得《え》られたものと一脈通《みゃくつう》ずる何《なに》かを、あわせて感《かん》じていられるようでした。

その方《かた》は、さらに言《い》われました。

「あの、始末《しまつ》をハッキリつけるところなど、茶《ちゃ》の行《おこな》いを、信仰者《しんこうしゃ》の起居《ききょ》の中《なか》にとり入《い》れれば、おたがいの家庭《かてい》は、さらに気持《きもち》よくなることでしょう。たとえば、百姓《ひゃくしょう》なれば、一日《にち》の耕作《こうさく》がおわれば感謝《かんしゃ》の祈《いの》りをささげ、使《つか》った鍬《くわ》などをきれいに洗《あら》って、整頓《せいとん》しておくというように」と。

その方《かた》は、ご自分《じぶん》からすすんで茶《ちゃ》にはいられたのではなく、奥《おく》さんや娘《むすめ》さんがお茶《ちゃ》を始《はじ》められたので、自然《しぜん》と茶《ちゃ》の点前《てまえ》をご覧《らん》になることも重《かさ》なり、いつしらず、茶《ちゃ》の世界《せかい》になじんでゆかれたそうです。

茶《ちゃ》は茶室《ちゃしつ》の中《なか》だけのものでなく、茶《ちゃ》には、点前《てまえ》を習《なら》うだけでも、そこに、万人《ばんにん》が身《み》につけて、それぞれの暮《くら》しの中《なか》に生《い》かしてゆけるものがあります。それは、働《はたら》く人々《ひとびと》のチョットしたもののあつかいにも役立《やくだ》つものがひそんでいますことを、わたしの多少《たしょう》の経験《けいけん》からも言《い》うことができます。

もう一人《ひとり》。まだうら若《わか》い乙女《おとめ》から、いまの茶《ちゃ》について反駁《はんばく》の言葉《ことば》をききました。

「お茶《ちゃ》を習《なら》いたいと思《おも》って始《はじ》めてみましたが、稽古《けいこ》に通《かよ》っている世界《せかい》をみて、嫌《いや》になってしまいました。お道具《どうぐ》とか、飾《かざ》りものばかりに騒《さわ》いで、着物《きもの》にしてもイキなものを競《きそ》いあって、あこがれていた茶《ちゃ》の世界《せかい》とか、求《もと》めたい雰囲気《ふんいき》などは、味《あじ》おうことができませんでした」と。

そのなげきは、わたしにも、うなずけます。

素直《すなお》に茶《ちゃ》を学《まな》ぼうとする人々《ひとびと》に、染《そ》まってほしくないものが、いまの茶《ちゃ》の世界《せかい》にはあります。

これから茶《ちゃ》を始《はじ》めようとする人々《ひとびと》に、嫌《いや》な思《おも》いをいだかせたくはありませんが、汚《よご》れた、眼《め》をそむけたいものも多々《たた》存在《そんざい》していることは事実《じじつ》でしょう。

けれども、悪弊《あくへい》をなげくのでなく、よしや、そうしたものが眼《め》についても、わたしたちは毅然《きぜん》とした態度《たいど》で、本来《ほんらい》の茶《ちゃ》の世界《せかい》を求《もと》めたいとおもいます。

それだけの魅力《みりょく》が、茶《ちゃ》の世界《せかい》にあることを、わたしは感《かん》じています。

いま一つ。茶《ちゃ》を外側《そとがわ》から眺《なが》めている人《ひと》が、茶《ちゃ》を空《むな》しいものにきめていることがあります。

従来《じゅうらい》のわび、さびの境地《きょうち》というものでは、このはげしい現実《げんじつ》を、にないきれないという受《う》けとりかたで、茶《ちゃ》の世界《せかい》に、思想的《しそうてき》なもろさを感《かん》じている人々《ひとびと》です。

若《わか》い人々《ひとびと》が、茶《ちゃ》を傍観《ぼうかん》、あるいは冷笑《れいしょう》しているのは、「茶《ちゃ》は——老獪《ろうかい》なともいえる〈逃避《とうひ》〉——ではないか」と見《み》ているからだといいます。いま時《どき》、若《わか》いもので、茶《ちゃ》におぼれるというのは、身《み》をもって現実《げんじつ》と取組《とりく》むだけの気骨《きこつ》のない連中《れんちゅう》だというのです。

それは、いまの茶《ちゃ》を空《むな》しいものに見《み》ている人《ひと》の方《ほう》が、はるかに逞《たく》ましい青春《せいしゅん》に生《い》きているかも知《し》れません。いまの茶《ちゃ》には、それらの人々《ひとびと》に、茶《ちゃ》のほんとうの内側《うちがわ》をのぞかせるだけの誠実《せいじつ》が失《うしな》われているといえるかも知《し》れません。そういうことも考《かんが》えてみなければならないことでしょう。

しかし、茶《ちゃ》はたわむれにするものでもなく、そらぞらしい世捨人《よすてびと》のあそびではないと思《おも》います。

○

茶《ちゃ》は案外《あんがい》、現実的《げんじつてき》なものです。わたくし達《たち》の暮《くら》しと結《むす》ばれているという意味《いみ》で、もっとも身近《みぢ》かなところにありましょう。茶《ちゃ》の世界《せかい》へ一歩進《ほすす》んで、しずかにものを見《み》る人《ひと》は、いろいろのものを発見《はっけん》されるでしょう。茶《ちゃ》は医学的《いがくてき》にもよいものです。その他《た》の科学《かがく》もありましょう。気持《きもち》を正《ただ》し、強靱《きょうじん》にしてくれるもの、といえましょう。

それに、お互《たが》いの社会《しゃかい》に、より温《あたた》かい、より高《たか》い世界《せかい》を養《やしな》ってゆく楽《たの》しみがあります。

それが、人間《にんげん》の世界《せかい》の、ホンの小《ちい》さな片《かた》すみで行《おこな》われていても、そこから大《おお》きく拡《ひろ》がってゆくことを、わたくしは信《しん》じています。

○

それは、茶《ちゃ》の世界《せかい》も、時間《じかん》が経《た》つにつれて、人間《にんげん》の悪《わる》い一面《めん》に影響《えいきょう》されもします。一ぱん化《か》されるにつけ、茶《ちゃ》を汚《けが》す人《ひと》も現《あら》われます。初《はじ》めは見《み》え坊《ぼう》なところから、見苦《みぐる》しいものに執着《しゅうちゃく》することもありましょう。そうしたことで、本来《ほんらい》の意味《いみ》をぼやかしもしましょう。

たとえば、床《とこ》の掛《かけ》ものなどもそうでしょう。

師《し》の高徳《こうとく》を敬慕《けいぼ》して、弟子《でし》たちが師《し》の墨跡《ぼくせき》を床《とこ》にかけたのが、掛《かけ》ものの始《はじ》まりであるといいます。それは、師《し》への思慕《しぼ》を通《つう》じて、仏《ほとけ》を求《もと》めたのです。それが降《くだ》って今日《こんにち》では、茶《ちゃ》の床《とこ》といえば、何々《なになに》禅師《ぜんし》とか、何々《なになに》裂《きれ》とか重美《じゅうび》級《きゅう》のものなどを誇《ほこ》りにするきらいがありましょう。

初《はじ》め、清《きよ》いところから発《はっ》したものが、見栄《みえ》の具《ぐ》に化《か》するなど、いまの茶《ちゃ》で一流《りゅう》の禅僧《ぜんそう》の墨跡《ぼくせき》がないと、茶《ちゃ》の席《せき》が軽《かろ》んぜられるという傾向《けいとう》によっても分《わか》りましょう。

道具《どうぐ》を尊《とうと》ぶのは、ものをとおして通《かよ》ってくる心《こころ》を尊《とうと》んだので、眼《め》に見《み》える現《あら》われを通《とお》して、眼《め》に見《み》えない心《こころ》の世界《せかい》に結《むす》ばれてゆくという物心《ぶっしん》一如《にょ》の喜《よろこ》びの姿《すがた》でした。道具《どうぐ》を尊《とうと》ぶということまやかな態度《たいど》は、そういう喜《よろこ》びから、自《おの》ずから、美《うつく》しいものへの扱《あつか》いとして生《うま》れて来《き》たものです。

それが、今日《こんにち》では執着《しゅうちゃく》の具《ぐ》となす傾向《けいとう》に転《てん》じたといわれます。

いまの茶《ちゃ》は、こころある人々《ひとびと》によって、批判《ひはん》され、改《あらた》められようとしています。

しかし、茶《ちゃ》のもっている形式《けいしき》は、のこされた点前《てまえ》そのものは、おそらく、そう簡単《かんたん》に変《か》えることのできないシッカリした根底《こんてい》の上《うえ》にきずかれていると、わたしは信《しん》じます。それは今日《きょう》までに、永《なが》い年代《ねんだい》をへて、天才《てんさい》により工夫《くふう》され、あるいは多《おお》くの人《ひと》の生活体験《せいかつたいけん》の上《うえ》に実験《じっけん》され、ギリギリのものとして生《うま》れて来《き》たものと思《おも》われます。

もちろん、点前《てまえ》は、精神《せいしん》をもととして生《うま》れたもので、いずれの形式《けいしき》も、もっとも自然《しぜん》な姿《すがた》になるまでに磨《みが》かれ、道《みち》に通《つう》じるまでに、仕上《しあ》げられたものでしょう。したがって、点前《てまえ》を尊《とうと》ぶことは、点前《てまえ》を生《しょう》ぜしめた精神《せいしん》に出発《しゅっぱつ》するという意味《いみ》を忘《わす》れてはならないでしょう。

○

こんにち流行《りゅうこう》して、やはり茶羽織《ちゃばおり》と称《しょう》されているものがありますが、これは視覚《しかく》の上《うえ》の好《この》みから作《つく》られたもので、茶《ちゃ》の世界《せかい》に茶羽織《ちゃばおり》の現《あら》われたのは、別《べつ》の意味《いみ》からです。ながく愛用《あいよう》して来《き》た羽織《はおり》が、ついにスリ切《き》れたりなどして、すそや、そで口《ぐち》のいたみをつぎはぎして着《き》ているうちに、自然《しぜん》に茶羽織《ちゃばおり》の形《かたち》となったので、ものをいとおしみ、かたじけなみつつ暮《くら》している人《ひと》の、つつましい心《こころ》の作品《さくひん》です。別《べつ》の慾求《よっきゅう》から現《あら》われた今《いま》の茶羽織《ちゃばおり》は、同《おな》じような姿《すがた》でありながら、かつての茶羽織《ちゃばおり》のゆかしさが感《かん》じられないで、かえって嫌《いや》なものをうけましょう。

このように、同《おな》じ形式《けいしき》とはいえ、感覚《かんかく》で作《つく》り上《あ》げたものと、こころの中《うち》からにじみ出《で》たものとでは美《び》の働《はたら》きが変《かわ》ってきます。

○

わたくし達《たち》は、茶《ちゃ》のこころとすべき精神《せいしん》を、み教《おしえ》のうちに与《あた》えられています。

けれども、み教《おしえ》の精神《せいしん》を、頭《あたま》の中《なか》にとどめておくだけとすれば、それは茶《ちゃ》の心《こころ》にはなりません。み教《おしえ》を気持《きもち》の中《なか》に生《い》かし、さらに暮《くら》しの上《うえ》に実際《じっさい》に表《あら》わすのでなくては、ほんとうではないと思《おも》います。

それは、頭《あたま》の中《なか》で教《おしえ》をうけとっただけでも、口《くち》の上《うえ》で教《おしえ》を説《と》くことが出来《でき》るかも知《し》れません。しかし、教《おしえ》を身《み》につけることに努《つと》めなければ、教《おしえ》を伝《つた》えることはできないでしょう。やはり、みこころのままに生《い》き、教《おしえ》に示《しめ》されるままに、日々《にちにち》、行《おこ》なわさしていただくことに努《つと》めなければなりません。

そういう生《い》き方《かた》を求《もと》める人々《ひとびと》に、茶《ちゃ》は生《い》きて、具体的《ぐたいてき》な喜《よろこ》びを伝《つた》えてくれます。じっさいに形《かたち》の上《うえ》に現《あら》わし、整《ととの》えてゆくことによって、頭《あたま》で受《う》けとっていたよりは、さらに美《うつく》しい世界《せかい》に生《い》きることができます。

○

茶《ちゃ》をされた人《ひと》は、ものの扱《あつか》いに通《つう》じることができます。ほんとうは、そういう、形《かたち》をとおして身《み》につけたものが、わたくしたちのこころにも影響《えいきょう》してきます。いくら心《こころ》だけを改《あらた》めてみても、行《おこな》わなければ、この世《よ》ではどうにもなりません。それには、天才《てんさい》はともかくと、凡人《ぼんじん》はやはり、先人《せんじん》が磨《みが》きあげ、仕上《しあ》げてくれたものによって具体的《ぐたいてき》に学《まな》ぶことが必要《ひつよう》でしょう。

○

若《わか》いころは乗馬《じょうば》に夢中《むちゅう》であったり、武術《ぶじゅつ》にこったりなどしました。ことに少年期《しょうねんき》から青年期《せいねんき》にかけては、肉体《にくたい》の鍛練《たんれん》にこころがけることが必要《ひつよう》です。しかし、そういうことばかりでは、人間《にんげん》は粗暴《そぼう》で終《おわ》ってしまいます。わたくしも茶《ちゃ》を楽《たの》しむことを知《し》らなかったとすれば、今《いま》ごろは困《こま》っていたことでしょう。

○

ややこしいものさえ習《なら》はなければ、茶《ちゃ》はよいものです。

茶《ちゃ》をならう以上《いじょう》は、

薄茶点前《うすちゃてまえ》

濃茶点前《こいちゃてまえ》

炭《すみ》　点前《てまえ》

の三つを習得《しゅうとく》しておけば、それでモウ充分《じゅうぶん》でしょう。

わたくしたちの茶《ちゃ》は、み教《おしえ》の実践《じっせん》としてさしていただくので、おのずから、その表《あら》われもほんとうに床《ゆか》しい、清麗《せいれい》な、こころのこもった茶《ちゃ》でありたいとおもいます。蔭《かげ》の清潔《せいけつ》な、一人《ひとり》をつつしむという、み教《おしえ》のままの姿《すがた》でありたいと念《ねん》じるものです。

○

ともしいうちからも、温《あたたか》い席《せき》を作《つく》り、清《きよ》らかな集《つど》いを求《もと》め、そこに、神恩《しんおん》を頒《わか》ち合《あ》い、まごころを傾《かたむ》けるという、そのつつましい行《おこな》いが父《ちち》のいっていた——茶《ちゃ》は天国《てんごく》の遊《あそ》びである——という義《ぎ》に通《つう》じるのではないでしょうか。そういういとなみを高《たか》めてゆくことが、みろくの世《よ》を来《きた》らす強《つよ》い働《はたら》きになるものと信《しん》じます。

（昭三一、三）

地についた生き方

日本《にっぽん》の立直《たてなお》しは、どうしても——農民《のうみん》を大切《たいせつ》にすること——から始《はじ》まらなければと思《おも》います。古《ふる》い諺《ことわざ》に〝腹《はら》がへっては戦《いくさ》ができぬ〟とあります。この言葉《ことば》は、今《いま》も、働《はた》らく人々《ひとびと》が昼餉時《ひるげどき》などによく口《くち》にするもので、実際《じっさい》、どんな偉《えら》い人《ひと》でも、ご飯《はん》がいただけなければ、まいってしまいます。これは、第二次世界大戦中《だいじせかいたいせんちゅう》に日本国中《にっぽんこくぢゅう》の人々《ひとびと》が、一度《ど》は肝《きも》に銘《めい》じて体験《たいけん》させられたはずで、したがって、食《た》べものの極度《きょくど》に不足《ふそく》した社会《しゃかい》が、どのような世相《せそう》を描《えが》き出《だ》すことかは想像《そうぞう》にかたくないところです。

今《いま》は、微笑《びしょう》をさそう語《かた》り草《ぐさ》となってはいますが、あの食糧《しょくりょう》不足《ふそく》のころ、都会《とかい》の娘《むすめ》さんが田舎《いなか》の百姓家《ひゃくしょうや》へお嫁《よめ》にゆくことをのぞまれたということも、端的《たんてき》にそれを物語《ものがた》っているエピソードです。それくらい、食《た》べものは人《ひと》の気持《きもち》をせつなくさせるものです。

人間《にんげん》は生《い》きている限《かぎ》り、食慾《しょくよく》を制《せい》し切《き》ることは不可能《ふかのう》です。食《た》べものこそは、この世《よ》における生命《いのち》の親《おや》となるものです。肉体《にくたい》がなければ霊魂《れいこん》ばかりでは、この世《よ》の生活《せいかつ》はあり得《え》ないので、その肉体《にくたい》を形作《かたちづく》っている私《わたし》たちの細胞《さいぼう》は、やはり、食《た》べものを素《もと》として形成《けいせい》され、食《た》べものの摂取《せっしゅ》いかんが、私《わたし》たちの細胞《さいぼう》を支配《しはい》しているのです。

こうして〈食《しょく》〉というものが、私《わたし》たちの人生《じんせい》にとって、人間社会《にんげんしゃかい》にとって、どれだけ重要《じゅうよう》な地位《ちい》にあるかは、誰《だれ》でもがチョット考《かんが》えてみれば分《わか》ることでありながら、実際《じっさい》には〈食《しょく》〉について根本的《こんぽんてき》なことがらが、あまり考《かんが》えられていないのではないでしょうか。ことに食物《しょくもつ》をつくる〈農《のう》〉というものは、この現実《げんじつ》において、何《なに》に先行《せんこう》さしても考《かんが》えるべきことがらでありましょう。

政治《せいじ》は、百姓《ひゃくしょう》を大切《たいせつ》にしてこそ、ほんとうの正《ただ》しい政治《せいじ》が行《おこな》われるのです。農《のう》を中心《ちゅうしん》にしてこそ、国《くに》の経済《けいざい》も文化《ぶんか》も、本当《ほんとう》に立直《たちなお》るものであることを、わたしはかたく信《しん》じます。

それには、現在《げんざい》、日本《にっぽん》の農民《のうみん》の自覚《じかく》ということも、たしかに必要《ひつよう》でしょう。というのが、今《いま》の日本《にっぽん》には、政治家《せいじか》として尊敬《そんけい》できる方《かた》は、数《かぞ》える程《ほど》しかなく、政治屋《せいじや》のような人々《ひとびと》が、自分《じぶん》の都合《つごう》のよい時《とき》にのみ農民《のうみん》をおだて、チヤホヤして、そうされることに、農民《のうみん》が乗《の》ってしまって、いつまでも駄目《だめ》にされているということが言《い》えるのではないかと思《おも》うからです。

いま時《どき》の政治家《せいじか》と称《しょう》している人《ひと》に、ほんとうに農民《のうみん》のことを考《かんが》えていてくれる人《ひと》が、いく人《たり》あるのかと思《おも》うとき、まず、農民自体《のうみんじたい》に、自《みずか》らの使命《しめい》を自覚《じかく》していただきたいことは、もちろんです。

悲《かな》しいことに、現在《げんざい》、多《おお》くの農民《のうみん》は、そうした考《かんが》えかたとか、建設的《けんせつてき》な思想《しそう》をもつ程《ほど》の時間的《じかんてき》な余裕《よゆう》さえも与《あた》えられていないのです。それは、戦時中《せんじちゅう》の農民《のうみん》は食糧《しょくりょう》にめぐまれたという点《てん》で、他《た》の階級《かいきゅう》の人々《ひとびと》にくらべて、より仕合《しあ》わせな位置《いち》にいたことでしょう。そして経済的《けいざいてき》にも、いくらか恵《めぐ》まれたようにおもわれますものの、それは戦後《せんご》のごくわずかの期間《きかん》で、それも、消費都市《しょうひとし》に近《ちか》い農民《のうみん》の一部《ぶ》に、とくに見《み》られた現象《げんしょう》でしょう。

ある社会学者《しゃかいがくしゃ》の統計《とうけい》によると、明治以後《めいじいご》こんにちまで、農民《のうみん》がその労働《ろうどう》の過重《かじゅう》なのに比《ひ》して、獲得《かくとく》する収入《しゅうにゅう》は農業収益《のうぎょうしゅうえき》の三十二パーセントで、残《のこ》りの六十八パーセントは地主《じぬし》と国家《こっか》が収納《しゅうのう》していて、このパーセンテイジは、今日《こんにち》もほとんど変《かわ》っていないということです。

これは、百姓《ひゃくしょう》に対《たい》するこの国《くに》の政治《せいじ》の貧困《ひんこん》を示《しめ》すにたる統計《とうけい》の一つですが、わたしは三十年《ねん》も四十年《ねん》も、農《のう》のために働《はた》らいて来《き》た農民《のうみん》へは、老後《ろうご》の〈恩給《おんきゅう》〉をさし上《あ》げるような時代《じだい》がモウ来《き》てよいと思《おも》います。

それくらい、農《のう》に生《い》きるということは大変《たいへん》なことで、これは経験《けいけん》したことのない方《かた》には理解《りかい》しがたい努力《どりょく》と経験《けいけん》と技術《ぎじゅつ》を要《よう》するものです。それは恩給《おんきゅう》の面《めん》のみでなく、国家《こっか》が文化《ぶんか》に対《たい》して功労《こうろう》のあった方《かた》を表彰《ひょうしょう》する場合《ばあい》にも、わたしは、まず、その時代《じだい》の立派《りっぱ》な百姓《ひゃくしょう》におくるべきであると主張《しゅちょう》するものです。

最近《さいきん》、わたしの身近《みぢか》にこういう話《はなし》がありました。それは地方文化勲章《ちほうぶんかくんしょう》に関《かん》する一件《けん》でありますが。

大本《おほもと》が第二次《だいじ》の弾圧《だんあつ》をうけ、しばらくして、わたしは但馬《たじま》の国《くに》の竹田《たけだ》に移《うつ》り住《す》み、農事《のうじ》にいそしんだ頃《ころ》、当時《とうじ》はまだ百姓《ひやくしよう》なれないわたしが、一里《り》も山坂《やまさか》を歩《ある》いて山畑《やまはた》に通《かよ》うことがあって、そのような日《ひ》のわたしを、何《なに》くれとなくいたわってくれた人《ひと》に藤原東川《ふじわらとうせん》という方《かた》があります。創作社《そうさくしや》の古《ふる》い歌人《かじん》で、この方《かた》との雲珠桜《うずざくら》についての思《おも》い出《で》は歌集《かしゆう》〈雲珠桜《うずざくら》〉の序文《じよぶん》にものべましたが、百姓《ひやくしよう》の生《うま》れで、いま時《どき》に珍《めずら》しく線《せん》の太《ふと》い、大《おお》らかな人《ひと》がらの方《かた》です。早《はや》くより農民運動《のうみんうんどう》に貢献《こうけん》し、みずほ運動《うんどう》には初《はじ》めから共鳴《きようめい》するなど、農村改造《のうそんかいぞう》のためにつくして、最近《さいきん》、和田山市長《わだやましちよう》におされ、市政面《しせいめん》で活躍《かつやく》されています。

昨年《さくねん》のこと、兵庫県文化功労者表彰《ひようごけんぶんかこうろうしやひようしよう》にさいして、有力《ゆうりよく》な候補《こうほ》に挙《あ》げられたのですが、発表《はつぴよう》によると、この偉大《いだい》な農民《のうみん》の名《な》は、その中《なか》からはずされていました。そうして、文化功労者《ぶんかこうろうしや》の栄誉《えいよ》を受《う》けた中《うち》には、洋裁学校《ようさいがつこう》の校長《こうちよう》などが加《くわ》えられています。これが今《いま》の一ぱん政治家《せいじか》の頭脳《ずのう》であるとすれば、まことに淋《さび》しいかぎりです。これまで、いろいろの方《かた》にお目《め》にかかったわたしの感《かん》じからいいましても、藤原東川《ふじわらとうせん》さんは、ほんとうに頭《あたま》の下《さ》がる方《かた》です。人格《じんかく》からいっても、されているお仕事《しごと》からいっても、、こういう時《とき》には、一ばん先《さき》に推《お》さねばならない人《ひと》だと思《おも》います。

そうではありませんか、――農《のう》は、文化《ぶんか》の母胎《ぼたい》――であり、そして短歌《たんか》は日本《にほん》の文芸《ぶんげい》を代表《だいひょう》する誇《ほこ》るべき芸術《げいじゅつ》です。

さいわい、わたしの家《いえ》は代々《だいだい》、百姓《ひゃくしょう》であり、わたしもこれで二十年近《ねんちか》く、といっても、この頃《ごろ》は田植《たうえ》に出《で》るくらいの百姓《ひゃくしょう》の真似《まね》ごとをつづけています。わたしの娘《むすめ》も息子《むすこ》も、一応《おう》は肥汲《こえく》みもさせてもらいましたが、人間《にんげん》は、ある期間《きかん》、何《なん》らかの方法《ほうほう》で土《つち》に親《した》しみ、農《のう》を体験《たいけん》さしていただくことにより、社会《しゃかい》の底深《そこふか》いなりたちを感《かん》じることができ、それによって私《わたし》たちの生涯《しょうがい》を尊《とうと》いものとし、生活《せいかつ》の上《うえ》に、文化《ぶんか》の上《うえ》に、浮《う》き上《あが》ったものでない地《ち》についた真実《しんじつ》を求《もと》めるようになります。

それは、みながみな、ぜひ百姓《ひゃくしょう》をしなければならないというのではなく、この大地《だいち》の上《うえ》に生《せい》をうけた以上《いじょう》、お土《つち》への崇敬《すうけい》と親《した》しみ、お土《つち》への信念《しんねん》を体験的《たいけんてき》に抱《いだ》くことは、その人《ひと》の生涯《しょうがい》を落《お》ち着《つ》いたもの　仕合《しあ》わせなものにする上《うえ》に、もっとも役立《やくだ》つのではないかと思《おも》います。それは又日《またにち》日《にち》の食物《しょくもつ》をいただくごとに、そこに、農《のう》に生《い》きる同胞《どうほう》との相互扶助的《そうごふじょてき》な社会《しゃかい》を感《かん》じ、それぞれの使命《しめい》に誠実《せいじつ》であることが出来《でき》るという結果《けっか》をもたらすことになるのではないか、と思《おも》うのです。ことに政治家《せいじか》とか、宗教家《しゅうきょうか》とか、この国《くに》の文化《ぶんか》の指導的《しどうてき》な立場《たちば》に立《た》つ人々《ひとびと》には、農《のう》の体験《たいけん》は、欠《か》くべからざるものとさえ思《おも》われます。

それが、近《ちか》ごろでは、一ぱんの世情《せじょう》がますます農《のう》から遠《とお》ざかりつつあるのではないかと案《あん》じられるのです。

ことに農村《のうそん》の女子《じょし》に、百姓《ひゃくしょう》を嫌《きら》う風《ふう》が濃《こ》くなって来《き》ているのではないかと、うかがえますが。考《かん》えますに、これには、近頃《ちかごろ》の新聞雑誌《しんぶんざつし》による文学的影響《ぶんがくてきえいきょう》と、婦人雑誌《ふじんざつし》、ないしスタイルブックなどの影響《えいきょう》が、かなり大《おお》きいかと思《おも》われます。それは、女性《じょせい》は誰《だれ》でも美《うつく》しくなりたい本能《ほんのう》をもっています。百姓《ひゃくしょう》のような労働《ろうどう》をすれば、体《からだ》つきはギゴチなくなり、スタイルブックで紹介《しょうかい》するようなものは、うつらなくなります。野《の》の風《かぜ》にあたり、太陽《たいよう》にやけば、お白粉《しろい》一つでも、つきが悪《わる》くなりやすいのです。女性《じょせい》にとってみれば、これは嫌《いや》なことです。

この驚《おどろ》きを、わたしも経験《けいけん》したことがあります。竹田《たけだ》の頃《ころ》、鏡《かがみ》に映《うつ》っている自分《じぶん》の姿《すがた》が、第一《だい》、着物《きもの》の色《いろ》がそぐわなくなっているほどに変《かわ》ったことに気《き》づいて、ヤレヤレと思《おも》ったことがあるのです。そこでその頃《ころ》、わたしの求《もと》めたものは、いまの木《こ》の花帯《はなおび》の美《うつく》しさでした。

女性《じょせい》は美《うつく》しくありたいのです。しかし、今《いま》の世《よ》に、スタイルブックなどで喧伝《けんでん》しているものが、はたしてどれだけ美《うつく》しいものでしょうか。これはまさしく批判《ひはん》されるべきです。それが、働《はた》らく人《ひと》の条件《じょうけん》にそぐわぬものであっても、ほんとうに美《うつく》しいものであれば別《べつ》として、今《いま》の服飾《ふくしょく》の流行《りゅうこう》の大《たい》ていは、あやしげな、浮《うわ》ついたものと、わたしには感《かん》じられるのです。文学作品《ぶんがくさくひん》は、うすよごれた情事《じょうじ》に関《かん》するものが多《おお》く、こうした浮《うわ》ついたものばかりが、新聞雑誌《しんぶんざっし》をとおして洪水《こうずい》のように流《なが》されるのでは、農村《のうそん》の女子《じょし》の純朴《じゅんぼく》な魂《たましい》が、それとなく影響《えいきょう》されるのは無理《むり》もないでしょう。

このように、現在《げんざい》、日本《にっぽん》の近代文化《きんだいぶんか》と称《しょう》される一ぱん的傾向《てきけいこう》の中《なか》に、果《はた》して民族《みんぞく》がほんとうに安《やす》らぎをうけるものがどれだけあるでしょう。やはり、本当《ほんとう》の文化《ぶんか》は、農《のう》を母胎《ぼたい》としてこそ産《う》み出《だ》すことができるのであると、わたしは世《よ》の識者《しきしゃ》に訴《うった》えたいのです。これは、祖母《そぼ》が示《しめ》し、父《ちち》が叫《さけ》んだところのもので、わたしもよくよく、いろいろのことを考《かんが》えた上《うえ》で、その底力《そこぢから》のあるお示《しめ》しを信念《しんねん》としています。

そしてわたしは、日本《にっぽん》の政治《せいじ》的指導者《てきしどうしゃ》や、ジャーナリストをふくめた知《ち》識階級《しきかいきゅう》といわれる人々《ひとびと》とともに日本《にっぽん》の立直《たてなお》しに向《む》かって、いくらかでも報《むく》うことができればと念《ねん》ずるものです。

（昭三一、四）

樫の木

朝陽舘《ちょうようかん》の敷地《しきち》に、樫《かし》の木《き》のよい茂《しげ》みがあります。樫《かし》は松《まつ》とともに、わたしの子供《こども》の頃《ころ》から好《この》んできた樹木《じゅもく》の一つで、いつ眺《なが》めても心《こころ》の安《やす》らぐよいものです。この樫《かし》の茂《しげ》みの、山《やま》の木《き》のように自然《しぜん》に育《そだ》った姿《すがた》を、わたしはこのままにのこすことができればと、敷地《しきち》を歩《ある》くたびに思《おも》うのです。

この木《き》も、父《ちち》の植《う》えのこしてくれたものでしょうが、父《ちち》は神苑《しんえん》のあちらこちらに、好《この》みの木《き》を植《う》えていて、それがまた、わたしの好《この》みのものばかりであることを思《おも》い、父《ちち》の優《やさ》しい、人《ひと》に知《し》られない一面《めん》を懐《なつ》かしくおもうのです。綾部《あやべ》の本宮山《ほんぐうやま》の参道《さんどう》に〝ていかかずら〟を発見《はっけん》したときも、昨年《さくねん》の秋《あき》、秋《あき》の七草《ななくさ》のうちでも、かおり高《たか》い藤袴《ふじばかま》の一群《むれ》を天恩郷《てんおんきょう》に探《さが》し出《だ》したときも、言《い》いようのない親《した》しさを父《ちち》に感《かん》じ、わたしのこがれ求《もと》めていたものだけに、それがひそかに父《ちち》によって移《うつ》されていることを知《し》って、父《ちち》の胸《むね》によりそってゆきたい慕情《ぼじょう》を感《かん》じたものです。

父《ちち》はいろいろに、複雑《ふくざつ》な面《めん》がありました、宗教家《しゅうきょうか》としての父《ちち》、政治家《せいじか》としての父《ちち》と。父《ちち》は写真《しゃしん》の姿《すがた》にも、その複雑《ふくざつ》な性格《せいかく》をのこしています。それに比《くら》べると、日出麿先生《ひでまるせんせい》の姿《すがた》は、いつの場《ば》合《あい》にも、山《やま》の中《なか》の湖《みずうみ》のようなしずかな、純粋《じゅんすい》な人《ひと》がらがあらわれています。若《わか》い頃《ころ》の写真《しゃしん》にも、相当《そうとう》に深《ふか》いものをたたえられていて、そのころも今《いま》も、変《かわ》らない純粋《じゅんすい》なものを感《かん》じさせられます。

父《ちち》の時代《じだい》には、父《ちち》のように、いろいろなものを持《も》った人《ひと》でなければ、大本《おほもと》の道《みち》は育《そだ》たなかったのでしょうし、いま、日出麿先生《ひでまるせんせい》の純粋《じゅんすい》な人柄《ひとがら》をいただいていることも、一切《いっさい》、道《みち》の発展《はってん》してゆく法則《ほうそく》であると思《おも》うのです。

それにしても、父《ちち》は人《ひと》に知《し》られていない高《たか》い文学的《ぶんがくてき》な世界《せかい》をもっていたのです。わたしは苑内《えんない》を逍遙《しょうよう》するごとに、そのことを考《かんが》え、父《ちち》をなつかしみつつ、父《ちち》の育《そだ》てた樹々《きぎ》を眺《なが》めることを喜《よろこ》びとしています。

木々《きぎ》は成長《せいちょう》し、美《うつく》しい姿《すがた》を示《しめ》して安《やす》らぎつつ生《い》きています。けれども、わたしたちは、あの木《き》の成長《せいちょう》してきた間《あいだ》に、どれだけの成長《せいちょう》があり、安《やす》らぎを求《もと》め得《え》たことでしょう。この道《みち》を信《しん》じたことにより、わたしたちのうちのいく人《たり》が、はたして仕合《しあわ》せになり得《え》たことでしょう。

わたしは今《いま》さらのごとく、人間《にんげん》というもののあわれさに思《おも》いをおよぼし、こういうことを考《かんが》えてみるのです。なんというのでしょうか、人間《にんげん》は、ある程度《ていど》の自由意志《じゆういし》が与《あた》えられているだけに、それをずいぶん、吾《わ》が身《み》よしなところに走《はし》らせていることに、案外気《あんがいき》づいていないのではないでしょうか。それが、お互《たが》いを不仕合《ふしあわ》せにしている一ばん大《おお》きな原因《げんいん》ではないかと思《おも》ってみるのです。世《よ》の平和《へいわ》とか、人類《じんるい》の平和《へいわ》とかいってみても、人間《にんげん》というものは、一方《ぽう》に、ずい分《ぶん》、吾《わ》れよしなところがあるということなのです。まことに淋《さび》しいことながら、これは認《みと》めなければならない私《わたし》たちの姿《すがた》でしょう。

だれでも頭《あたま》の中《なか》では、平和《へいわ》とか、人間《にんげん》お互《たが》いがもたなければならない理想《りそう》について、一応《おう》は理《り》解《かい》しているつもりです。これは、お互《たが》いが認《みと》め合《あ》っている人間《にんげん》の願《ねが》いであり、不思議《ふしぎ》といえば、不思議《ふしぎ》といえる有難《ありがた》い共通性《きょうつうせい》をもっています。さて、みずから理想《りそう》に向《む》かう美《うつく》しい性《さが》をめいめいは持《も》たせられているのですが、一方《ぽう》には、じっさいの、その時《とき》その時《とき》にあたって、人《ひと》びとのとる行動《こうどう》は、吾《わ》れよしなことになりがちです。しかもその行動《こうどう》は、だれもが無意識《むいしき》のうちに行《おこな》っていて、本人《ほんにん》はそれほどに気《き》づいていない場合《ばあい》が多《おお》いようです。

これは、信仰生活《しんこうせいかつ》にはいっている人《ひと》でも、そういうことが言《い》えるのではないでしょうか。

同《おな》じ信仰《しんこう》をしている人《ひと》たちの間《あいだ》では、ことに仲良《なかよ》くしてゆかなければならないのに、それが出《で》来《き》ないで、冷《つめ》たく触《ふ》れあっていることがありはしないでしょうか。それでいて、そんなに冷《つめ》たく触《ふ》れあっているどちらの人《ひと》も、人類《じんるい》の平和《へいわ》という大《おお》きな理想《りそう》について、しごく真面目《まじめ》に考《かんが》えているのです。

昨今《さっこん》、平和《へいわ》への道《みち》は、神《かみ》さまのお力《ちから》で大《おお》きく動《うご》いています。もちろん、人《ひと》の力《ちから》に現《あら》われて大《おお》きな動《うご》きが示《しめ》されています。これを、さらに人類《じんるい》が力《ちから》を合《あわ》せて、いっそう強《つよ》く動《うご》かしてゆかなければならないことを、わたしはつねにねがっています。それとともに、私《わたし》たち個人《こじん》々《じん》の足《あし》もとから平和《へいわ》を築《きず》いてゆくために努力《どりょく》することが、信仰者《しんこうしゃ》のつとめであるとおもいます。

平和《へいわ》がどうのこうのといっている人《ひと》で、さて、ご自身《じしん》のこととなりますと、隣人《りんじん》の不幸《ふこう》を眼《め》の前《まえ》に見《み》せられていても、助《たす》けようとしない。……その力《ちから》がないこともありますが、……せめて、気持《きもち》の上《うえ》でいたわってあげることはできるはずです。それも行《おこな》われないとすればこれは、反省《はんせい》してみる心要《ひつよう》がありましょう。

こういうことは、どこの世界《せかい》にもあります。ありふれた問題《もんだい》であるなどと、安易《あんい》なあきらめに落《お》ちてはならないと思《おも》います。口《くち》と心《こころ》と行《おこな》いが一致《ち》しなければならないというみ諭《さとし》を、単《たん》なる理《り》想《そう》にしてしまってはなりません。私《わたし》たちは信仰《しんこう》の力《ちから》によってそれを行《おこな》うために、絶《た》えず努力《どりょく》向上《こうじょう》してゆきたいとおもいます。そうした一歩《ほ》一歩《ほ》の歩《あゆ》みが、みろくの世《よ》を建設《けんせつ》する礎《いしずえ》になるのでしょう。

信仰《しんこう》にはいろいろの段階《だんかい》があって、その段階《だんかい》をふんで向上《こうじょう》さしていただけるものです。人間社《にんげんしゃ》会《かい》の教育《きょういく》にも段階《だんかい》があるように、信仰《しんこう》にも段階《だんかい》があるのは当然《とうぜん》でしょう。

信仰《しんこう》の第《だい》一段階《だんかい》は、神《かみ》の存在《そんざい》に気《き》づかしていただくことでしょう。

神《かみ》さまがいらっしゃるかどうか、人間《にんげん》の生命《せいめい》はこの世《よ》きりのものでなく、はたして不滅《ふめつ》のものであるかどうかということ、そのいずれかの側《がわ》にハッキリと立《た》つ第《だい》一の段階《だんかい》には入《い》ることは、私《わたし》たちのすべてのものの考《かんが》え方《かた》に、何《なに》よりも大《おお》きな変化《へんか》をもたらします。そのように信仰生活《しんこうせいかつ》は、私《わたし》たちの人生《じんせい》を支配《しはい》する一ばん重大《じゅうだい》な基準《きじゅん》を定《さだ》めるわけで、この第《だい》一段階《だんかい》への飛躍《ひやく》は、私《わたし》たちの人生《じんせい》に非常《ひじょう》に大《おお》きくひびき、これが信仰生活《しんこうせいかつ》そのものの如《ごと》くに取《と》り扱《あつか》われ易《やす》いということもできましょう。

大《おお》きく信仰《しんこう》という問題《もんだい》から考《かんが》えますと、神《かみ》さまを信《しん》じ、神《かみ》さまを拝《おが》むことは、信仰《しんこう》への第一歩《だいいっぽ》をふみ出《だ》したことになるわけです。祝詞《のりと》をあげ、あるいは教典《きょうてん》に親《した》しみ始《はじ》めることは、信仰生活《しんこうせいかつ》における小学校《しょうがっこう》のようなものでありましょう。人間社会《にんげんしゃかい》において小学校《しょうがっこう》に入学《にゅうがく》したからといって、それでモウ社会人《しゃかいじん》になれるなどと誰《だれ》も言《い》わないように、信仰《しんこう》の世界《せかい》も、それからの段階《だんかい》が問題《もんだい》です。

神《かみ》さまを信仰《しんこう》して、神界《しんかい》の籍《せき》には入《い》るためには、どうしても第二《だいに》の段階《だんかい》に進《すす》まなければなりません。それは、示《しめ》された教《おしえ》を実際《じっさい》に身《み》につけさしていただく精進《しょうじん》です。神《かみ》のみこころを敢然《かんぜん》と行《おこな》ってゆく働《はた》らきです。

教《おしえ》を信《しん》ずることができても、それが行《おこな》えないというのは、そこに一種《しゅ》のさわりがあるからで、そのさわりをのり越《こ》えて行《おこな》うところに、神《かみ》さまからのご守護《しゅご》によって私《わたし》たちの魂《たましい》に力《ちから》をいただけるのです。楽《らく》なことでなく、苦《くる》しみにたえて、よく神《かみ》さまに祈《いの》り、自《みずか》らを鞭《むち》うって行《ぎょう》じてゆくことにより、さわりを突破《とっぱ》してゆけるように思《おも》います。信仰《しんこう》にこの関門《かんもん》のあることは、私《わたし》たちの身魂《みたま》に真《しん》の力《ちから》を与《あた》えようとされます神《かみ》さまのご恩寵《おんちょう》でありましょう。この関門《かんもん》を突破《とっぱ》してこそ、信仰者《しんこうしゃ》として、神《かみ》の国《くに》の籍《せき》に入《い》ることができるとおもうのです。

ところがこの第《だい》二段《だん》の〈行《ぎょう》〉の世界《せかい》は、誰《だれ》でも案外《あんがい》おろそかになりがちです。それは、第《だい》一段《だん》の入信当初《にゅうしんとうしょ》は、高《たか》い理想《りそう》にのみあこがれて、足《あし》もとに気《き》づかないでいるからでしょう。人《ひと》によっては、すぐに第《だい》二段《だん》には入《い》られますが、第《だい》二段《だん》にすすむまでに、時間《じかん》がかかる人《ひと》もかなりあるようです。しかし信仰《しんこう》の道《みち》は、初《はじ》めより一すじに続《つづ》いているので、歩《あゆ》みにゆるみがあってはなりません。教《おしえ》の高《たか》い理想《りそう》を受《う》け入《い》れるとともに、それを実現《じつげん》するために、私《わたし》たちは、どうすればよいかということを、身近《みぢか》に、地《じ》みちに考《かんが》えてみたいと思《おも》います。

教《おしえ》を信《しん》じただけでなく、身《み》をもって行《おこな》うこと、これに日々《にちにち》を打込《うちこ》むことによって、私《わたし》たちは、初《はじ》めて神界《しんかい》の籍《せき》には入《い》ることが出来《でき》るのです。神《かみ》の教《おしえ》と結《むす》ばれた日々《にちにち》を求《もと》めてこそ、永遠《えいえん》の栄《さか》えに入《い》り、神《かみ》の家《いえ》に住《す》まわしていただけるのです。そうだとすれば、私《わたし》たちは、どうしても意識的《いしきてき》にも是《ぜ》が非《ひ》でも教《おしえ》をふみ行《おこな》うことに努《つと》めなければなりません。信仰者《しんこうしゃ》は、日々《にちにち》の自分《じぶん》の生活《せいかつ》の中《なか》で教《おしえ》をいただき、生《い》きてゆく行動《こうどう》の中《なか》に、神《かみ》さまを拝《おが》ましていただかなくてはならないとおもいます。

ここをよくお互《たが》いに考《かんが》えさしていただき、日々《にちにち》の行《おこな》いを清《きよ》く温《あたた》かくし、自己《じこ》の努力《どりょく》を傾《かたむ》けて、その上《うえ》で、すがるべきことを祈《いの》らしていただかなければならないとおもいます。このとき、教《おしえ》を通《つう》じてその人《ひと》の魂《たましい》の中《なか》に神《かみ》さまが宿《やど》られ、その人《ひと》の永遠《えいえん》の姿《すがた》が形作《かたちづく》られるものであると、わたしは信《しん》じています。

（昭三一、五）

こころの声

信仰《しんこう》の道《みち》にも、学校《がっこう》の教育《きょういく》と同《おな》じように、いくつもの段階《だんかい》があることは、誰《だれ》しもうなずけることでしょうが、最初《さいしょ》の頃《ころ》の信仰《しんこう》は、熱烈《ねつれつ》であっても、どちらかというと盲信的《もうしんてき》なところがあるようです。

信仰《しんこう》には情熱的《じょうねつてき》であることが大切《たいせつ》で、もともと、信仰《しんこう》は、まず、感情的《かんじょうてき》に人間《にんげん》より以上《いじょう》の偉《い》大《だい》なものに向《む》かうことで、たとえば、昔《むかし》からいわれている――いわしの頭《あたま》――のような対象《たいしょう》であっても、そこに敬虔《けいけん》な感情《かんじょう》を傾倒《けいとう》してゆくことにより、それ相応《そうおう》の光《ひかり》をうけるものです。が、いつまでもいわしの頭《あたま》を対象《たいしょう》としているのでなく、やはり、内面的《ないめんてき》に向上《こうじょう》して、まことの証覚《しょうかく》を受《う》けなければなりません。

といっても、最初《さいしょ》からハッキリと神《かみ》を感《かん》じることは、まず、あり得《え》ないことでしょう。まして、神《かみ》のみ心《こころ》を悟《さと》らしていただくことは望《のぞ》めません。最初《さいしょ》は、なんとなく霊的《れいてき》なものの存在《そんざい》を信《しん》じ、それにすがるというようなところから始《はじ》まるものでしょう。けれども、そうしたところからでも、未知《みち》の体験《たいけん》をかさねて、だんだんと向上《こうじょう》さしていただけるもので、初《はじ》めが盲信的《もうしんてき》であるといっても、近《ちか》ごろの文化評論《ぶんかひょうろん》にたずさわっている人《ひと》びとのように、とやかく言《い》うことは当《あた》らないでしょう。信仰《しんこう》は、第三者《だいしゃ》が外《そと》から見《み》ただけでは判断《はんだん》できないものが内面《ないめん》に生《しょう》じているもので、それが発展《はってん》して、世《よ》の知識階級《ちしきかいきゅう》の人《ひと》たちよりは、深《ふか》い、安心《あんしん》した境地《きょうち》で日々《にちにち》を暮《くら》している方《かた》のあることをわたしはいい得《う》るとおもいます。信仰《しんこう》するにはなにも、体系《たいけい》づけた神学的《しんがくてき》なものを必要《ひつよう》としないものです。よほどすぐれた学問《がくもん》を体得《たいとく》している人《ひと》は、その世界《せかい》で高《たか》い信仰《しんこう》をもたれましょうが、いわゆる学問《がくもん》がなくても、日々《にちにち》を情的《じょうてき》に清《きよ》く、より高《たか》い光《ひかり》を求《もと》め、身辺《しんぺん》を温《あたた》めてゆくことにより、見《み》えざる実在《じつざい》のご守護《しゅご》を体験《たいけん》し、つねに喜《よろこ》びを感《かん》じることができましょう。そうして、ついには神《かみ》の密意《みつい》を悟《さと》り、高度《こうど》の理性《りせい》を身《み》につけることもできましょう。

けれども、そうなりゆくには、信仰者《しんこうしゃ》が、現在《げんざい》の自分《じぶん》というものを、よく省《かえり》みることが第《だい》一に必要《ひつよう》です。そうして、つねに日常《にちじょう》において、自分《じぶん》の心《こころ》の奥《おく》の、本当《ほんとう》の自己《じこ》というものの声《こえ》をきくことに真剣《しんけん》でなければなりません。

初《はじ》めは、ただ盲信的《もうしんてき》に、なにもかにもすがってゆくだけも止《や》むを得《え》ないでしょうが、そのうちに、すがっているだけの自分《じぶん》というものをみつめることに努《つと》め、いつまでも盲信的《もうしんてき》であってはならないことに気《き》づかなければなりません。そうして自分《じぶん》の 魂《たましい》 の映像《えいぞう》である心《こころ》の姿《すがた》をよく見《み》つめつつ一歩《ぽ》々、自己《じこ》の内面《ないめん》を育《そだ》てることに忍耐《にんたい》づよく歩《あゆ》んでゆかなければならないと思《おも》うのです。人《ひと》びとはそれぞれの立場《たちば》で、名《めい》、位《い》、寿《じゅ》、富《ふう》を求《もと》めているもので、信仰《しんこう》はその人《ひと》の人生《じんせい》に希望《きぼう》とよろこびを与《あた》えるものでなければなりません。

ただ、それを霊的《れいてき》な根拠《こんきょ》の上《うえ》に求《もと》めるか、自然的《しぜんてき》に体欲的《たいよくてき》にのみ求《もと》めるかが、美《うつく》しい信仰的《しんこうてき》な求《もと》め方《かた》と、そうでない求《もと》め方《かた》の違《ちが》いでしょう。

ところが、信仰《しんこう》には入《い》っている人《ひと》で、自然的《しぜんてき》に世間的《せけんてき》な安心《あんしん》をのみ求《もと》めている場合《ばあい》があります。神《かみ》さまを保険会社《ほけんがいしゃ》のように思《おも》いこんだり、医者《いしゃ》か看護婦《かんごふ》と間違《まちが》える人《ひと》もいます。

神《かみ》さまのお働《はたら》きは偉大《いだい》で、そうしたことも含《ふく》めた一切《さい》にわたっているとも言《い》えましょう。けれども神《かみ》さまは、人間《にんげん》の慾望《よくぼう》の低《ひく》い対象《たいしょう》の上《うえ》に、無限《むげん》の高《たか》さをもってましますことを感知《かんち》しなくてはなりません。そこで人間《にんげん》は、信仰的《しんこうてき》に自分《じぶん》が神《かみ》を求《もと》めている態度《たいど》をよく省《かえり》みることが必要《ひつよう》です。よく省《かえり》みることにより、心《こころ》の内《うち》なるものを眼《め》ざめさす体験《たいけん》をつかむことができます。そうして、次第《しだい》にほんとうの方向《ほうこう》にすすみ得《え》て、神《かみ》さまのほんとうのご守護《しゅご》というもの、本当《ほんとう》の有難《ありがた》さというものを感《かん》じさしていただき、未知《みち》の高《たか》いよろこびと希望《きぼう》を得《う》ることができるとわたしは信《しん》じます。

そのように、宗教《しゅうきょう》は、人間《にんげん》のこころのおくに実在《じつざい》している人間《にんげん》の本体《ほんたい》である精霊《せいれい》そのものを育《そだ》てるのでなくてはなりません。人間《にんげん》に与《あた》えられている能力《のうりょく》に眼《め》ざめさせ、人間《にんげん》の使命《しめい》を自覚《じかく》させるものでなければなりません。

美のある生活

神《かみ》さまが、預言《よげん》をくだしたまうのも、人間《にんげん》の自覚《じかく》をうながし、人間《にんげん》の使命《しめい》を遂行《すいこう》さすためのもので、それを、いたずらに時節《じせつ》まちの信仰《しんこう》に堕《だ》して、人間《にんげん》に与《あた》えられた能力《のうりょく》を放棄《ほうき》しているというのでは、あまりにも受《う》けとり方《かた》が低《ひく》すぎます。

どのような世《よ》が来《き》ても、神《かみ》さまがお守《まも》り下《くだ》さるという信仰《しんこう》は、信仰《しんこう》としては立派《りっぱ》でしょうが、そのように神《かみ》さまのご守護《しゅご》をうけるというのは、私《わたし》たちが人間《にんげん》としての使命《しめい》を遂行《すいこう》しつつある時《とき》であり、神《かみ》に向《む》かってひたむきに歩《あゆ》んでいる時《とき》ではないでしょうか。そのことを忘《わす》れていては盲《もう》信《しん》に陥《おちい》ることになります。

人間《にんげん》に与《あた》えられた機能《きのう》を働《はたら》かすことにより、神《かみ》のご守護《しゅご》を得《え》て私《わたし》たちは、今日《こんにち》の人類最大《じんるいさいだい》の危《き》機《き》をも乗《の》り超《こ》えなければならないとおもいます。

大本《おほもと》の信仰《しんこう》は、宗教《しゅうきょう》を低《ひく》い立場《たちば》から求《もと》めている人《ひと》には、チョッととびつき難《にく》いでしょう。一つの陶《すえもの》にしても、買手《かいて》がつきやすいものと、そうでないものとがあります。その美《うつく》しさが本質《ほんしつ》的《てき》に高《たか》いゆえに、チョッとには理解《りかい》され難《がた》いということがありますように、大本《おほもと》が世人《せじん》の多《おお》くの人《ひと》に、たやすく求《もと》めにくいものがあるかも知《し》れません。けれども、現在《げんざい》の私《わたし》たちが、大本《おほもと》の本質《ほんしつ》を正《ただ》しく把握《はあく》することにより、世《よ》に本質的《ほんしつてき》に高《たか》いものを求《もと》めている人《ひと》びとは、大本《おほもと》の何《なん》であるかを発見《はっけん》してくれるでしょう。現在《げんざい》、本質的《ほんしつてき》に高《たか》いものへの興味《きょうみ》のうすい人《ひと》びとにも、私《わたし》たちが大《おほ》本《もと》の本質《ほんしつ》を体得《たいとく》することにより、本来《ほんらい》、人間《にんげん》に共通《きょうつう》した本質《ほんしつ》への欲求《よっきゅう》をよびおこし、かならず稲《いな》妻《つま》のひらめくごとく触《ふ》れ合《あ》えることでありましょう。

そこで、大本《おほもと》の本質《ほんしつ》を体得《たいとく》するには、現在《げんざい》のめいめいの生活《せいかつ》のなかで、日々《ひび》、み教《おしえ》を研修《けんしゅう》し、教《おしえ》を践《ふ》み行《おこな》うために、刻々《こくこく》、自己《じこ》と対決《たいけつ》してゆくよりほかにはないと思《おも》います。

そうして、たゆみなく歩《あゆ》みつづけることにより、現在《げんざい》、世《よ》の中《なか》を改造《かいぞう》しようとしているあらゆる運動《うんどう》の枢府《すうふ》となるべきものを覚《さと》ることができ、そこに自《みずか》ら日々《にちにち》の生活《せいかつ》に知足安分《ちそくあんぶん》のよろこびを創《つく》りつつ、さらに、人生《じんせい》の向上《こうじょう》に不断《ふだん》の活動《かつどう》と希望《きぼう》を呼《よ》びおこすことになりましょう。

そうした時《とき》、茶《ちゃ》の楽《たの》しみも、歌《うた》のよろこびも、大本《おほもと》の信仰《しんこう》の世界《せかい》に必然的《ひつぜんてき》に芽生《めば》えてくるであろうことを思《おも》います。真剣《しんけん》に信仰《しんこう》の道《みち》を深《ふか》めてゆくとき、必然的《ひつぜんてき》にともなう形《かたち》で、それらが求《もと》められるであろうことをわたしは信《しん》じます。

それは、神《かみ》の創《つく》り給《たも》うたこの天地間《てんちかん》に人《ひと》として生《せい》をうけ、ことに、日本《にっぽん》のすぐれた気候風土《きこうふうど》の中《なか》に四季《き》を感《かん》じつつ、日々《にちにち》、神恩《しんおん》を感謝《かんしゃ》しつつ暮《くら》すときに、人《ひと》は互《たが》いに相求《あいもと》め、ともしい中《うち》からも分《わ》かち合《あ》い、なぐさめ合《あ》い、楽《たの》しみ合《あ》うべく、そこにおのずから、もっともすぐれた方法《ほうほう》が求《もと》められるのは信仰《しんこう》を深《ふか》めた者《もの》の世《よ》に生《い》きる当然《とうぜん》の姿《すがた》でありましょう。さまざまの抵抗《ていこう》を感《かん》じ、抵《てい》抗《こう》しつつ生《い》きる世《よ》にも、信仰《しんこう》によるゆとりごころを持《も》ち、人生《じんせい》を深《ふか》く味《あじ》わいつつ歩《あゆ》むとき、そこに深《ふか》いよろこびがうずまき、歎《なげ》きや憤《いきどお》りをも、感動《かんどう》として、こころのままに訴《うった》えたきは、真実《しんじつ》に生《い》きる人《ひと》びとの自然《しぜん》の姿《すがた》でありましょう。

私《わたし》たちは、つねに今《いま》を省《かえり》み、自分《じぶん》の魂《たましい》の声《こえ》をよく聴《き》き、勇気《ゆうき》をこして、今《いま》をふみ越《こ》えてゆくことにより、魂《たましい》を向上《こうじょう》せしめつつ、そこに、自《おのず》からなる美《うつく》しい生活《せいかつ》を創《つく》り出《だ》してゆきたいものです。

（昭三一、六）

母を想う

母《はは》は、大本開祖《おほもとかいそ》の末子《ばつし》に生《う》まれ、幼少《ようしょう》の頃《ころ》から、ひどい生活苦《せいかつく》を体験《たいけん》し、激《はげ》しかった開祖《かいそ》の御神《ごかん》懸《がか》りに仕《つか》え、十八才《さい》の時《とき》に父《ちち》と結婚《けっこん》して七十余年《よねん》の生涯《しょうがい》をおえるまで、けわしい創生《そうせい》・生成期《せいせいき》の大本《おほもと》の道《みち》の要《かなめ》となって歩《あゆ》んできた人《ひと》であります。

女性《じょせい》の身《み》にあまる艱苦《かんく》や、法難《ほうなん》のさなかを健気《けなげ》に生《い》き抜《ぬ》いて来《き》た母《はは》には、まことに強靭《きょうじん》そのものの信仰《しんこう》が宿《やど》っていました。その一面《めん》、ゆたかな詩情《しじょう》をもやしている人《ひと》で、少《すこ》しも苦労《くろう》ずれの翳《かげ》のない明《あか》るい人《ひと》でありました。

父《ちち》は、どちらかというと、大《おお》きすぎて、ことに女性《じょせい》の私《わたし》たちきょうだいには理解《りかい》できなかったという、うらみがありますが、母《はは》に対《たい》しては、女性《じょせい》として通《つう》じる気持《きもち》がありまして、母《はは》の生真面《きまじ》目《め》さがとても好《す》きでありました。父《ちち》の愛《あい》はあまり大《おお》きすぎて女《おんな》の子《こ》にはわかりにくくとも、母《はは》の愛《あい》は、こまかく気《き》づかってくれることが分《わか》り、胸《むね》にひびいて感《かん》じることができました。

父《ちち》の天衣無縫《てんいむほう》な濶達《かったつ》そのものの歩《あゆ》みの蔭《かげ》で、母《はは》は妻《つま》としての人《ひと》に知《し》られない気苦労《きぐろう》があったことでしょう。父《ちち》の周囲《しゅうい》には、信仰団体《しんこうだんたい》とはいえ、いろいろの人《ひと》がいて、なかには、不謹慎《ふきんしん》な人《ひと》もまじっていました。私《わたし》などは敵意《てきい》をさえ感《かん》じるようなそんざいもいましたが、母《はは》はそれらの人《ひと》に接《せつ》するのに、なんというのでしょうか、いつも、おだやかな表情《ひょうじょう》を保《たも》ち、やさしいまなざしには微笑《ほほえみ》をさえうかべていました。

母《はは》は、どんな人《ひと》をでも、ひろく観《み》て、その人《ひと》のよいところも悪《わる》いところも知《し》っていて、その人《ひと》のもっている良《よ》いところをとりあげ、そのよいところで接《せつ》している人《ひと》でありました。

それが、母《はは》が無学《むがく》ということで、ろこつに軽蔑《けいべつ》されていて、私《わたし》や妹《いもうと》がどんなにか、くやしくて、地団駄《じだんだ》をふんでいても、母《はは》は平気《へいき》なもので、むしろ、そういう本当《ほんとう》のものに触《ふ》れることができないで生《い》きている人《ひと》に対《たい》して、モウ一つ高《たか》いところに立《た》って同情《どうじょう》ぶかく見《み》ているという人《ひと》でありました。

その点《てん》、とてもよく出来《でき》た母《はは》で、いま思《おも》いおこしても、自分《じぶん》の母《はは》ながら敬服《けいふく》にたえないものを抱《いだ》かせられます。

父《ちち》のそばに出入《でい》りする女《おんな》の人《ひと》のことで、とやかく、うわさを立《た》ててさわぐという下品《げひん》な人《ひと》もいたのです。それを母《はは》の耳《みみ》もとでささやくことがあっても、母《はは》は取《と》りあげず、いつも平然《へいぜん》としていました。

母《はは》は、父《ちち》の、事実《じじつ》、まじめな人柄《ひとがら》や、狂《くる》いのない大《おお》きな人格《じんかく》を信《しん》じていただからでもありましょうが、それにしても、母《はは》の気持《きもち》の大《おお》きさは普通《ふつう》ではなかったと思《おも》っています。わたしはいつも「うちのお母《かあ》さんて、肚《はら》の大《おお》きな人《ひと》やなア」と感心《かんしん》してながめていました。

母《はは》は決《けっ》して、人《ひと》を批判《ひはん》するということはありませんでした。娘《むすめ》の私《わたし》たちのいうことでも、人《ひと》を中傷《ちゅうしょう》するにちかい言葉《ことば》には、全然《ぜんぜん》とりあってくれませんでした。

それにしても、母《はは》のえらさに感心《かんしん》させられていながら、母《はは》の生《い》きていたころ、私《わたし》たちと母《はは》との間《あいだ》には何《なん》のこともないというのに、母《はは》があまりにも人《ひと》に寛大《かんだい》であることのため、「あの人《ひと》かい、直日《なほひ》がいうほどのこともないで」というような娘《むすめ》の抗議《こうぎ》に対《たい》する母《はは》の他人《ひと》をかばう言葉《ことば》のゆえに、母《はは》に対《たい》してこだわりを感《かん》じたものです。そのころ、母《はは》とは何《なん》の関係《かんけい》もないことで、母《はは》にこだわりを感《かん》じた気持《きもち》というのは、いつも、他《た》の人《ひと》から私《わたし》たちが批判《ひはん》された言葉《ことば》にこだわっていたものなのです。

こういう錯覚《さっかく》は人間《にんげん》お互《たが》いが、往々《おうおう》もたされるあさはかさでありますが、ことにわたしの家《いえ》のように、普通《ふつう》に家《いえ》のものだけで暮《くら》せない、大勢《おおぜい》の人《ひと》びとの気持《きもち》が、つねに家庭《かてい》の中《なか》に入《い》りくんでいるという家《いえ》では、特《とく》にありがちなことなのです。この間《あいだ》も〈静《しずか》と義経《よしつね》〉という映画《えいが》を見《み》て、そのことを痛感《つうかん》いたしました。頼朝《よりとも》が、頼朝自《よりともじ》身《しん》の気持《きもち》でなく、周囲《しゅうい》のとりまき連《れん》のために悲《かな》しい思《おも》いにおちいってゆく経過《けいか》を見《み》せられ、それほど時代的《じだいてき》でなくとも、自分《じぶん》の育《そだ》ってきた環境《かんきょう》に思《おも》いを馳《は》せるわたしでした。

こうしたことは、父《ちち》の場合《ばあい》において、とくにつよく刻《きざ》みつけられた私《わたし》たちですが、今《いま》にして、父《ちち》に、母《はは》に、まことにすまない思《おも》いにしめつけられ、もの悲《かな》しさにしずまずにはおれません。

母《はは》には、自分《じぶん》が生活《せいかつ》に苦労《くろう》して来《き》たというので、気《き》の毒《どく》な人《ひと》に対《たい》して、人知《ひとし》れずやさしい行為《こうい》を重《かさ》ねているという、かくれた一面《めん》がありました。食《た》べものは、生涯《しょうがい》、てっていした粗食《そしょく》でとおしました。着物《きもの》などは、普通《ふつう》のものはもったいないとてよう買《か》わず、古着屋《ふるぎや》でばかり求《もと》めるという人《ひと》でした。それでも人《ひと》は、――二代《だい》さまは贅沢《ぜいたく》な、いつもベラベラしたものばかり着《き》て――と風評《うわさ》していました。ベラベラで光《ひか》るものが良《よ》く見《み》えるという低《ひく》い眼《め》の人《ひと》に、かわいそうに、母《はは》は中傷《ちゅうしょう》されつづけでした。そこへゆくと、わたしは、結城《ゆうき》などを着《き》て、それも同《おな》じ系統《けいとう》のものばかり好《この》んでつけたので、――三代《だい》さんは質素《しっそ》な、気《き》の毒《どく》に、あれ一枚《まい》きりしかもっておられない――などと、若《わか》い時《とき》から言《い》われたものです。

その、きりつめた暮《くら》しの母《はは》が、どんなことをしているかといいますと、小遣《こづかい》を貯《た》めては、気《き》の毒《どく》な境遇《きょうぐう》の健気《けなげ》な後家《ごけ》の方《かた》にとどけていました。

母《はは》はただのナマケモノは嫌《きら》いでした。

母《はは》の仕送《しおく》りをしていた人《ひと》の中《なか》には、信者《しんじゃ》でもなんでもない人《ひと》もいました。母《はは》が生《うま》れた本宮村《ほんぐうむら》に、呑《の》んだくれの大工《だいく》の夫《おっと》に死別《しべつ》し、子供《こども》をおお勢《ぜい》かかえてこまっていた女《ひと》がいて、その人《ひと》に毎月《まいつき》お米《こめ》をとどけ、小遣《こづかい》をわたしていましたが、しょうのないもので、この人《ひと》は、母《はは》が刑務所《けいむしょ》に入《はい》っても、ハガキ一本《ぽん》よこすでなし、私《わたし》が会《あ》っても――お母《かあ》さん、どうですか――とも聞《き》くでなし、母《はは》が保釈《ほしゃく》で出《で》てもそれなりでありました。けれども母《はは》は、そうしたことのために、誰《だれ》が来《き》たとも、来《こ》ぬとも、いう人《ひと》ではありませんでした。ただ、可哀《かわい》そうなという一片《ぺん》の真心《まごころ》だけの気持《きもち》で、ひそかに行《おこな》っていたことでありました。そういう点《てん》は、徹底《てってい》したえらい人《ひと》でありました。慈善《じぜん》とまではゆきませんでしょうが、母《はは》は母《はは》の許《ゆる》された力《ちから》のギリギリで、不幸《ふこう》な人《ひと》びとに対《たい》して、そういう、かくれた、やさしい、思《おも》いやりのあついものをもっていました。

母《はは》のいちばん立派《りっぱ》なことといえば、やはり、母《はは》は無類《むるい》の辛抱《しんぼう》づよい、女性《じょせい》にはめずらしい度量《どりょう》のある人《ひと》であったことで、母《はは》でなければ、なしとげられない力《ちから》でこの道《みち》を、守《まも》り、育《そだ》てて来《き》たことでしょう。

母《はは》が、父《ちち》と夫婦《ふうふ》らしい幸福《こうふく》を味《あじ》わったのは、若《わか》いころ、父《ちち》と一しょに荷車《にぐるま》をひいて、柴刈《しばか》りにいっていた頃《ころ》と、晩年《ばんねん》、未決《みけつ》から帰《かえ》ってからしばらくの、父《ちち》の周囲《しゅうい》に人垣《ひとがき》の去《さ》った、夫婦《ふうふ》きりの暮《くら》しの時《とき》であったでしょう。

母《はは》の好《す》きなことといえば、娘《むすめ》のころ、奉公先《ほうこうさき》でおぼえた機《はた》を織《お》ることで、ひまさえあれば、自《じ》分《ぶん》で糸《いと》をひき、植物《しょくぶつ》の煎《せん》じ汁《じる》で手染《てぞめ》をし、美《うつく》しい縞《しま》に織《お》りあげることにいそしんでいました。母《はは》の織《お》った布《きれ》のざんぐりとした深《ふか》い味《あじ》わいに、母《はは》の温《あたたか》い気持《きもち》をしのぶとき、わたしはたまらなくなります。

また、母《はは》の書《しょ》の立派《りっぱ》さは、これはモウ天下《てんか》に誇《ほこ》ってよいものと信《しん》じています。父《ちち》も、「書《しょ》だけはおすみにかなわん」とつねに申《もう》して、母《はは》の書《しょ》を愛《あい》していました。

母《はは》の書《しょ》は、永遠《えいえん》に生《い》きて、直接《じか》に、母《はは》がどのような人《ひと》であったかを強《つよ》く物語《ものがた》ることでしょう。私《わたし》は、母《はは》の書《しょ》の中《なか》に、天《てん》の声《こえ》をきき、また地《ち》の限《かぎ》りないゆたかさに抱《いだ》かれるよろこびを感《かん》じるものであります。

（昭三二、四）

人間的な智慧以外のもの

さきごろ、妹《いもうと》の一人《ひとり》が盲腸炎《もうちょうえん》をわずらい、つね日《ひ》ごろ手仕事《てしごと》にこり、無理《むり》を重《かさ》ねていたことと て、こころうち案《あん》じていましたところ、さいわい、手術《しゅじゅつ》までにもいたらず快癒《かいゆ》してくれました。

その時《とき》、聞《き》かされたことですが——これまで盲腸炎《もうちょうえん》といえば、無用《むよう》の臓物《ぞうもつ》として惜《お》し気《げ》もなく手術《しゅじゅつ》を施《ほどこ》されたものですが、ごく最近《さいきん》ようやく、盲腸《もうちょう》が保《ほ》健上《けんじょう》に大切《たいせつ》な働《はたら》きをしていることがわかり、出来《でき》るだけ手術《しゅじゅつ》をさけるようになった——という言葉《ことば》に、〈やはり神様《かみさま》は、不要《ふよう》のものを作《つく》っておられなかった〉と話《はな》し合《あ》い、執刀《しっとう》をまぬがれたことに、二重《じゅう》の歓《よろこ》びをおぼえたのでした。

さて、そのあと、私《わたし》たちは、今日《こんにち》までの科学《かがく》の発達《はったつ》に、貢献《こうけん》した多《おお》くの科学者《かがくしゃ》のなみなみならぬ労苦《ろうく》に感謝《かんしゃ》しなければならないこと、と別《べつ》に、このあたりで、一ぱんの科学《かがく》への態度《たいど》を反省《はんせい》してみるべきではないだろうか、ということに意見《いけん》の一致《ち》をみました。

といいますのは、一ぱんに、科学《かがく》を盲信《もうしん》する傾向《けいこう》がいちじるしくなって、そのため、人間《にんげん》の与《あた》えられている大切《たいせつ》なものが、ひどく軽《かろ》んぜられてきたように思《おも》うからです。

これには、それ相当《そうとう》の理由《りゆう》はあるでしょうが、これまで、科学《かがく》の名《な》において断定《だんてい》されたことのうちに、過失《かしつ》があっても、その責任《せきにん》に対《たい》しては、ほとんど見《み》のがされていることが、かなりあるのではないでしょうか。一ぱんの、こうした科学《かがく》への寛大《かんだい》さには、科学者《かがくしゃ》の真剣《しんけん》な真実追求《しんじつついきゅう》に対《たい》する信頼性《しんらいせい》にありましょう。けれども、そのために、人間《にんげん》の直観的《ちょっかんてき》な働《はたら》きと、それから来《く》る一切《さい》をうとんずる反面《はんめん》が生《しょう》じるとすれば、これは考《かんが》え直《なお》してみるべきではないでしょうか。

これまで、自然界《しぜんかい》の法則《ほうそく》を発見《はっけん》し、開拓《かいたく》してゆく上《うえ》において、重要《じゅうよう》な基点《きてん》になるところで、直《ちょ》観《かん》が如何《いか》に大切《たいせつ》な役目《やくめ》を果《はた》してきたかということは、あえて尋《たず》ねるまでもないでしょう。直観《ちょっかん》によって私《わたし》たちは、この自然界《しぜんかい》の法則《ほうそく》をあらしめている、も、の、への畏敬《いけい》の念《ねん》をもちつづけてき、その故《ゆえ》に、一さいの存在《そんざい》を肯定《こうてい》してきたものであります。この畏敬《いけい》の念《ねん》を忘《わす》れても、科学《かがく》を進《すす》めることはできるかも知《し》れませんが、そうした歩《あゆ》み方《かた》では、お互《たが》いは幸福《こうふく》になれないようです。

私《わたし》たちが科学《かがく》を尊重《そんちょう》するゆえんは、自然界《しぜんかい》の法則《ほうそく》が、より具体的《ぐたいてき》に明確《めいかく》にされ、その活用《かつよう》の上《うえ》に、人類《じんるい》の幸福《こうふく》が増大《ぞうだい》されることで、それには、かつての漠然《ばくぜん》とした宇宙観《うちゅうかん》に対《たい》し、科学的《かがくてき》に大《だい》自然《しぜん》の妙《みょう》を見出《みいだ》すことにより、さらに認識《にんしき》を深《ふか》くするということも含《ふく》まれています。

ところが、近代科学《きんだいかがく》のあまりにも急激《きゅうげき》な発達《はったつ》により、科学的存在《かがくてきそんざい》だけが、宇宙《うちゅう》のすべてでもあるように思《おも》われるむきもあるようです。そうではないので、科学的認識《かがくてきにんしき》のみでは判《わか》らない本当《ほんとう》のことが、他《ほか》にもあるとおもいます。

例《たと》えば、人間《にんげん》は霊魂《れいこん》と肉体《にくたい》とからなりたっていますが、人間《にんげん》の霊魂《れいこん》を科学的《かがくてき》に摘出《てきしゅつ》して見《み》ることはできません。魂《たましい》とか、心《こころ》とかいうものだけを、科学的《かがくてき》に引《ひ》きだすわけにはまいりません。

そういうものでありますが、人間《にんげん》の表情《ひょうじょう》とか、人間《にんげん》の生理《せいり》に現《あら》われてくるもの、あるいは、その行動《こうどう》を直観《ちょっかん》することによって、魂《たましい》を感《かん》じることができ、そのあり方《かた》を想像《そうぞう》することができます。

これは、自然界《しぜんかい》と神様《かみさま》との関係《かんけい》においても同《おな》じことが言《い》えるでしょう。自然界《しぜんかい》の法則《ほうそく》のおくに、神様《かみさま》の力《ちから》を発見《はっけん》するにも、人間的《にんげんてき》な智慧《ちえ》でない、モウ一つ別《べつ》な何《なに》かで、それが判《わか》るものであります。

この∧もう一つの別《べつ》な何《なに》か∨を尊重《そんちょう》し、これを育《そだ》てようとする真実性《しんじつせい》の不足《ふそく》が、今日《こんにち》、一ぱんの科学盲信《かがくもうしん》に原因《げんいん》しているとすれば、それは、考《かんが》え直《なお》してみるべきでしょう。

私《わたし》たちはこの後《のち》、科学《かがく》を尊重《そんちょう》し、科学《かがく》の発達《はったつ》をこいねがわなければなりません。それには、人《にん》間《げん》の魂《たましい》の問題《もんだい》を大切《たいせつ》にしてこそ、私《わたし》たちの理想《りそう》をまったく実現《じつげん》することができるとおもうのです。

（昭三二、七）

近代のモウ一つの悲劇

今年《ことし》の春《はる》、わたしはいくたびか月《つき》ガ瀬《せ》の梅林《ばいりん》をおとずれ、近《ちか》く湖底《こてい》にひそむ運命《うんめい》におかれているという名勝《めいしょう》に、限《かぎ》りない愛惜《あいせき》の思《おも》いをささげたものです。その愛惜《あいせき》の念《おも》いはこうじて、近代文化《きんだいぶんか》の、こうした犠牲《ぎせい》を踏《ふ》まなければ前進《ぜんしん》できない、という在《あ》りかたへの疑問《ぎもん》となったのです。それは別《べつ》として、月《つき》ガ瀬《せ》の或《あ》る一夜《や》、宿《やど》の老媼《ろうおう》から、かつては、この地方《ちほう》の名産《めいさん》であった烏梅《うばい》について、かなり丹念《たんねん》に話《はな》していただいたことから、わたしは、モウ一つの現代《げんだい》の悲劇《ひげき》に想《おも》い沈《しず》んだものです。

烏梅《うばい》といっても、今《いま》の世《よ》の大方《おおかた》の人《ひと》は、モウ忘《わす》れ去《さ》っていられることでしょう。古《ふる》い辞典《じてん》をくれば——未熟《みじゅく》の梅《うめ》の実《み》の果肉《かにく》をはぎ、煤煙中《ばいえんちゅう》でくすべ乾《ほ》したもの、清涼下熱薬《せいりょうげねつやく》、染料《せんりょう》ともす——

と示《しめ》されています。口伝《くでん》によれば、ふすべむめ、くろむめ、とも言《い》われ、平安朝時代《へいあんちょうじだい》、すでに女性間《じょせいかん》において化粧料《けしょうりょう》として愛用《あいよう》されていたもので、わたしの娘《むすめ》のころ、あの京紅《きょうべに》とよんでいたものは、その伝統《でんとう》の名残《など》りであったこと、また、よい友禅《ゆうぜん》の紅《あか》には、この色料《しきりょう》がふくまれていたことも聞《き》きました。

烏梅《うばい》は、かなりの手数《てすう》をかけて作《つく》られましたが、その工程《こうてい》をここに紹介《しょうかい》しようというのではありません、わたしが筆《ふで》をすべらせてみたいことは、烏梅《うばい》を原料《げんりょう》とした京紅《きょうべに》の気品《きひん》のある色感《しきかん》と、京紅《きょうべに》を使《つか》っていた頃《ころ》の、口紅《くちべに》のはき方《かた》のゆかしい美《うつく》しさへの郷愁《きょうしゅう》です。

人間《にんげん》には、それが習慣《しゅうかん》になってしまうと、その中《なか》に溺《おぼ》れてしまう弱《よわ》さがあって、そのため、近《ちか》ごろの人《ひと》は何《なん》とも感《かん》じていられないかも知《し》れませんが、近《ちか》ごろ、口元《くちもと》にいろどられている紅《べに》の色《しき》彩《さい》を、私《わたし》はそれほど美《うつく》しいものとは思《おも》いません。また、その彩《いろど》り方《かた》は、造型美《ぞうけいび》の上《うえ》からいっても、顔《かお》の調和《ちょうわ》をこわすものでしょう。見《み》なれているという心理的《しんりてき》な影響《えいきょう》を切《き》りはなして、気持《きもち》をしずめてみるなれば、誰《だれ》しも、そこに何《なん》の艶《あで》やかさもなく、むしろ、あくどさ故《ゆえ》に嫌悪《けんお》を感《かん》じられることでしょう。それをしも、近代人《きんだいじん》は何《なに》か分《わか》らない流《なが》れで、不感症《ふかんしょう》にさせられているのです。知性《ちせい》をもっとも尊《とうと》ぶ近代人《きんだいじん》が、魂《たましい》の奥《おく》にもっている人間本来《にんげんほんらい》の分別性《ふんべつせい》を忘《わす》れて、何《なに》かの流《なが》れに溺《おぼ》れていることは、他《ほか》にもあることで、これこそ、近代《きんだい》のもつ悲劇《ひげき》のように思《おも》われてなりません。

（昭和三二、七）

父の性格

わたしが成人《せいじん》した頃《ころ》には、父《ちち》は、世《よ》にいうトリマキ連《れん》の中《なか》で暮《くら》していて、語《かた》り合《あ》う機会《きかい》もまれでした。そのうえ、父《ちち》の周囲《しゅうい》の人《ひと》びとの中《なか》に、嫌悪《けんお》を感《かん》じる人《ひと》がいたりなどして、ために、わたしには父《ちち》のところへゆくことを、ほとんどさけるようにして過《す》ごしてしまいました。

これは、子《こ》として、わたしの一生《しょう》にとって、悲《かな》しいことでした。

父《ちち》は周囲《しゅうい》のそれもわずかな人《ひと》のために、世《よ》に誤《あやま》り伝《つた》えられるなど、ずいぶん損《そん》をしています。そのことを、父《ちち》が亀岡《かめおか》に居《きょ》をもったころ、わたしが手紙《てがみ》で注意《ちゅうい》いたしましても、父《ちち》は、「直日《なほひ》がこんなことをいって来《き》た」と、側近《そっきん》の人《ひと》に見《み》せてしまい、わたしはその時《とき》――お父《とう》さんは、子供《こども》の、そうした気持《きもち》の手紙《てがみ》まで人《ひと》に見《み》せるなど、どうしてこう、愛情《あいじょう》のないことをなさるのか――と、残念《ざんねん》でなりませんでしたが、これは、自分《じぶん》でも周囲《しゅうい》の人《ひと》のふるまいを、こころよく思《おも》っていなかった父《ちち》が、それを言《い》い出《だ》しえず、たまたま、わたしの手紙《てがみ》にかこつけたものらしいのです。父《ちち》は気《き》が弱《よわ》くて、それらの人《ひと》を抑《おさ》えきれないで、バカげた責任《せきにん》までも負《お》わされてしまったという人《ひと》です。

それでいて、人《ひと》を責《せ》めるでなし、過《す》ぎたことをくやむでなし、そういう、父《ちち》のもっていた偉《えら》さには頭《あたま》をさげながら、父《ちち》の周囲《しゅうい》に、なぜこのような人《ひと》を、いつまでもおいているのかと――父《ちち》の深《ふか》い気持《きもち》はわからず――くやしい思《おも》いをいたしました。

そのため、父《ちち》に対《たい》してまで、何《なに》か、こだわった気持《きもち》をもちつづけたことを、いまになって、あさはかであったと、すまなく思《おも》っています。

父《ちち》は、どんな人《ひと》でも迎《むか》え入《い》れ、たのまれれば断《ことわ》りきれず、その人《ひと》のもつどこかのよいところを育《そだ》てようと努力《どりょく》し、どんな辛抱《しんぼう》でもしていたようでした。性来《せいらい》が磊落《らいらく》で、冗談《じょうだん》ばかりいっていて、何《なん》だか雲《くも》をつかむようなところがありました。

けれども、裏《うら》も表《おもて》もなかった父《ちち》は、一面《めん》、腹《はら》を立《た》てると、百ほどの雷《かみなり》が鳴《な》り出《だ》したような大《おお》きな声《こえ》で怒《おこ》り、周囲《しゅうい》のものを震《ふる》え上《あ》がらせたものでしたが、すんだ翌日《よくじつ》は、カラッとして、なんでも忘《わす》れるというふうでした。

昭和《しょうわ》十年《ねん》の大本事件《おおもとじけん》で、官憲《かんけん》から、言語《げんご》に絶《ぜっ》するものを被《こうむ》り、残念《ざんねん》なことだったでしょうに、それに対《たい》して、一言《こと》もコボさなかったという男《おとこ》らしい、やさしいところがあり、真面目《まじめ》にものを考《かんが》えている人《ひと》でした。

けれども、父《ちち》の心底《しんそこ》に触《ふ》れてくる人《ひと》は少《すく》なかったようです。

大正《たいしょう》十年《ねん》の大本事件《おおもとじけん》で未決保釈中《みけつほしゃくちゅう》のこと、父《ちち》は単身《たんしん》で、満洲《まんしゅう》（中国東北部《ちゅうごくとうほくぶ》）に渡《わた》り、蒙古《もうこ》

（内《うち》モンゴル自治区《じちく》）の地《ち》に、世界平和《せかいへいわ》の礎《いしずえ》となる理想郷《りそうきょう》を築《きず》こうとしたことがありました。出発《しゅっぱつ》の前夜《ぜんや》、わたしが後継《あとつぎ》の長女《ちょうじょ》というので、ソッと知《し》らせに来《き》てくれましたが、父《ちち》には〝長幼《ちょうよう》の序《じょ》〟を尊《とうと》ぶという礼儀正《れいぎただ》しいところがありました。その時《とき》も、気《き》の弱《よわ》い父《ちち》は、わたしの顔《かお》もよう見《み》ず、そこにあったシデ紐《ひも》をとって、指《ゆび》にまつわらしたり、手《て》にまるめたりしているばかりで、ヤットのこと、「どうしても、今《いま》ゆかんならんから、行《い》ってくるで、心配《しんぱい》せんと留守《るす》しててくれよ」と話《はな》しました。

そのういういしい態度《たいど》が懐《なつ》かしくて、父《ちち》の去《さ》った後《あと》にのこっていたシデ紐《ひも》のまるめたものを、わたしは大事《だいじ》にしまっておきました。

父《ちち》は、長女《ちょうじょ》というものを、特別《とくべつ》に大事《だいじ》にするという封建時代《ほうけんじだい》のなごりの中《なか》に育《そだ》った人《ひと》でありましたが、けっして、人《ひと》を、人間《にんげん》の外分《がいぶん》ゆえに差別《さべつ》するということはありませんでした。貧富《ひんぷ》のために人《ひと》をどうこうするとか、あつかいが変《かわ》るというようなことはみじんもなく、社会《しゃかい》的《てき》に地位《ちい》の高《たか》い人《ひと》であっても、いっかいの田舎《いなか》の老婆《ろうば》であっても、まったく同《おな》じ気持《きもち》で遇《ぐう》していました。そこに、はばの広《ひろ》い、非常《ひじょう》に温《あたたか》いものがただよっていました。どこかの子供《こども》が遊《あそ》びに来《き》ても、自分《じぶん》の孫《まご》と変《かわ》りなく可愛《かわい》がっていました。父《ちち》のこの天心《てんしん》な美《うつく》しさは、いま思《おも》い出《だ》しても、偉大《いだい》だったと思《おも》います。偉《えら》いというよりも、好《す》きな面《めん》であります。

それは、性来《せいらい》の宗教家《しゅうきょうか》といいますか、生《うま》れながらの信仰人《しんこうじん》といいますか、すばらしい人《ひと》でありました。

けれども、ほんとうのことを言《い》いますと、わたしは、生前《せいぜん》の父《ちち》にあまり慕《した》いよっていたとは申《もう》されません。父《ちち》の偉大《いだい》さに、どことなく尊敬《そんけい》の念《ねん》はもっていても、感情的《かんじょうてき》に、父《ちち》の気持《きもち》を理解《りかい》していたとはいえません。

一たいに、父《ちち》の愛《あい》は大《おお》きすぎて、女《おんな》の私《わたし》たちには響《ひび》きにくかったのでしょう。どちらかというと、家庭《かてい》での父《ちち》は孤立的《こりってき》な、損《そん》な立場《たちば》におかれていました。

晩年《ばんねん》、七年余《ねんよ》にもわたる未決《みけつ》から、帰《かえ》って来《き》た父《ちち》と、私《わたし》たちはしばらく一しょに過《す》ごしましたが、わたしは、同《おな》じ未決中《みけっちゅう》に病《や》んだ夫《おっと》の静養《せいよう》を専一《せんいつ》にし、父《ちち》から離《はな》れて、但馬《たじま》に移《うつ》りました。父《ちち》はわたしのことを一ばんに思《おも》っていてくれ、わたしと別《わか》れるのが何《なに》よりつらかったらしく、父《ちち》は二階《かい》に上《あが》り、わたしの姿《すがた》が見《み》えなくなるまで、あっちへいったり、こっちへいったりして、しまいには泣《な》いていられた、と妹《いもうと》たちから聞《き》き、そんなにも父《ちち》をさびしがらせたかと、申《もう》し訳《わけ》なくおもっています。

父《ちち》が、楽焼《らくやき》に専念《せんねん》したのは、わたしが但馬《たじま》に越《こ》してからでした。

但馬《たじま》でのわたしは、百姓《ひゃくしょう》ばかりしていましたが、ときどき、亀岡《かめおか》にいる父母《ふぼ》をたずねると、父《ちち》は手造《てづく》りの楽茶盌《らくちゃわん》を自慢《じまん》げに見《み》せてくれました。わたしはお茶《ちゃ》の稽古《けいこ》を通《とお》して、一つの型《かた》にはまった茶盌《ちゃわん》の概念《がいねん》に染《そ》まっていたので、これまでにない華麗《かれい》な茶盌《ちゃわん》を見《み》せられても、モット使《つか》える茶盌《ちゃわん》を作《つく》ってくれればよいものを、と思《おも》って眺《なが》めていました。けれども一方《ほう》、わたしの心《こころ》の眼《め》は――その色彩《しきさい》や、姿《すがた》の美《うつく》しさ――に感動《かんどう》し、思《おも》わず吐息《といき》をもらしていたのです。

その当時《とうじ》、父《ちち》の作品《さくひん》のうちから、よいと思《おも》って見《み》とれた茶盌《ちゃわん》は、今《いま》みても、少《すこ》しも変《かわ》らない美《うつく》しさで迫《せま》ってきます。あの驚《おどろ》きというか、深《ふか》くみればみるほど、心《こころ》に沁《し》みてくる美《うつく》しさは、初《はじ》めも今《いま》も同《おな》じことで、いつ見《み》ても嘆声《たんせい》を出《だ》さずにはいられません。

父《ちち》は、茶盌《ちゃわん》を作《つく》ってもその当時《とうじ》は、ほんとうに理解《りかい》してくれる人《ひと》も少《すく》なく、孤高《ここう》な気持《きもち》で過《すご》していたことでしょう。あれだけ精魂《せいこん》をこめて作《つく》ったものを、チョッとほめる人《ひと》があると、わけなく呉《く》れてやりました。また、茶盌《ちゃわん》を人《ひと》にあげる時《とき》にいつも「アンタには、一ばん良《よ》いのをあげるで」と言《い》って渡《わた》していました。

わたしは――お父《とう》さんは、またあんなよい加減《かげん》なことをいって――とおもって聞《き》いていましたが、父《ちち》が亡《な》くなってから、それぞれの方《かた》のもらっている茶盌《ちゃわん》を見《み》て、その人相応《ひとそうおう》に、一ばんよい茶盌《ちゃわん》を渡《わた》していることを知《し》り、父《ちち》が如何《いか》にやさしい、正直《しょうじき》な人《ひと》であったかを、しみじみと感《かん》じることができました。

父《ちち》は、私《わたし》たちの眼《め》のとどかない、奥《おく》の深《ふか》い、巾《はば》のある、大《おお》きなものをもっていました。

父《ちち》のあたたかくて、愛情深《あいじょうぶか》い性格《せいかく》が、どのようなものであったかは、父《ちち》ののこしていった燿《よう》盌《わん》の中《なか》にいまも生《い》きていて、見《み》る人《ひと》の心《こころ》のうち深《ふか》く、ひびいてゆくことを、わたしは信《しん》じています。

（昭三二、八）

能画を掛けて

この真夏《まなつ》の間《あいだ》から、秋風《あきかぜ》が立《た》ちそめる頃《ころ》にも、床《とこ》に、能画《のうが》 註 演能中の姿態を描いた絵画 を掛《か》けて、時《とき》にひそかに楽《たの》しんできました。

私《わたし》はなぜ、このように、能画《のうが》に心《こころ》を強《つよ》くひかれるのでしょうか。それも、松野奏風《まつのそうふう》という同《どう》一作者《さくしゃ》の作品《さくひん》をのみ好《この》んで、ひとり、しずかに観照《かんしょう》しているのです。

それらについては、いずれ、つれづれに話《はな》し出《だ》すこともありましょうが、わたしは、能画《のうが》の前《まえ》に、たたずまいを正《ただ》していると、わたしの生《い》きている限《かぎ》り求《もと》めてやまない清《きよ》く明《あか》るいものが、心《こころ》の中《なか》に充《み》たされてくる思《おも》いがいたします。

この二三日《にち》は、〝草子洗《そうしあらい》〟(宝生流《ほうしょうりゅう》)の能姿《のうし》の一幅《ぷく》をかけて、その、なんともいえない、力《ちから》のこもった姿態《したい》にこころを鎮《しず》めています。太《ふと》い線《せん》をもって迫《せま》ってくる、重厚《じゅうこう》な精神力《せいしんりょく》を、わたしはヒタヒタと感《かん》じ、深《ふか》い喜《よろこ》びにうたれています。

いつか、中野茗水先生《なかのめいすいせんせい》から、先生《せんせい》のご覧《らん》になった能《のう》の思《おも》い出《で》をはからずも、うかがったことがありました。それは、中野先生《なかのせんせい》とは同門《どうもん》で、染井《そめい》の能楽堂《のうがくどう》の舞台《ぶたい》を、いっしょにふまれたこともあり、その道《みち》の数寄者《すきしゃ》であった前田利鬯氏《まえだとしかし》の演能《えんのう》のことですが、廃藩置県制度《はいはんちけんせいど》のため、華族《かぞく》となり、普通《ふつう》の暮《くら》しはなさっていましたが、もとは、大名《だいみょう》であったという人《ひと》の、そうした育《そだ》ちとか生活全《せいかつぜん》体《たい》から打《う》ち出《だ》される、今《いま》の時代《じだい》の演能《えんのう》には見《み》られない気品《きひん》が、芯《しん》となっている立派《りっぱ》な能《のう》のことでした。

いま、この能姿《のうし》をジッと凝視《ぎょうし》していますと、この絵《え》から来《く》る、底《そこ》の深《ふか》いというか、重厚《じゅうこう》というか、壮重《そうちょう》な美《うつく》しさの中《なか》に、中野先生《なかのせんせい》の伝《つた》えられる大名能《だいみょうのう》の立派《りっぱ》さを、わたしは連想《れんそう》してみるのです。

そうしてわたしは、モウ一幅《ぷく》の同《おな》じ作者《さくしゃ》による、観世流《かんぜりゅう》の草子洗《そうしあらい》の能姿《のうし》と比較《ひかく》してみます。そこには異《こと》なった型《かた》が描《えが》かれ、全体《ぜんたい》に軽妙《けいみょう》な感《かん》じが流《なが》れています。磨《みが》きあげられた優美《ゆうび》の中《なか》に、観世《かんぜ》流《りゅう》のそれは、全体《ぜんたい》が華奢《きゃしゃ》な感《かん》じでつつまれています。

型《かた》のことは、いっこうに判《わか》りかねるわたしですが、膝頭《ひざがしら》のところが少《すこ》し高目《たかめ》になっているのが眼《め》に映《うつ》ります。ここに能画家《のうがか》としての感覚《かんかく》の現《あら》われがあるのでしょう。こころよい趣《おもむ》きを感《かん》じさせられます。

けれども、わたしは、宝生流《ほうしょうりゅう》の能姿《のうし》の方《ほう》に蘊蓄《うんちく》がこもっていて、より強《つよ》く心《こころ》をひかれます。今《いま》の一ぱんの方《かた》の好《この》みは、観世流《かんぜりゅう》のもつ美《うつく》しさに傾《かたむ》いているようで、宝生流《ほうしょうりゅう》の型《かた》は、どこか、ドロ臭《くさ》いものに映《えい》じるようです。また、宝生流《ほうしょうりゅう》の型《かた》は、下手《へた》にふむと田舎《いなか》くさくなるところがあってむずかしいとか、そこへゆくと、観世流《かんぜりゅう》には洗練《せんれん》された都会的《とかいてき》なものがあって、今《いま》の時代《じだい》の人《ひと》びとに迎《むか》えられるようです。

わたしは優美《ゆうび》な都会人《とかいじん》の感《かん》じの観世流《かんぜりゅう》の姿《すがた》も好《す》きですが、宝生流《ほうしょうりゅう》の剛健《ごうけん》な重味《おもみ》のあるところが、わたしの好《この》みによりあうようです。

それで、どうしても、宝生流《ほうしょうりゅう》の能姿《のうし》の絵《え》を観照《かんしょう》している方《ほう》が、より心《こころ》を落《お》ちつけることができます。

茗水先生《めいすいせんせい》は、この絵《え》をご覧《らん》になって、水色《みずいろ》の、刷毛描《はけが》きの背景《かすみ》とでもいうのでしょうか、そこを指《ゆび》さされて一言《ひとこと》、「こういうものは、なくてもネ」と、もらされましたが、先生《せんせい》には、そうしたことも、時代《じだい》の変化《へんか》として感《かん》じられたようです。

ともあれ、わたしは、自分《じぶん》の身辺《しんぺん》に、日本文化《にっぽんぶんか》の根本的《こんぽんてき》な生粋《きっすい》の要素《ようそ》を反映《はんえい》して、こうまでに美《うつく》しく力強《ちからづよ》く成立《せいりつ》している能姿《のうし》の一幅《ぷく》をおいて、そこに来現《らいげん》してくる霊気《れいき》に、この上《うえ》もない心《こころ》づよさを感《かん》じています。

（昭三二、九）

茗水先生の言葉

今《いま》は亡《な》くなられた著名《ちょめい》な能評家《のうひょうか》が、これも故人《こじん》のMさんの能《のう》を絶讃《ぜっさん》されたことがありました。そのこともあって、わたしは茗水先生《めいすいせんせい》に、Mさんの能《のう》についてうかがったことがあります。先生《せんせい》は「型《かた》は実《じつ》にりっぱなものでございました。しかし、そのわりに謡《うたい》の方《ほう》はつまりませんでした」とこたえられました。ところが、Mさんという方《かた》は、謡《うたい》の美《うつく》しいことで、当時《とうじ》さわがれた人《ひと》です。

今《いま》になって、わたしは、その時《とき》、茗水先生《めいすいせんせい》が、Mさんの謡《うたい》について簡単《かんたん》に評《ひょう》された言葉《ことば》の中《なか》の意味《いみ》が、いくぶん判《わか》るような気持《きもち》がいたします。

Mさんの謡《うたい》は、まれにみる美声《びせい》と、節《ふし》まわしの巧《たく》みなことで、みなをウットリさせたそうですが、声量《せいりょう》が豊《ゆた》かであり、節《ふし》まわしがうまいということと、本当《ほんとう》の謡《うたい》の立派《りっぱ》さというものとは、別《べつ》なものであることを、わたしは知《し》ることができるようになりました。

それについて、これは浄瑠璃《じょうるり》のことですが、綾部《あやべ》に来《き》ていた鶴沢道八《つるざわどうはち》さんの言《い》われた言葉《ことば》を思《おも》い出《だ》します。当時《とうじ》、道八《とうはち》さんのところに、東広《とうひろ》という大《おお》がらな女《おんな》の人《ひと》が来《き》て、毎月《まいつき》、浄瑠璃《じょうるり》を習《なら》っていました。素人《しろうと》のわたしがきいているとチットも面白《おもしろ》くないものですが、師匠《ししょう》の道八《どうはち》さんは「この人《ひと》の義太夫《ぎだゆう》は、これはモウ素晴《すば》らしいもので、呂昇《ろしょう》なんかは問題《もんだい》になりません」と言《い》われます。

その呂昇《ろしょう》は、世間《せけん》では、大《たい》へんな人気《にんき》で、レコードにも吹《ふ》き込《こ》まれ、わたしは蓄音機《ちくおんき》で聞《き》いて、その甘《あま》い、きれいな声《こえ》にウットリとさせられたことがあるのです。それで、わたしは東広《とうひろ》のお稽《けい》古《こ》を聞《き》きながら――そんなものかなア――と想《おも》ったことがありました。やはり、上手《じょうず》な節《ふし》まわしとか、ウットリとするような甘《あま》い声量《せいりょう》の方《ほう》が、初《はじ》めてきくわたしたちには面白《おもしろ》いのですが、それは、頭《あたま》の上《うえ》の辺《あたり》で聞《き》いている間《あいだ》だけのことです。

本当《ほんとう》のものは、こころの中《なか》に、一種《しゅ》の力《ちから》をもって響《ひび》いてくるもので、謡《うた》い手《て》の魂《たましい》から聴《き》き手《て》の魂《たましい》に伝《つた》わってくる、神霊《しんれい》のこもった、尊《とうと》い芸《げい》の味《あじ》わいです。

わたしが、そうしたことを意《い》識《しき》するようになったのには、茗水先生《めいすいせんせい》の謡《うたい》に接《せっ》しえた仕《し》合《あわ》せが、大《おお》きな力《ちから》になっていると思《おも》います。

こんな話《はなし》があります。骨董屋《こっとうや》では、小《こ》僧《ぞう》に入《はい》ると、始《はじ》めに、最上級《さいじょうきゅう》のものばかりを見《み》せるそうで、そうすることにより、立派《りっぱ》なものが眼《め》に沁《し》みて、つまらないものを区《く》別《べつ》するだけの眼識《がんしき》が自然《しぜん》に養《やしな》われるというのです。

茗水先生《めいすいせんせい》は、宝生流《ほうしょうりゅう》の中《なか》の、地謡《じうたい》の命尾《めいお》先生《せんせい》の謡《うたい》を学《まな》ばれた方《かた》です。武《ぶ》家《け》の式楽《しきがく》にまでなったというほどの、謡《うたい》の本当《ほんとう》の高《たか》い格調《かくちょう》を、先生《せんせい》の高《たか》い風格《ふうかく》のある謡《うたい》を拝聴《はいちょう》して来《き》たことによって、知《し》らず識《し》らずのうちに味《あじ》わわされていたわたしは、ふつうの聴覚《ちょうかく》の外《ほか》の、モウ一つの世《せ》界《かい》にみちびかれていたのでしょう。

それにしても、古《ふる》くから、或《あ》る流儀《りゅうぎ》で勉強《べんきょう》されていた相当《そうとう》な方《かた》が、茗水先生《めいすいせんせい》の謡《うたい》を聞《き》かれて、あまり感銘《かんめい》されない態度《たいど》を示《しめ》されたことがあり、わたしは言《い》い知《し》れぬ寂寥《せきりょう》をおぼえたものです。たとえ流儀《りゅうぎ》は別《べつ》としても、その流儀《りゅうぎ》を深《ふか》めた人《ひと》であれば、モウ少《すこ》しは、流儀《りゅうぎ》を超《こ》えたよさが判《わか》らなければと、歎《なげ》かされたことです。あるいは、その人《ひと》がそれまでに至《いた》ってない故《ゆえ》かも知《し》れませんが、いま時《どき》の人《ひと》の頭《あたま》が、謡《うたい》にかぎらず、芸術《げいじゅつ》に対《たい》する考《かんが》えが、少《すこ》し違《ちが》って来《き》ているのではないかと思《おも》うふしもあります。

茗水先生《めいすいせんせい》は——謡《うたい》には謡声《うたいごえ》という特別《とくべつ》の声調《せいちょう》があるように考《かんが》えている人《ひと》もあるが、私《わたくし》はそれぞれの人《ひと》が性格《せいかく》の現《あら》われとしてもっている地声《じごえ》の、そのままで謡《うた》い、それの謡《うたい》の修練《しゅうれん》によって、練《ね》り上《あ》げ、練《ね》り上《あ》げ、高《たか》い精神《せいしん》に辿《たど》りつくものでありたい——ということをお話《はな》しになったことがあります。わたしは先生《せんせい》の謡《うたい》の中《なか》に、私《わたし》たちの心《こころ》の奥深《おくふか》い人格《じんかく》の中枢《ちゅうすう》に、迫力《はくりょく》をもって感銘《かんめい》してくるものを、感《かん》じて来《き》ました。

そうした悦《よろこ》びは、現代《げんだい》の華奢《きゃしゃ》な文化《ぶんか》の中《なか》では、だんだんと求《もと》められ難《がた》くなってくる傾向《けいこう》でありますが、こうした時代《じだい》にこそ、大本《おほもと》の不動《ふどう》の信《しん》に生《い》きて、質実《しつじつ》な、力《ちから》のある、浄《きよ》らかな霊気《れいき》のた

だよう文化《ぶんか》を守《まも》り育《そだ》てることが、私《わたし》たちの念願《ねんがん》であり使命《しめい》であると思《おも》うのです。（昭三二、九）

○

演能《えんのう》のはこびの、囃子方《はやしかた》が出《で》、作《つく》りものが出《で》、シテ、ワキと登場《とうじょう》する順序正《じゅんじょただ》しい動《うご》きにしても、演能者《えんのうしゃ》と観《み》る者《もの》とが一つになって、その間《あいだ》を遮断《しゃだん》するもののない、他《た》の演劇《えんげき》に見《み》る、幕《まく》の奥《おく》で、かくれ事《ごと》がすすめられているようなわずらわしさのない、明《あか》るい、透明《とうめい》な、清《きよ》らかな演出《えんしゅつ》であることも、これは、わたくしたちの祭典《さいてん》のそれと、まったく相似《そうじ》しています。能舞台《のうぶたい》に白洲《しらす》のつけられていることも、橋《はし》がかりに一の松《まつ》、二の松《まつ》、三の松《まつ》の立《た》てられていることも、古代《こだい》のいわさか・ひもろぎの祭事《さいじ》を想《おも》わせる清《きよ》らかさと豊《ゆた》かさを与《あた》えてくれます。

○

祭典《さいてん》における献饌《けんせん》に始《はじ》まる諸行事《しょぎょうじ》、終了後《しゅうりょうご》の撤饌《てっせん》と、そこに伝《つた》わってくるこころは、そのまま茶《ちゃ》の点前《てまえ》の中《なか》に見出《みいだ》すことができます。お茶事《ちゃじ》の順序正《じゅんじょただ》しいはこび、すんでからの椀《わん》の一つ一つの、きれいに拭《ふ》かれた、使《つか》ったあとのよごれをのこさない、誰《だれ》が見《み》ても清潔《せいけつ》な感《かん》じは、祭典《さいてん》の後《あと》にのこる美《び》に通《つう》じるものでありましょう。それはまた、お能《のう》の絢爛優美《けんらんゆうび》きわまりない空間《くうかん》につながる一環《かん》のものでありましょう。

○

日本《にっぽん》の文化《ぶんか》は、与《あた》えられた神性《しんせい》、すなわち独自《どくじ》の民族的性格《みんぞくてきせいかく》によって育《そだ》てられて来《き》たものでありますが、能《のう》も茶《ちゃ》も、仏教文化《ぶっきょうぶんか》の恩恵《おんけい》を多分《たぶん》にうけて形成《けいせい》されています。この点《てん》は、過去《かこ》の日《に》本文化《ほんぶんか》のどれをとりあげても、仏教《ぶっきょう》の恩恵《おんけい》をのぞいて、どれだけのものが残《のこ》るでしょう。けれども、日本人《にっぽんじん》は独特《どくとく》の性格《せいかく》によって他文化《たぶんか》を吸収《きゅうしゅう》し、よいものはとり容《い》れ、自分《じぶん》の血肉《ちにく》として、そこに特種《とくしゅ》な日本文化《にっぽんぶんか》を作《つく》りあげていると思《おも》います。能《のう》も茶《ちゃ》も、私《わたし》たちの祖先《そせん》の、こうした民族的経験《みんぞくてきけいけん》のゆきついたところに成《な》り立《た》った驚《おどろ》くべき存在《そんざい》であると思《おも》います。この先《さき》、どのような芸術家《げいじゅつか》が現《あら》われ、どれだけの変化《へんか》を加《くわ》えるかは別《べつ》として、今日《こんにち》、ここまでに大成《たいせい》した祖先《そせん》の文化《ぶんか》を尊重《そんちょう》し、遺産《いさん》を摂受《せつじゅ》することが、私《わたし》たちの道《みち》でありましょう。

（昭三二、一〇）

Kさんの場合

わたしたちの木《こ》の花歌壇《はなかだん》に、古《ふる》くから投稿《とうこう》され、初心《しょしん》をつらぬいている人《ひと》の中《なか》にKさんがいます。

この方《かた》は、日本《にっぽん》の誇《ほこ》る伝統芸術《でんとうげいじゅつ》の一つである「文楽《ぶんらく》」の人《ひと》で、文楽《ぶんらく》の修業《しゅうぎょう》といえば、それは生《なま》やさしいものでなく、まったく没我《ぼつが》の修練《しゅうれん》を必要《ひつよう》とすることを聞《き》かされており、その上《うえ》にこの方《かた》は、あまり声量《せいりょう》にめぐまれていないというのですから、それだけに、日々《にちにち》のお稽古《けいこ》への努力《どりょく》や苦心《くしん》が、どれだけ大変《たいへん》なものかは想像《そうぞう》するに難《かた》くありません。そのKさんが作歌《さっか》のために、日《ひ》に一時間《じかん》は、つとめて机《つくえ》の前《まえ》に端坐《たんざ》される習慣《しゅうかん》をつけていられるというのです。

モウだいぶ以前《いぜん》のことですが、Kさんから私宛《わたしあて》に、抗議《こうぎ》めいた手紙《てがみ》が届《とど》きました。それは、わたしが専念《せんねん》していた木《こ》の花短歌《はなたんか》の選《せん》をそのころ、申《もう》しわけないことですが、夏山先生《なつやませんせい》にお願《ねが》いしているとと聞《き》かれてのものでした。

——私《わたし》は信者《しんじゃ》として、貴方《あなた》さんが選《せん》をされるということに頼《たの》みをかけて作歌《さっか》にはげんでいるのですから——といった意味《いみ》の、いかにも残念《ざんねん》さを訴《うった》えたものでした。

わたしはさっそく返事《へんじ》をさし上《あ》げました。

——これまで皆《みな》さんからご投稿《とうこう》の歌《うた》は、すべて、わたしが見《み》せていただきました。わたしには、他《た》にもなさなければならないことが一パイ詰《つま》っているのですが。この一二年《ねん》、歌《うた》の選《せん》を第《だい》一にしてきました。坐《すわ》る間《ま》さえあれば、投稿歌《とうこうか》のために時間《じかん》を用《もち》いました。三日《か》も四日《か》もブッつづけで机《つくえ》にむかいました。但馬《たじま》の竹田《たけだ》に、月《つき》の半分《はんぶん》をすごしていたころ、ちょうど、能画《のうが》の松野先生《まつのせんせい》が襖絵《ふすまえ》を描《か》きに来《き》てくださっていて、わたしの顔《かお》をご覧《らん》になり「モウあまり根《こん》をおつめになってはいけませんよ。顔《かお》がチョットむくんでいらっしゃいます。ご用心《ようじん》なさらなければ……」とご注意《ちゅうい》があったほどです。わたしのからだに疲労《ひろう》が現《あら》われてきたことは、その前《まえ》からわたしも気《き》づいてはいたのですが、どうしようもなく、歌《うた》の選《せん》をつづけていました。ですから、できるだけは尽《つく》したいと思《おも》いますが、わたしに与《あた》えられる仕事《しごと》は広《ひろ》くなり、時間《じかん》にも労力《ろうりょく》にも限度《げんど》がありますので、この頃《ころ》は、歌《うた》の選《せん》のみにかかっておれないのです。ですから、わたしはせめて作歌《さっか》の面《めん》で、皆《みな》さんと一しょに励《はげ》みたいと思《おも》います。このごろは、つい、忙《いそが》しさに負《ま》けていますが、あなたのお便《たよ》りを機《き》に心《こころ》のヒモを締《し》めなおし、いっそう勉強《べんきょう》いたします。あなたも、どうぞ気《き》ばってご精進《しょうじん》下《くだ》さい――

という意味《いみ》のことを書《か》いたと思《おも》います。

木《こ》の花短歌《はなたんか》の投稿者《とうこうしゃ》には、わたしが選者《せんじゃ》であるというので、信仰《しんこう》から作歌《さっか》を始《はじ》められた方《かた》が多《おお》いと聞《き》いていたので、そのお気持《きもち》を尊《とうと》んで、選者《せんじゃ》の名《な》はそのままにしました。そうした信仰的《しんこうてき》な気持《きもち》で作歌《さっか》していただくことは、木《こ》の花短歌《はなたんか》の特異性《とくいせい》として意義深《いぎふか》いことであると信《しん》じるからです。

選者《せんじゃ》としてわたしの名《な》が用《もち》いられているのは、この大本《おほもと》の代表者《だいひょうしゃ》の意味《いみ》をふくんでいましょう。しかし、選者《せんじゃ》の名《な》に頼《たよ》って作歌《さっか》に向《む》かわれようとも、ご精進《しょうじん》なさる皆《みな》さんは、作歌《さっか》の中《なか》で、真実《しんじつ》にふれ、真実《しんじつ》をとおして、高《たか》く神《かみ》を求《もと》められるはずです。作歌《さっか》はそうしたものでありますから、皆《みな》さんは作歌《さっか》への精進《しょうじん》によって、心《こころ》を清《きよ》めることが出来《でき》、神徳《しんとく》をいただかれると思《おも》います。けれども、わたしはそうした理《ことわり》を、Kさんの手紙《てがみ》にしたためたのでなく、お互《たが》いにはげましあって作歌《さっか》に精進《しょうじん》しましょうと約束《やくそく》したまでです。

Kさんは、わたしの意《い》とするところを汲《く》んでくださったのでしょう。文楽《ぶんらく》のはげしい修業《しゅうぎょう》の中《なか》から、作歌《さっか》のため、日《ひ》に一時間《じかん》を机《つくえ》にむかわれるようになったのは、それからではないかと思《おも》います。Kさんは、「作歌《さっか》にむかうことにより、自分《じぶん》の気持《きもち》をしずかにすることができます。そのためにも机《つくえ》の前《まえ》に坐《すわ》るんです」と、おっしゃっています。

Kさんはそのように精進《しょうじん》されていますが、かんじんの約束《やくそく》したわたしは、未《いま》だに〆切《しめきり》が迫《せま》ってから、あわてて、一生《しょう》けんめいになることがあります。何《なに》か記《き》憶《おく》をかき集《あつ》めるようにして作《つく》る月《つき》もあります。これではやはり忙《せ》わしさに負《ま》けているので、いい加減《かげん》なお座《ざ》なりの歌《うた》になってしまいます。

先月《せんげつ》、地方《ちほう》にまいりまして、信者《しんじゃ》さんの中《なか》に、Kさんのなかなか鋭《するど》い眼《め》を見出《みいだ》し、わたしはなんだかトガめられているように思《おも》えて辛《つら》くてかないませんでした。そしてお腹《なか》の中《なか》で「貴方《あなた》は偉《えら》いなア……」と言《い》っていました。

Kさんの修業《しゅうぎょう》に比《くら》べると、わたしは忙《いそが》しいことは忙《いそが》しいけれども、疲《つか》れて横《よこ》になることもあるのです。

わたしはやはり努力《どりょく》が足《た》らないのです。近頃《ちかごろ》は疲《つか》れると、すぐ歳《とし》がいったと思《おも》うことも、いくらか怠《なま》けているのでしょうか。これからは、そんなことに負《ま》けないで、モウ少《すこ》し努力《どりょく》しなくてはいけないと思《おも》いました。

そのお蔭《かげ》で、この月《つき》は、珍《めずら》しく数《かず》だけはたくさん作《つく》ることができました。よく推敲《すいこう》してみれば、投稿《とうこう》できる歌《うた》はないのですが、十首《しゅ》ほどだしてみました。

わたしの生活《せいかつ》というものは、巾《はば》が広《ひろ》いというのでしょうか、世間《せけん》の定《き》まった職業《しょくぎょう》の中《なか》にいる人々《ひとびと》が作歌《さっか》に打込《うちこ》むのと違《ちが》った苦労《くろう》があります。何《なに》か一つの職業《しょくぎょう》であれば、そればかりに打《う》ち込《こ》んでいって狭《せま》くても一筋《すじ》に、自分《じぶん》だけのものに突《つ》き進《すす》んでゆくことができますが、わたしにはそれが出来難《できにく》いのです。わたしのように捉《とら》えどころのない生活《せいかつ》をしているものが、人《ひと》のもってないものを作品《さくひん》にすることはむずかしいことです。それに、あまり自分《じぶん》に執着《しゅうちゃく》した歌《うた》を作《つく》ると問題《もんだい》を起《おこ》しやすいおそれもあるのです。そうは思《おも》ってみるものの、これは一つのヒガミであるかも知《し》れません。狭《せま》いところから、いろいろの素材《そざい》を拾《ひろ》い、馴《な》れ切《き》ったことから感動《かんどう》をよび醒《さ》ますことも、また、なかなかむつかしいことであるはずです。

いろいろ環境《かんきょう》の差《さ》はあっても、どのみち、努力《どりょく》している人《ひと》は、いい歌《うた》を作《つく》っていられるのです。してみれば、環境《かんきょう》をとやかくいうことも、多忙《たぼう》を言《い》いわけにすることも、それらは、作歌《さっか》できない理由《りゆう》には成《な》り立《た》たないようです。これは少《すこ》し苛酷《かこく》なようでも、作品《さくひん》が出来《でき》ないということは、努力《どりょく》が足《た》りないということに帰《き》するようです。

むしろ、お互《たが》いが、それぞれ異《こと》なった環境《かんきょう》をもっていることにより、お互《たが》いが独自《どくじ》の世界《せかい》を与《あた》えられていることになるのでしょう。そうした、その人《ひと》の独自《どくじ》の、他人《たにん》ではどうにもならないものを自分《じぶん》のものにするところにこそ、人生《じんせい》の妙味《みょうみ》があるのではないかとおもいます。

そう思《おも》って、わたしは素直《すなお》に自己《じこ》の惰情《だじょう》に鞭《むち》をあててゆきたいとおもっています。

Kさんの歌《うた》が、アララギの九月号《がつごう》に四首出《しゅで》ていますが、始《はじ》めの二首《しゅ》

幕切《まくぎ》れの紙《かみ》の雪降《ゆきふ》る舞台《ぶたい》の上《うへ》かそけき音《おと》して木屑《きくづ》落ちたり

スト中《ちゅう》の鉱山《くわうざん》に来《き》て芝居《しばゐ》すると木草《きくさ》ひそけき島《しま》に降《お》り立《た》つ

の二首《しゅ》は、この人《ひと》の生活《せいかつ》のハッキリしているもので、他《た》の人《ひと》ではどうにもならないものです。

後《あと》の二首《しゅ》は誰《たれ》にもあることではありますが、そのうちの一首《しゅ》

マンホールの下《した》を流《なが》るる水《みづ》の音聞《おとき》きて帰《かへ》りくる月夜《つきよ》の交叉路《かうさろ》

は都《と》会人《かいじん》の生活《せいかつ》がよく出《で》ていて好《この》ましく感《かん》じます。これらのどの作品《さくひん》も、歌《うた》というものをジーッと念頭《ねんとう》においている人《ひと》の、そうした態度《たいど》をいつも忘《わす》れない人《ひと》の歌《うた》だと思《おも》います。これらは、なんでもないことを詠《うた》われたものですから、ウカウカと暮《くら》しておれば発見出来《はっけんでき》ないものでしょう。

私《わたし》たちは何《なに》も、作歌《さっか》のために生《い》きているわけではありませんが、こうした作歌《さっか》への態度《たいど》は、私《わたし》たちをより深《ふか》く真実《しんじつ》に生《い》きるべく導《みちび》いてくれます。そして、作歌《さっか》は、私《わたし》たちの信仰《しんこう》を生《い》かして、私《わたし》たちの生活《せいかつ》を自分《じぶん》のものとしてくれる大《おお》きな働《はたら》きをもっているとおもいます。

私の小さな悲しみ

わたしの二十七才《さい》の時《とき》でした。長女《ちょうじょ》の直美《なおみ》を妊娠《にんしん》した年《とし》で、子供《こども》が生《うま》れてくる前《まえ》に、モウ少《すこ》し裁縫《さいほう》の稽古《けいこ》もしておきたいと思《おも》い、小学校《しょうがっこう》の先生《せんせい》の奥《おく》さんで、裁縫《さいほう》では綾部《あやべ》一といわれていた方《かた》のところへ通《かよ》いました。そのころ、今《いま》より人馴《ひとな》れも世馴《よな》れもしていないわたしは、先生《せんせい》の家《いえ》で、お水《みず》が欲《ほ》しくてかなわなくなりましたが、ほしいとも言《い》いえずに帰《かえ》ったことがあります。そのことを詠《うた》った歌《うた》が、私《わたし》としてはチョット好《す》きでした。

それから二年後《ねんご》に、東京《とうきょう》のある熱心《ねっしん》な信者《しんじゃ》さんのところへいった時《とき》、何《なに》か書《か》いてくれとたのまれるままに書《か》いたのがその歌《うた》です。それがために、その信者《しんじゃ》さんは――私《わたし》のところへ来《き》て下《くだ》さって、えらいご遠慮《えんりょ》なさったらしい――と、大《たい》へんご心配《しんぱい》なさったということを後《あと》で聞《き》かされました。わたしはビックリしてしまい、ウッカリと歌《うた》も書《か》けないと思《おも》いました。

その歌《うた》は、

　この家《いへ》の人《ひと》らにいまだなじまねば水欲《みづほ》しき思《おも》ひ言《い》ひかねてをり

というのですが、気《き》の毒《どく》なことに、そこの家《いえ》と関連《かんれん》でもあるように受《う》けとられたようです。

この歳《とし》になっても、わたしはうかうかと暮《くら》しているものですから、よくこうした失敗《しっぱい》をいたします。

対手《あいて》の人《ひと》の気持《きもち》が分《わか》らないために、することが先方《せんぽう》には皮肉《ひにく》に聞《きこ》えることがあります。わたしは皮肉《ひにく》など言《い》ったことのない人間《にんげん》ですし、意識《いしき》して人《ひと》に皮肉《ひにく》の言《い》えるだけのシッカリした腹《はら》もできてないのですが、わたしの思慮《しりょ》が浅《あさ》いために、よくそんな誤解《とかい》をされます。

可憐な願い主へ

さいきん、わたしのところへ、よく、可憐《かれん》な願《ねが》いごとをもってみえる婦人《ふじん》があります。その方《かた》とは二三年《ねん》ぐらい前《まえ》に、チョットおもしろいことから知《し》り合《あ》いになったのですが、いま時《とき》に珍《めずら》しく純《じゅん》な方《かた》です。

このたびは妹《いもうと》さんにもお願《ねが》いごとがあり、ごいっしょにみえました。

妹《いもうと》さんは、お姉《ねえ》さんの話《はなし》が、ご自分《じぶん》の信仰《しんこう》されている或《あ》る教《おしえ》の先生《せんせい》の法話《ほうわ》とよく似《に》ていて、だんだん深《ふか》く耳《みみ》を傾《かたむ》けられるようになったのですが、お姉《ねえ》さんのところへ来《く》る人《ひと》から「あの先生《せんせい》は、もと大本《おほもと》にいた人《ひと》ですよ」と聞《き》かされたこともあり、大本《おほもと》をたづねて、おいでになったというのです。

ところで、お姉《ねえ》さんのお願《ねが》いごとというのは——東京《とうきょう》に交渉《こうしょう》ごとがあって、それが都合《つごう》よくゆきますように、神《かみ》さまにお願《ねが》いしてください——ということでした。わたしは「もちろんよくお願《ねが》いさしてもらいますが、あなたは、わたしに頼《たの》んでおいただけではいけませんよ。あなたご自《じ》身《しん》のことですし、一生懸命《しょうけんめい》にお願《ねが》いしなさいよ。あなたが一心《しん》にお願《ねが》いされるのが、神《かみ》さまへは一番《ばん》に届《とど》くのですよ。必《かなら》ず神《かみ》さまのご守護《しゅご》がありますから、安心《あんしん》して行《い》っていらっしゃい」とお話《はな》しいたしました。

妹《いもうと》さんのお願《ねが》いごとというのは——近《ちか》く主人《しゅじん》がアフリカへ二月《ふたつき》もの間《あいだ》、旅行《りょこう》に出《で》るのですが、体《からだ》が弱《よわ》いので、元気《げんき》で目的《もくてき》を果《は》たして、無事《ぶじ》に帰《かえ》れるように、大本《おほもと》の神《かみ》さまにお願《ねが》いしていただきたい——というのでした。

わたしは、そのお妹《いもうと》さんの、これもまた、まことに可憐《かれん》な願《ねが》いごとを、こころよくお引《ひ》きうけし、「ご守護《しゅご》いただかれますように、お願《ねが》いしてあげますよ」とおこたえして、安心《あんしん》していただきました。

その後《あと》で、わたしにはめずらしく次《つぎ》のように申《もう》しそえました。

「あのね、どこの教《おしえ》でも、誰《たれ》の口《くち》からでも、よいお話《はなし》はお聞《き》きになって、自分《じぶん》の魂《たましい》の糧《かて》になさることは、大《たい》へん結構《けっこう》なことと思《おも》います。どこの教《おしえ》をきかしていただいていてもよいので、それによって自分《じぶん》の魂《たましい》を磨《みが》き、心《こころ》を養《やしな》うことはまことに結構《けっこう》なことであります。けれども人《ひと》の一生《しょう》には、人間《にんげん》の力《ちから》でどうにもならないことがあります。そういう時《とき》は、神《かみ》さまにすがるよりほかにないのです。その時《とき》には、ここの神《かみ》さまを拝《おが》みなさいよ。平常《へいじょう》の時《とき》は、人間《にんげん》の考《かんが》え方《かた》を教《おし》えたりするものも宗教的《しゅうきょうてき》な暮《くら》しへの導《みちび》きになり、それによって充分《じゅうぶん》に仕合《しあ》わせになれますが、私《わたし》たちの一生《しょう》に、人間《にんげん》の力《ちから》でどうにもならない時《とき》があるように、歴史《れきし》の上《うえ》でも非常《ひじょう》な事《こと》は来《く》るものです。そういう時《とき》は、人間《にんげん》が作《つく》った神《かみ》さまにすがっていても守《まも》る力《ちから》はありません。やはり、本当《ほんとう》の神《かみ》さまにお縋《すが》りするしかないのです。そういう時《とき》、ここの神《かみ》さまは大丈夫《だいじょうぶ》ですから、安心《あんしん》してお縋《すが》りなさいよ」

人間《にんげん》の頭《あたま》で考《かんが》え出《だ》した教《おしえ》は、うなずきやすくできていて、入《い》りやすくなっていても、泉《いずみ》が浅《あさ》いために、ながく深《ふか》く、魂《たましい》をうるおしてゆくことは難《むつか》しいでしょう。

茶《ちゃ》や歌《うた》にこっているぐらいに思《おも》われているわたしにも似《に》ず、確信《かくしん》をもって、人《ひと》に伝《つた》えられる言《こと》葉《ば》として誠意《せいい》をこめて申《もう》し上《あ》げました。

「人間模様」

――わたしはあまり難《むつか》しいことというのが、きらいなのです。とくに、宗教家臭《しゅうきょうかくさ》いのは大《だい》きらい。そこで本当《ほんとう》は「直日《なほひ》さん」と呼《よ》んでほしいのですが、「先生《せんせい》」と呼《よ》んでもらうようにしています。

わたしの今日《こんにち》の信仰《しんこう》は、昭和《しょうわ》十年《ねん》の大本事《おほもとじ》件《けん》で、どうにもならない苦境《くきょう》におち入《い》り、努力《どりょく》して得《え》たものです。父《ちち》も母《はは》も、善悪呑《ぜんあくの》むという態度《たいど》で進《すす》まれましたが、わたしは是《ぜ》は是《ぜ》、非《ひ》は非《ひ》として、明《あき》らかにしたいと思《おも》っています。私自身《わたしじしん》はつたなくとも、偉大《いだい》な神《かみ》の経綸《けいりん》とご守護《しゅご》を信《しん》じて、この道《みち》を継《つ》がして頂《いただ》いたもので、「三代《だい》さんは普通《ふつう》の人間《にんげん》です」と誰《たれ》かがいってくれたとおり、まったく平凡《へいぼん》な弱《よわ》い人間《にんげん》です。

宗教《しゅうきょう》の家《いえ》を継《つ》ぐべき宿命下《しゅくめいか》にうまれてきた私《わたし》ではありますが、母《はは》ほど熱烈《ねつれつ》な信仰《しんこう》もなく、自《じ》分《ぶん》は〝産婆《さんば》〟になりたかったのです。生活《せいかつ》にもさして困《こま》らず、周囲《しゅうい》からまつりあげられて生《お》い立《た》ちましたが、いまではロクロをまわし、好《す》きな絵筆《えふで》をとって陶器《とうき》を作《つく》るのが一番《ばん》の楽《たの》しみです。

――

（「毎日グラフ」三一年九月二十二日号掲載）

○

あの日《ひ》、「毎日《まいにち》グラフ」の記者《きしゃ》が見《み》えるということだけは聞《き》いていたのですが、何《なん》のために来《こ》られるのか知《し》らないまま、これは私《わたし》の家《いえ》のいつものクセといいますか、不用意《ふようい》といえば不用意《ふようい》きわまる漫然《まんぜん》さで、取材《しゅざい》に来《き》た記者《きしゃ》とお会《あ》いしたものです。

今《いま》だに世《よ》なれないわたしは、ことさら報道関係《ほうどうかんけい》の人《ひと》には、会《あ》うまでがおっくうで、さけられるものなら避《さ》けたいところ、逃《に》げをはっても、いずれはお会《あ》いしなければならないハメになるものと、お会《あ》いすることにきめたのです。それも先方《せんぽう》の編集上《へんしゅうじょう》の都合《つごう》では、モウ少《すこ》し先《さき》にしてもよかったようですが、延《の》ばせばのばしただけ、その日《ひ》まで心《こころ》にかかる重荷《おもに》が思《おも》いやられ、いっそ明《あ》日《す》にでもと、なんの思慮《しりょ》もなく、気軽《きがる》にお会《あ》いしてしまったわけです。

それはそれでよかったと思《おも》うのですが、わたしの記者《きしゃ》に話《はな》した多《おお》くの言葉《ことば》の中《なか》には、その時《とき》の調子《ちょうし》で出《で》たわたし個人《こじん》の気持《きもち》もあり、それらが他《た》の教団《きょうだん》の方《かた》の言葉《ことば》とならべられてみると、わたしの言葉《ことば》はひどく際立《きわだ》って身辺的《しんぺんてき》であり、わたしの人間的《にんげんてき》な弱《よわ》さを浮《う》き出《だ》している感《かん》じです。

もちろんわたしの言葉《ことば》は、自己《じこ》に正直《しょうじき》であったことに間違《まちが》いはないのですが、それにしても、あの場合《ばあい》、他《た》の教団《きょうだん》の方《かた》はやはり「教主《きょうしゅ》」という立場《たちば》から、その団体《だんたい》を代表《だいひょう》して、それぞれの教《きょう》団《だん》の世界観《せかいかん》にもふれ、教主《きょうしゅ》らしく主張《しゅちょう》をのべておられます。わたしのは世界平和《せかいへいわ》への呼《よ》びかけもなく、ただ自分《じぶん》だけのことを言《い》っているようで、わたしのそれを、さみしく感《かん》じられた方《かた》もあるのではないかと思《おも》ってみるのです。

正直《しょうじき》で自分《じぶん》の気持《きもち》を偽《いつわ》らぬことはよいのですが、それにしてもあの場合《はあい》、それだけでよいものかどうか、わたしは考《かんが》えさせられています。やはり、自分《じぶん》だけの人間《にんげん》でなく、大勢《おおぜい》の方《かた》の中心《ちゅうしん》になっている教主《きょうしゅ》とすれば、全体《ぜんたい》のことを考《かんが》えなければいけないのではないかと反省《はんせい》しています。あの時《とき》のわたしに、自分《じぶん》だけの気持《きもち》にこもっているようなもの足《た》りなさを、さみしく感《かん》じられた方《かた》へは、まことに気《き》の毒《どく》なことをしてしまったと、わびています。

わたしは、教主《きょうしゅ》としての立場《たちば》から話《はな》すべき問題《もんだい》を、ほかの方《かた》のようにたやすく語《かた》れないのでしょうか。できるとしても、附《つ》け焼刃《やきば》のようなもの、いいえ、そうでないにしても、泉《いずみ》の浅《あさ》い感《かん》じの言葉《ことば》で語《かた》ることを嫌《きら》っているのでしょうか。あるいはわたしの、まだ不勉強《ふべんきょう》なことをおそれているのでしょうか。わたしは母《はは》のように自分《じぶん》のからだ一パイで受《う》けとめてきた苦労《くろう》も少《すく》なく、したがって、それらから得《え》た体験《たいけん》も浅《あさ》く、それで、生《うま》れ出《で》る言葉《ことば》にも、力強《ちからづよ》さが足《た》りないというので、こう、控《ひか》え目《め》なのでしょうか。

その意味《いみ》でわたしは――つまらない人間《にんげん》――といわれてもいたし方《かた》ありません。といって、大《たい》ていの人間《にんげん》は、そんなに変《かわ》らないものとも思《おも》っています。それは、父母《ふぼ》のように、ほんとうの苦《く》労《ろう》をしてきた人《ひと》は偉大《いだい》だと思《おも》います。けれども、わたしのように三代目《だいめ》ともなれば、同《おな》じような偉大《いだい》さはのぞまれないものです。（使命《しめい》も環境《かんきょう》も異《こと》なって与《あた》えられています）父母《ふぼ》のような偉大《いだい》さに身魂《みたま》を磨《みが》くには、わたしの境遇《きょうぐう》は父母《ふぼ》とくらべて平坦《へいたん》すぎるでしょう。かりに、少々《しょうしょう》ぐらいよい素質《そしつ》であったとしても、父母《ふぼ》のような苦労《くろう》をして磨《みが》き上《あ》げなければ、ああした偉大《いだい》さにはなれないものと思《おも》います。

それにしても、わたしには、神《かみ》さまの絶大《ぜつだい》なるご守護《しゅご》のあることだけは、はばかりなく公言《こうげん》できます。それが言《い》い切《き》れないほど信念《しんねん》のないわたしでもありません。まこと、わたしに神《かみ》さまのご守護《しゅご》がそっていることは、信念《しんねん》などという筋合《すじあ》いのものではなく、当然《とうぜん》のことであるとおもっているのです。

第一《だいい》、この大本《おほもと》の家《いえ》に生《うま》れてきたことも、わたしの力《ちから》ではありません。しかも、三代《だい》の世《よ》を継《つ》ぐべく宿命《しゅくめい》づけられて来《き》たことは、よいかげんなものではないはずです。ここにご守護《しゅご》のあることを信じるとか、信じないというのでなく、これは、夜睡る時に誰しも、朝の眼醒めを疑わないのと同《おな》じようなものであるとおもいます。

ですから、ジッと考《かんが》えてみれば、わたしはつまらない人間《にんげん》でしょうが、大本《おほもと》の世継《よつぎ》として、神《かみ》のたまわるご守護《しゅご》にいささかの不信《ふしん》もありません。

わたしの使命《しめい》に私自身《わたしじしん》の精進《しょうじん》をおこたれば、そこに、それだけのさわりが生《しょう》じることも当然《とうぜん》でしょうが、本来《ほんらい》において、神《かみ》のご守護《しゅご》がなければ、わたしは大本《おほもと》の三代《だい》として生《うま》れて来《こ》なかったはずです。

これは、厳然《げんぜん》とした神《かみ》の摂理《せつり》により、動《うご》かすことのできない約束《やくそく》ごとの上《うえ》におかれていることですし、そのご守護《しゅご》によって、わたしの日々《にちにち》はすすめられているとおもっています。

その意味《いみ》で、わたしは神《かみ》のご守護《しゅご》のあるところを話《はな》し、神《かみ》とともに生《い》きる安心《あんしん》と歓《よろこ》びと、その故《ゆえ》にこそ、一生《しょう》けん命《めい》に日々《にちにち》を生《い》きる心境《しんきょう》をのべたものです。

ということは、神《かみ》の愛《あい》はそれぞれに普《あまね》く、それぞれの使命《しめい》において、等《ひと》しくそそがれていることとですし、神《かみ》のご守護《しゅご》をまったく信《しん》じ切《き》って生《い》きることが、一番大切《ばんたいせつ》なのではないかとおもわれるからです。

あの時《とき》の言葉《ことば》は、へいぜい、わたしの言《い》っている言葉《ことば》であり、生活《せいかつ》している平凡《へいぼん》な事実《じじつ》を述《の》べたもので、よく読《よ》みとってもらえれば、他《た》の方《かた》のような上手《じょうず》な話《はなし》ではありませんが、一片《ぺん》の私語《しご》でないものがあることを信《しん》じています。

――自分《じぶん》は「産婆《さんば》」になりたかったのです――と言《い》った言葉《ことば》にしても、あまりに赤裸々《せきらら》すぎて、あの場合《ばあい》、わたしがいうには情《なさ》けない言葉《ことば》と思《おも》われるかも知《し》れませんが、私《わたし》はああ言《い》ったことに対《たい》して、そんなに恥《は》ずかしいことには思《おも》っていません。モウ少《すこ》し有難《ありがた》そうな言葉《ことば》を言《い》えばよかったのかも知《し》れませんが、あの言葉《ことば》の中《なか》にも、宗団《しゅうだん》の長《ちょう》として生《い》きている私《わたし》の信仰的《しんこうてき》な態度《たいど》は、裏《うら》づけられているとおもいます。

○

「人間模様《にんげんもよう》」として紹介《しょうかい》された中《なか》に、世界《せかい》メシヤ教《きょう》の岡田《おかだ》よし子《こ》さんもありました。日頃《ひごろ》を存《ぜん》じているせいか、わたしにはこの方《かた》が一ばん美《うつく》しく映《えい》じ、身近《みぢか》く感《かん》じられたのはうれしいことでした。

写《うつ》っていらっしゃる姿《すがた》の、端正《たんせい》な態度《たいど》であったことや、眼《め》のつかい方《かた》の大《たい》へんへり下《くだ》った感《かん》じにも、この方《かた》らしい懐《なつか》しさと感銘《かんめい》をうけました。話《はな》されていたことも、人間《にんげん》らしい正直《しょうじき》なものでありながら、そこに教主《きょうしゅ》としての立場《たちば》からも話《はな》されていました。

この方《かた》とおつき合《あ》いして感《かん》じたことは、信仰《しんこう》がからだの中《なか》で血《ち》となり肉《にく》となっていられることでした。それに、賢明《けんめい》な方《かた》で、と言《い》って、ただの賢夫人《けんぷじん》でなく、こまかい心《こころ》くばりのある中《なか》に、やはり生《うま》れつきの心《こころ》の広《ひろ》い、大《おお》らかな方《かた》であるということを感《かん》じさせられました。そうした生《うま》れながらのものを、この方《かた》は、いろんな境遇《きょうぐう》を経《へ》て磨《みが》かれています。

そこには、自分《じぶん》というものをジッとおさえて、しんぼう強《づよ》く、人《ひと》の気持《きもち》を傷《きず》つけまいとして、やさしく人《ひと》とつき合《あ》われる美《うつく》しさがあります。相手《あいて》が四人《よにん》いれば、四人《よにん》の人《ひと》の、それぞれの気持《きもち》を傷《きず》つけないようにしてゆかれる方《かた》です。これは、社交性《しゃこうせい》を超《こ》えたまことに尊《とうと》いものであります。

そうした、あの方《かた》のうちなるものが〝人間模様《にんげんもよう》〟の、あの方《かた》のお話《はなし》の中《なか》にもにじんでいて、とりわけ立派《りっぱ》に感《かん》じました。

○

あのグラフを見《み》ていた誰《たれ》かが「この顔《かお》！　映画《えいが》に出《で》てくる新興宗教《しんこうしゅうきょう》の教祖《きょうそ》のようないやらしい顔《かお》！」と言《い》っているので、私《わたし》は「ドレドレ」とのぞいてみますと、けっして、嫌《いや》らしい顔《かお》ではありません。それは、なんといいますか、永《なが》い年月《ねんげつ》、一条《すじ》に信仰《しんこう》にはげまれた方《かた》の、深《ふか》い信仰的《しんこうてき》な立派《りっぱ》なお顔《かお》なのです。

それは、このあいだ亡《な》くなられた立正佼成会《りっしょうこうせいかい》の長沼妙佼《ながぬまみょうこう》さんとおっしゃる方《かた》の姿《すがた》でした。この方《かた》の顔《かお》が嫌《いや》らしいなどと見《み》えるのは、それは外面的《がいめんてき》なものを見《み》ているからであって、案外《あんがい》、人《ひと》びとの美《び》を見《み》る眼《め》は低《ひく》いのではないかと思《おも》いました。

わたしはいつか前《まえ》に――年《とし》をとると、まず口《くち》もとから若《わか》さが失《う》せて老《お》いの影《かげ》が現《あら》われる――と言《い》ったことがありましたが、この方《かた》も年老《としお》いてその姿《すがた》が濃《こ》くなられたので、外見《がいけん》は一見《けん》して不細《ぶさい》工《く》かも知《し》れませんが、ジーッと見《み》せていただくと、なんとも言《い》えない信仰的《しんこうてき》なものが感《かん》じられる立派《りっぱ》なお顔《かお》です。たしかに大勢《おおぜい》の人《ひと》の中心《ちゅうしん》になられるだけの信仰的《しんこうてき》な美《うつく》しさを、感《かん》じることができます。

人《ひと》にはそれぞれの見方《みかた》もありましょうが、わたしはそう思《おも》って見《み》せていただきました。

（昭三二、一二）

私の結婚、それから

わたしの結婚《けっこん》について、なにか特別《とくべつ》の神秘《しんぴ》が動機《どうき》になっているよう考《かんが》えられているむきもありますが、わたしには自身《じしん》には、それほどのことはなかったので、ただ、好《この》ましい気持《きもち》が、時間《じかん》をへて、厚《あつ》みをまし、信頼《しんらい》を固《かた》めていったことによるものです。

亡《な》くなった妹《いもうと》の一二三《ひふみ》がすでに病《やま》いがちのころ「お姉《ねえ》さん、高見元男《たかみもとお》さんって、面白《おもしろ》い人《ひと》やなア。うちとこへよく見舞《みまい》に来《き》てくれてやで。こんど見《み》えたとき、一ペンいうたげるさかい遊《あそ》びに来《き》なよ」といってくれたのが縁《えん》で、元男《もとお》とは一二三《ひふみ》のところで会《あ》ったのが初《はじ》めてであったように記憶《きおく》しています。

その以前《いぜん》に、京都《きょうと》から高見元男《たかみもとお》という名《な》で、万葉集《まんようしゅう》をおくってくれた人《ひと》がありました。中《なか》に、一種《しゅ》の相聞《そうもん》に近《ちか》い歌《うた》が、いくつか書《か》きこんであって、その歌《うた》を見《み》た時《とき》には、なんて生意気《なまいき》な！と不愉快《ふゆかい》な思《おも》いがして、見《み》ず知《し》らずにいるわたしに、こんな歌《うた》を書《か》いてよこすところをみると、いくらか頭《あたま》の方《ほう》がおかしいのではないか……と思《おも》った印象《いんしょう》が、どこかにのこっていました。

けれども、会《あ》ってみると、常識《じょうしき》のある、気持《きもち》のぬくとい、い、い人《ひと》の感《かん》じをうけました。それで、「わたしのところへも遊《あそ》びにきてくださいな」と申《もう》し上《あ》げたほどで、その後《ご》、わたしのところへもよく出入《でい》りされるようになりました。

父《ちち》は初《はじ》めから元男《もとお》（日出麿《ひでまる》）が好《す》きで、ある時《とき》、教主殿《きょうしゅでん》にゆくと、父《ちち》と元男《もとお》がいて、父《ちち》はさも楽《たの》しそうに「この男《おとこ》は、いやになるとすぐにアクビをして、どこかへ行《い》ってしまうんじゃ、今度《こんど》はここで泊《と》まれよ」と言《い》っていたことがありました。

わたしのところへ来《く》ると、高見元男《たかみもとお》という人《ひと》は、歴史《れきし》や国文学《こくぶんがく》の話《はなし》をしてくれて、そのうち、この人《ひと》から東洋史《とうようし》なども教《おし》えてもらうことになりました。

わたしは当時《とうじ》、——一生《しょう》、夫《おっと》はもたない——といっていて、それには父《ちち》や母《はは》も心配《しんぱい》していたそうです。そんなものですから、元男《もとお》との交際《こうさい》をみて、結婚《けっこん》をすすめようという空気《くうき》が周囲《しゅうい》におこっていたようです。

けれども、父《ちち》や母《はは》がいくらすすめてくれても、わたしが嫌《いや》なれば、元男《もとお》との結婚《けっこん》もなりたっていなかったでしょう。

そのころの元男《もとお》といえば、いっぱんの人《ひと》は変《かわ》り者《もの》として、あまり対手《あいて》にしていなかったものです。それというのが、風采《ふうさい》の上《あ》がらない、チョット、乞食《こじき》に近《ちか》い格好《かっこう》で、そばにゆけば垢《あか》じみた臭気《しゅうき》さえしていたからです。

わたしも初《はじ》めはあまり問題《もんだい》にしていなかったのですが、つき合《あ》っているうちに、わたしの感心《かんしん》させられたのは、非常《ひじょう》にこまやかな神経《しんけい》をもった、人《ひと》の気持《きもち》の分《わか》る方《かた》であると気《き》づいたことです。皆《みな》は阿呆《あほう》だとか、変《か》わっているとか言《い》っていたようでしたが、ジーッと見《み》ていますと、いっぱんの人《ひと》よりもはるかに円満《えんまん》な、深《ふか》い常識《じょうしき》をもっている人《ひと》であることに驚《おどろ》かされるのでした。それに、無欲《むよく》な超然《ちょうぜん》としたところがありました。

いったいに、わたしたちの周囲《しゅうい》には、無欲《むよく》な人《ひと》が集《あつ》まっていたので、欲《よく》がないというだけでは、わたしの心《こころ》は、それほどに引《ひ》かれなかったことでしょうが、超然《ちょうぜん》とした態度《たいど》の中《なか》に、礼儀正《れいぎただ》しい人《ひと》がらが感《かん》ぜられ、それが、あたたかい心遣《こころづか》いからであり、そこに、信頼《しんらい》すべき高潔《こうけつ》なものを感《かん》じ、しだいにわたしの心《こころ》は尊敬《そんけい》の念《おも》いをよせるようになりました。

元男《もとお》との結婚《けっこん》を、父《ちち》は初《はじ》めからのぞんでいたようですが、母《はは》がきめて、わたしにすすめてくれたのです。母《はは》も初《はじ》めは、ヘンな男《おとこ》ぐらいに思《おも》っていたようですが、そのうち次第《しだい》に、ただの人《ひと》でないものを見出《みいだ》して非常《ひじょう》によろこびました。そして父《ちち》の諒解《りょうかい》をえて話《はなし》をすすめてくれたのです。結婚《けっこん》してからの日出麿《ひでまる》（元男《もとお》）は、一年《ねん》の大半《たいはん》を伝教《でんきょう》の旅《たび》ですごしました。そして長女《ちょうじょ》の直美《なおみ》が七ツの時《とき》には、大本事件《おほもとじけん》で拘置《こうち》され、未決中《みけっちゅう》にごうもんで脳神経《のうしんけい》をおかされたまま、現在《げんざい》にいたっているのです。

ですから、わたしには、世間《せけん》の夫婦《ふうふ》からみれば、点々《てんてん》とした短い時間《みじかいじかん》のいくつかが繋《つな》がっているにすぎない思い出《おもいで》があるばかりです。

直美《なおみ》を出産《しゅっさん》したときは、日出麿《ひでまる》もいっしょに気張《きば》ってくれたことを思い出《おもいだ》します。モウ二十八にもなっていたのですが、意気地《いくじ》なしだったのでしょう、母《はは》と二人《ふたり》で力《ちから》づけてくれました。それで直美《なおみ》の生《う》まれた時《とき》は、ほんとうにうれしそうで、たれかに――人生《じんせい》とは子《こ》を産《う》むことですよ――と言《い》われたとか、自分《じぶん》の生《い》きてきた喜《よろこ》びのすべてを、直美《なおみ》の誕生《たんじょう》にかけて喜《よろこ》んでいるという人《ひと》でした。

わたしたち夫婦《ふうふ》のこれまでの思い出《おもいで》で、一ばん印象《いんしょう》にのこっているのは、旅《たび》から帰《かえ》った夫《おっと》と、神苑《しんえん》の松林《まつばやし》を、直美《なおみ》と麻子《あさこ》をつれて歩《ある》いた日《ひ》で、親子《おやこ》で松《まつ》カサを拾《ひろ》って遊《あそ》んだ一時《ひととき》の楽《たの》しさは、いつまでも心《こころ》に深《ふか》く刻《きざ》まれています。その時《とき》、わたしはたしか、赤《あか》ん坊《ぼう》の聖子《きよこ》をだいていたのを、抱《だ》きとってもらって歩《ある》いたことがありました。そんなことも終生忘《しゅうせいわす》れえぬ楽《たの》しい思《おも》い出《で》として、胸《むね》の奥《おく》にのこっています。

それにひきかえて、思《おも》うだに堪《た》え難《がた》いことは、獄中《ごくちゅう》でひどい拷問《ごうもん》にあい、病気《びょうき》をしていられるという噂《うわさ》を聞《き》いた時《とき》で、心痛《しんつう》した幾日《いくにち》かの後《のち》、それが嘘《うそ》でなかったことを知《し》らされた時《とき》の残念《ざんねん》さは、如何《いか》ばかりのものであったか、他人《たにん》には想像《そうぞう》もできないでしょう。

しばらくして、会《あ》わしてやるからというので京都《きょうと》の警察《けいさつ》にたずねてゆきました。生《うま》れて間《ま》もない梓《あずさ》（京太郎《きょうたろう》）を抱《だ》いて、広《ひろ》い廊下《ろうか》をヤット通《とお》ってまいりました。小川《おがわ》という警部《けいぶ》が出《で》てきて——元男《もとお》との面会《めんかい》が許《ゆる》されて、どんな感想《かんそう》か言《い》え——と言《い》いましたが、わたしは終始黙《しゅうしだま》っていました。——なぜ、そんなことを、わたしが言《い》わねばならないのでしょう。無断《むだん》で人《ひと》の夫《おっと》を拉致《らち》し、勝手《かって》に投獄《とうごく》し、そして面会《めんかい》を許《ゆる》すから感想《かんそう》を言《い》えもあったものでない——とわたしは思《おも》って、黙《だま》りっこく、ふくれていました。それで、小川警部《おがわけいぶ》の方《ほう》で、何《なに》かよい加《か》げんなことを書《か》いたようです。

その時《とき》の日出麿《ひでまる》は、うつろな感《かん》じでわたしにむかわれ、わたしは天地《てんち》がまッ闇《くら》になった思《おも》いで帰《かえ》りました。

日出麿《ひでまる》の病気《びょうき》について精神病理学《せいしんびょうりがく》の斉藤博士《さいとうはかせ》は――このまま悪化《あっか》して、十年《ねん》も持《も》たないだろう――と言《い》われましたが、病院《びょういん》からひきとり、家《いえ》で静養《せいよう》してもらってから今日《こんにち》までの経過《けいか》をみますと、一時《じ》、穴太《あなお》に移《うつ》ったところに大《たい》へん悪化《あっか》しましたが、但馬《たじま》の竹田《たけだ》へ転居《てんきょ》して、わたしがそばについて専心看護《せんしんかんと》をつづけているうちに、それも治《おさ》まってきました。ある日《ひ》、倉《くら》の前《まえ》に立《た》っていられるので「どうしちゃったんですか、日出麿《ひでまる》さん」と聞《き》きますと、「下駄《げた》を待《ま》っとんや」と答《こた》えられましたが、そこへ日向《ひゅうが》さんが出《で》て来《さ》て「いま、先生《せんせい》の下駄《げた》の鼻緒《はなお》がきれたものですから、新《あたら》しいのをもって来《き》たところです」というので、――このように会話《かいわ》の受《う》け答《こた》えができるまでよくなってくださった――と神《かみ》さまへお礼《れい》を申《もう》し上《あ》げました。また、その頃《ころ》から比較《ひかく》しますと、今《いま》はさらに雲泥《うんでい》の差《さ》があるように思《おも》われるほど、脳神経《のうしんけい》の方《ほう》も好転《こうてん》されていると思《おも》っています。

日出麿《ひでまる》は、小学校《しょうがっこう》の頃《ころ》から、学校《がっこう》の方《ほう》はよく出来《でき》たそうですが、嫌《いや》なことがあると、部屋《へや》にこもったきりジッとされていたことがあったらしく、また、京都《きょうと》の大学時分《だいがくじぶん》に、夜中《よなか》に起《お》きて神《かみ》さまを拝《おが》まれるなど、いわば、一見《けん》、変《かわ》ったところをもっていられたらしく、今《いま》のご状態《じょうたい》にも、その頃《ころ》の影《かげ》がのこっていると思《おも》うことがあります。

新婚時代《しんこんじだい》には、よく一しょに散歩《さんぽ》いたしましたが、秋草《あきぐさ》の前《まえ》に、半時《はんとき》でも立《た》ったまま、ジッと眺《なが》め入《い》るという人《ひと》でした。そして帰《かえ》ってくると、印象《いんしょう》のさめないうちに、こくめいに絵《え》にされたものです。そうして描《えが》かれたものに、万珠沙華《まんじゅしゃげ》の花《はな》があります。それは、蕾《つぼみ》のところだけに赤味《あかみ》のある墨《すみ》の濃淡《のうたん》で美《うつく》しく描《えが》きこんでありました。幾《いく》十枚《まい》も描《えが》かれましたが、どれもよく出来《でき》ていて、感心《かんしん》させられた思《おも》い出《で》があります。

直美《なおみ》は、わたしに叱《しか》られると、父《ちち》の日出麿《ひでまる》に「お母《かあ》ちゃんおこってよウ」とつげたらしいですが、『よし、よし、叱《しか》ったる』と言《い》うだけで、チットもわたしには言《い》わないでいるという人《ひと》でした。そのように、人《ひと》の立場《たちば》というものを尊重《そんちょう》し、あたたかく見守《みまも》るという人《ひと》でした。

日出麿《ひでまる》の、特《とく》にとり上《あ》げるべきところと言《い》えば、やはり、この人《ひと》の裏表《うらおもて》のない人《ひと》がらで、これは、チョット他《た》の人《ひと》には見出《みだ》すことのない、すばらしいところではないかと思《おも》います。そして、如何《いか》なる人《ひと》にも、相手《あいて》の気持《きもち》にふれて好意《こうい》をもつことのできる人《ひと》で、そのため、どんな人《ひと》からも慕《した》われていたということです。

げんざいの日出麿《ひでまる》には、未決《みけつ》で苦《くる》しめられた日《ひ》の傷手《いたで》がのこっているとしても、計《はか》り知《し》れない神秘《しんぴ》がその中《なか》に動《うご》いていることは事実《じじつ》であります。けれども、そのはかり知《し》れないものを、人間《にんげん》心《こころ》で、迷信化《めいしんか》することはさけたいものです。あれだけ純粋《じゅんすい》な人間《にんげん》として、偉大《いだい》な過去《かこ》をもつ人《ひと》の、げんざいの苦悩《くのう》は、やがて明日《あす》の光明《こうみょう》を生《う》み出《だ》されることを信《しん》ずるからです。（昭三二、一二）

炉辺閑話

昨年《さくねん》は、いくたびかお茶事《ちゃじ》をさしていただきました。

わたしは、今年《ことし》もまた、この楽《たの》しい集《つど》いを、時間《じかん》のゆるす限《かぎ》りつづけてゆき、その範囲《はんい》を広《ひろ》げてゆきたいものと念《ねん》じています。ああいう清《きよ》らかな高《たか》い楽《たの》しみを、より多《おお》くの人《ひと》に味《あじ》わっていただきたいからです。

なにぶんにも、お茶事《ちゃじ》は、五人《にん》を定員《ていいん》として行《おこな》うことが、その清《きよ》らかな楽《たの》しみを生《う》み出《だ》すに、もっともよい環境《かんきょう》とされていますので、一どに大勢《おおぜい》の人《ひと》を、お招《よ》びすることが出来《でき》ないなげきがあります。せいぜい七、八人《にん》というところで、モウ十人《にん》ともなりますと、そこに少々《しょうしょう》うるさい空気《くうき》がかもし出《だ》されます。せめて、十人《にん》ずつにすれば、喜《よろこ》びをより早《はや》く、より広《ひろ》げてゆくことができるのにと思《おも》うのですが、無理《むり》をすれば、せっかくの楽《たの》しみを乱《みだ》される結果《けっか》になってしまいます。それで、一回《かい》に、わずかずつの人《ひと》に来《き》ていただいているわけですが、わたしのところのお茶《ちゃ》事《じ》は、来《き》ていただく人《ひと》の顔《かお》ぶれが、また、非常《ひじょう》に楽《たの》しいのです。

世間《せけん》では、一ぱんにお茶事《ちゃじ》といいますと、たいていは金持《かねもち》とか、いやな言葉《ことば》ですが、有閑人《ゆうかんじん》のもてあそびに使《つか》われているようにしかとられません。

わたしたちのさしていただいているお茶事《ちゃじ》は、それらとは別《べつ》なものです。

口《くち》はばったい事《こと》をいうようですが、わたしは「みろくの世《よ》」への立直《たてなお》しをさせてもらっていると信《しん》じています。それは、開祖《かいそ》さまのみ教《おしえ》にもとづいて、おのこしくださいました道《みち》を歩《あゆ》ましていただいているつもりです。

聖師《せいし》さまが、高雅《こうが》な開祖《かいそ》さまのご生活《せいかつ》を鏡《かがみ》とされ、——茶《ちゃ》は天国《てんごく》の遊《あそ》びである——とおっしゃったように、わたしたちのお茶事《ちゃじ》は、神《かみ》さまのご恩恵《おんけい》により、清《きよ》らかな遊《あそ》びを楽《たの》しみ、お互《たが》いに和《なご》み親《した》しみ、喜《よろこ》び合《あ》うことです。

それは、わたしたちのお茶事《ちゃじ》に集《あつま》っていただく方《かた》を、その方々《かたがた》の生活《せいかつ》の上《うえ》で、職業《しょくぎょう》の上《うえ》で、見《み》ていただいても分《わか》ってもらえましょう。

例《たと》えば、Aさんは豆腐屋《とうふや》さん、Kさんは仕立屋《したてや》さんです。けれども、普通の豆腐屋《とうふや》さんや仕立《したて》屋《や》さんではないのです。第《だい》一に、天地《てんち》の創《つく》り主《ぬし》を拝《おが》まれています。そして、この天地間《てんちかん》のめぐりうつりは、神《かみ》さまのお力《ちから》であること、形《かたち》あるものの一切《さい》は神《かみ》さまの別《わ》かちたまいしもの、いきものの性《さが》には、神《かみ》さまの魂《たましい》が宿《やど》っていることを信《しん》じている人《ひと》たちです。一滴《てき》の水《みず》、一茎《くき》の大根《だいこん》、一輪《りん》の花《はな》も、神《かみ》さまのお力《ちから》、神《かみ》さまのみこころによるものと、かしこみいただくという信仰生活《しんこうせいかつ》に日頃《ひごろ》から精進《しょうじん》されている方《かた》です。

その他《た》、ここの奉仕者《ほうししゃ》で、洗濯《せんたく》やつくろいに、ひねもす励《はげ》んでいるお婆《ばあ》さんや、お百姓《ひゃくしょう》のお嫁《よめ》さんとか、世間《せけん》のお茶事《ちゃじ》ではチョット見《み》かけられない人《ひと》びとです。中《なか》には、かなりの事業《じぎょう》を経《けい》営《えい》している方《かた》もあります。

〝茶《ちゃ》に貴賤《きせん》なし〟とは、精神的《せいしんてき》なものを説《と》いたものでしょうが、わたしたちのお茶事《ちゃじ》では、形《かたち》の上《うえ》でもそれが行《おこな》われていて、ここにも「みろくの世《よ》」が、美《うつく》しく出来上《できあが》っていると思《おも》います。

このように、同《おな》じ志《こころざし》をもっていれば、みんな、同《おな》じように喜《よろこ》び、同《おな》じように楽《たの》しみあえる世《よ》の中《なか》が、キット来《く》ると信《しん》じることができます。そのゆえに、万民和楽《ばんみんわらく》の招来《しょうらい》を念《ねん》じて、その種子《たね》となり型《かた》となる、清《きよ》い高《たか》い喜《よろこ》びを行《おこな》わしていただいています。

そうした信仰的《しんこうてき》な気持《きもち》を、中心《ちゅうしん》に、しっかりもっていないと、人間《にんげん》はただの遊《あそ》びに傾《かたむ》きやすいものです。

お茶事《ちゃじ》の楽《たの》しみは、多《おお》くの人《ひと》に一時《どき》に喜《よろこ》んでいただけないところを、わたしの気持《きもち》は、一人《り》でも多《おお》くの人《ひと》にという気持《きもち》であり、出来《でき》るかぎり、回数《かいすう》を重《かさ》ねたいものです。そうして、みなさんに、一度《ど》でも、この喜《よろこ》びを味《あじ》わっていただけたら、どんなに楽《たの》しいことかと思《おも》います。

昨年《さくねん》も、夏《なつ》の土用《どよう》にやらしていただいたことがありました。あの暑《あつ》い日中《ひなか》に、ご自分《じぶん》の家《いえ》なれば、開襟《かいきん》シャツの軽装《けいそう》で、ご飯《はん》の時《とき》など趺坐《あぐら》でもかいていられるでしょうに、お茶事《ちゃじ》に招《よ》ばれたばかりに、着物《きもの》・袴《はかま》の端正《たんせい》な態度《たいど》で、ずい分《ぶん》、、えらかったことと思《おも》います。その上《うえ》、おじぎをして、そうして時間《じかん》を待《ま》たせられ、ご飯《はん》をいただくにも、幾度《いくど》もおじぎをしていただき、そのようにして、お茶事《ちゃじ》の一ばん最後《さいご》に、口《くち》から洩《も》れたのはどんな言葉《ことば》でしょう。

「よかったナア……」

それは、思《おも》わず口《くち》をついて出《で》た一種《しゅ》の嘆声《たんせい》でした。わたしは、水屋《みずや》にいて、この声《こえ》をきいた時《とき》に、どれだけ嬉《うれ》しかったことでしょう。

奉仕者《ほうししゃ》で、日《ひ》ごろ洗濯《せんたく》ばかりしてくださっているお婆《ばあ》さんをお招《よ》びしようと思《おも》って、使《つか》いの者《もの》を出《だ》した時《とき》に、お婆《ばあ》さんは「ほんまかいな、わしがかいな」とおっしゃったそうですが、その日《ひ》、うれしくてかなわん！　という表情《ひょうじょう》でお席《せき》に見《み》えました。そのうちにお婆《ばあ》さんは、うれしそうな声《こえ》を出《だ》されました。そして「三代《だい》さんから招《よ》んでもろうて、声《こえ》など出《だ》したら失礼《しつれい》やし恥《は》ずかしいと思《おも》うて、こらえとりましたが、うれしくて、うれしくて、こらえきれませんので、恥《は》ずかしいけれど、声出《こえだ》さしておくれやすや」というて、また笑《わら》ってしまわれました。

わたしもうれしくて、涙《なみだ》が出《で》るほどでした。そのように、お茶事《ちゃじ》に来《き》てくださった方《かた》の、感激《かんげき》のなさり方《かた》は、一人《ひとり》ひとり違《ちが》いますが、喜《よろこ》びのあまり深《ふか》い息《いき》をついている方《かた》もあります。

お席《せき》でも、世間《せけん》の人《ひと》はわり合《あ》いにつまらんことや、口先《くちさき》だけのきれいごとを言《い》っているものですが、私《わたし》たちのお茶事《ちゃじ》は、一口《くち》に言《い》えば〝精神的《せいしんてき》〟であり、なんでもない言葉《ことば》で高《たか》い精神《せいしん》が交《か》わされています。

大本《おほもと》のよさを、案外《あんがい》、大本《おほもと》の人《ひと》たちは知《し》っていられないようです。それは、みんなお互《たが》いに、楽屋《がくや》ばかりで暮《くら》しているようなものだからでしょう。なんのかんのと言《い》っても、少《すこ》し世間《せけん》を、目《め》をあけてよく見《み》れば、大本《おほもと》には、精神的《せいしんてき》な人《ひと》たちがそろっていることが分《わか》ります。

この「精神《せいしん》」という言葉《ことば》さえ、大本《おほもと》の人《ひと》は使《つか》いませんが、それだけ、たしかに精神的《せいしんてき》なのでしょう。そのことをわたしは、お茶事《ちゃじ》をさしていただき、みなさんをお招《よ》びしてみて、よりハッキリと知《し》ることができました。――なんという美《うつく》しい、涼《すず》やかなこと――これが、わたしのいつも発《はっ》する感嘆《かんたん》の声《こえ》でした。

「わしらは食《た》べ方《かた》も知《し》らんでなア」と言《い》ってられますが、食《た》べ方《かた》などは、誰《だれ》でも稽古《けいこ》をすればできるものでしょう。けれども、精神的《せいしんてき》にいただくということは、形《かたち》だけでは身《み》につけることはできません。

それは、漫画《まんが》の本《ほん》を読《よ》んでいても、精神的《せいしんてき》なものを身《み》につける方《かた》があり、いくら立派《りっぱ》な書物《しょもつ》を読《よ》んでいても、魂《たましい》の糧《かて》を身《み》につけていない人《ひと》があるようなものです。

大本《おほもと》の人《ひと》は神《かみ》さまの前《まえ》でわけなく拝《おが》むことが出来《でき》、有難《ありがた》いという気持《きもち》をもって生《い》きている人《ひと》です。わりあいに貧《まず》しい人《ひと》が多《おお》く、身《み》なりは低《ひく》いかも知《し》れません。言葉《ことば》づかいにしても、行儀《ぎょうぎ》にしても、上流向《じょうりゅうむ》きではありません。ですから、世間《せけん》の人《ひと》とつき合《あ》う上《うえ》には損《そん》です。行儀《ぎょうぎ》や言葉《ことば》づかいの正《ただ》しい、美《うつく》しいことは、もちろん必要《ひつよう》ですが、それも表面《ひょうめん》だけのものでは駄目《だめ》で、モット深《ふか》い精神的《せいしんてき》なものでなければ、本当《ほんとう》ではないと思《おも》うのです。

わたしが永年《ながねん》おつきあいしているある病院《びょういん》の奥《おく》さんは「おうちの信者《しんじゃ》さんは精神的《せいしんてき》ですね、やはり入信《にゅうしん》の動機《どうき》が違《ちが》うからでしょうか……」といってくれましたが、その後《あと》で「世間《せけん》では、〈精《せい》神《しん》〉という言葉《ことば》は、かんたんに使《つか》われますが、そのくせ実際《じっさい》にあたっては、物質的《ぶっしつてき》で打算的《ださんてき》ですよ」と話《はな》してくれました。

世間《せけん》には、たくさんの宗教《しゅうきょう》があるのに、とくに、この厳《きび》しい歴史《れきし》をもつ教《おしえ》を求《もと》めるには、入信《にゅうしん》の経路《けいろ》も違《ちが》いましょうが、やはり、お筆先《ふでさき》に示《しめ》されている――艮《うしとら》の金神《こんじん》さまと一しょに落《お》とされていた身魂《みたま》の者《もの》が、もとの親神様《おやがみさま》のところへよせられている――のだと思《おも》います。その故《ゆえ》に、暮《くら》しも貧《まず》しく、生活《せいかつ》も低《ひく》くとも、魂《たましい》は高《たか》いのではないかと思《おも》うのです。

お茶事《ちゃじ》は遊《あそ》びごとのようですが、人間《にんげん》は、遊《あそ》びもさして頂《いただ》かなければなりません。といって、綺羅《きら》を飾《かざ》ったり、道具《どうぐ》にこったりする遊《あそ》びではありません。口《くち》では――お茶事《ちゃじ》は精神的《せいしんてき》なもの――と称《たた》えていても、着物《きもの》や道具《どうぐ》に心《こころ》を奪《うば》われていては、精神的《せいしんてき》でもなんでもなくなります。それが、精神的《せいしんてき》であるとしても、例《たと》えば、美人《びじん》コンクールにでも出《で》てみようという美人《びじん》は、その行為《こうい》だけで、モウすでに美人《びじん》の資格《しかく》を落《おと》したことになるのと同《おな》じように、モウ精神的《せいしんてき》ではなくなってしまうでしょう。

いろいろのお示《しめ》しによりましても、真剣《しんけん》になって、よい型《かた》を出《だ》さしてもらわなければならない時《とき》に来《き》ていると思《おも》います。

大本《おほもと》の人《ひと》は、みんなが毎日《まいにち》、一生懸命《しようけんめい》に働《はた》らかしてもらっているのですから、そういう人《ひと》が遊《あそ》ばしていただける時《とき》をもつ世《よ》の中《なか》が来《こ》なくてはウソです。

金持《かねも》ちばかりが仕合《しあ》わせなんていう阿呆《あほう》なことはありません。

大本《おほもと》は、悪《わる》い型《かた》を出《だ》さないようにするところで、よい型《かた》を出《だ》さしていただくところです。そして、わたしたちのお茶事《ちやじ》は、神《かみ》さまのみ心《こころ》にそうものと信《しん》じています。そこには、目《め》に見《み》えない不可思議《ふかしぎ》が働《はたら》いています。普通《ふつう》の気持《きもち》では理解《りかい》できない、高《たか》い神秘《しんぴ》で護《まも》られています。

信者《しんじや》さんの中《なか》には「お茶《ちや》」という言葉《ことば》、「遊《あそ》び」という概念《がいねん》にとらわれて、わたしたちのお茶《ちや》事《じ》にうなずきがたい方《かた》があるかも知《し》れませんので、わたしは「みろく会《かい》」というような名《な》で、やらしてもらってはとも思《おも》っています。

（昭三三、一）

現代教育への二つの苦言

わたしは専門《せんもん》の教育家《きょういくか》ではありませんし、それに、教育《きょういく》について特別《とくべつ》に研究《けんきゅう》したこともないのですから、わたしの教育《きょういく》についての考《かんが》えなど、人《ひと》に語《かた》るほどのものでないかもしれません。けれども、今日《こんにち》、教育《きょういく》の問題《もんだい》について、父兄《ふけい》の立場《たちば》から、母親《ははおや》の立場《たちば》から、考《かんが》えさせられる機会《きかい》はひんぱんにあります。その意味《いみ》で、今《いま》の教育《きょういく》に欠《か》けていると思《おも》われる二つをのべてみます。

1

ときどき、新聞《しんぶん》の社会面《しゃかいめん》に、先生《せんせい》が生徒《せいと》をなぐったことで、父兄《ふけい》たちが問題《もんだい》にしている事件《じけん》が報道《ほうどう》されます。それらの中《なか》には、なるほどと思《おも》われるものもありますが、また、一ぱんに「先《せん》生《せい》が生徒《せいと》をなぐるなどもってのほかだ」という考《かんが》えで、必要以上《ひつよういじょう》にさわいでいる感《かん》じをうけるものもあります。

先生《せんせい》の中《なか》には、まれに、狂暴性《きょうぼうせい》をおびた方《かた》もあるらしく、そうした先生《せんせい》の発作《ほっさ》で、子供《こども》がいためられるようなことがあってはなりません。それほどでなくとも、極端《きょくたん》に短気《たんき》すぎるとか、教育《きょういく》家《か》としてふさわしくない性格《せいかく》の方《かた》も、中《なか》には混《まじ》っていられるかもしれません。

そうしたことは、ふだんの、先生《せんせい》との接触《せっしょく》において、よく注意《ちゅうい》をし事件《じけん》を未然《みぜん》に防《ふせ》ぐことが、もっとも望《のぞ》ましいこととおもいます。

けれども、先生《せんせい》が生徒《せいと》をなぐったからといって、事態《じたい》のおきた事情《じじょう》をよく調査《ちょうさ》もしないで、いつの場合《ばあい》でも、先生《せんせい》のみが批判《ひはん》され、排斥《はいせき》されなくてはいけないというのは、どういうものでしょう。

それは、今日《こんにち》の、子供《こども》の自発性《じはっせい》を尊重《そんちょう》するという近代教育《きんだいきょういく》の精神《せいしん》から派生《はせい》したものでありましょうが、先生《せんせい》が生徒《せいと》をこらしめることは、いつの場合《ばあい》でも許《ゆる》されないという鉄則《てっそく》を構《かま》えることとは、これは行《ゆ》き過《す》ぎになるのではないかと思《おも》います。

むかしから、「愛情《あいじょう》の鞭《むち》」という言葉《ことば》もあります。――人間《にんげん》は性善《せいぜん》であり、一面《めん》に性悪《せいあく》であり、この両者《りょうしゃ》が相交《あいまじ》わって、しかもその本来《ほんらい》は性善《せいぜん》であり、性善《せいぜん》であるべきもの――で、その時《じ》、所《しょ》、位《い》によって、愛《あい》は鞭《むち》となることがあっても当然《とうぜん》ではないでしょうか。この理《り》は、人間《にんげん》の性質《せいしつ》がどのようなものであるかを知《し》れば、諾《うなず》けましょう。

人間《にんげん》の性質《せいしつ》を見《み》るには、大人《おとな》の場合《ばあい》よりも、子供《こども》をよく見《み》れば判《わか》るのではないかと思《おも》います。子供《こども》は人間《にんげん》のほんとうの姿《すがた》を、何《なに》もかくさずにあらわしていると思《おも》います。

こういう話《はなし》があります。

アメリカでは、日本《にっぽん》より一足先《あしさき》に、子供《こども》をおさえつけたり、強《し》いたりしない教育《きょういく》が行《おこな》われていて、ことに「子供《こども》の日《ひ》」には、子供《こども》が思《おも》うがままに伸《の》ばしてやることになっています。その日《ひ》はデパートも子供《こども》のための催《もよおし》をします。さて、一人《ひとり》のお母《かあ》さんが子供《こども》を遊《あそ》ばすために、あるデパートへ連《つ》れてゆきました。子供《こども》は面白《おもしろ》くて夢中《むちゅう》になって遊《あそ》んでいました。ところが、デパートの閉店《へいてん》の時間《じかん》が近《ちか》づいたので、お母《かあ》さんは「モウ止《や》めましょう」といいました。けれども子供《こども》は聞《き》こうともせず、遊《あそ》びホウけています。無理《むり》もないことです。そのうち閉門前《へいもんまえ》のベルが鳴《な》りました。それでも遊《あそ》びを止《や》めようとしません。お母《かあ》さんはデパートの店員《てんいん》にたのんで、子供《こども》に言《い》いきかしてもらいましたが、子供《こども》はいっこう聞《き》こうとはしません。お母《かあ》さんはたまりかねて、その日《ひ》、デパートに設《もう》けてあった児童相談所《じどうそうだんしょ》に事情《じじょう》を話《はな》しました。そこには児童心理学《じどうしんりがく》を専攻《せんこう》している先生《せんせい》がいて、母親《ははおや》の話《はなし》をきいてくれました。その先生《せんせい》は、子供《こども》のところへゆくと、お母《かあ》さんや店員《てんいん》を先《さき》に出《だ》してしまいました。子供《こども》と二人《ふたり》きりになると、児童心理学《じどうしんりがく》の先生《せんせい》はこういいました。「モウ、よいかげんに出《で》てゆけ！」先生《せんせい》のこの声《こえ》をきくと、子供《こども》はかんたんに、外《そと》に待《ま》っている母親《ははおや》のところにあらわれました。先生《せんせい》は母親《ははおや》に——叱《しか》っておきましたよ——と、子供《こども》の出《で》てきた理由《りゆう》を話《はな》したというのです。

この話《はなし》には、考《かんが》えさせるものがあります。

子供《こども》に限《かぎ》らず、人間《にんげん》というものは、限《かぎ》りない欲望《よくぼう》を、一方《ぽう》にもっているのです。ことに子《こ》どもは欲《ほ》しいものがあれば、どこまでもそれを手《て》に入《い》れようとします。そして、それがかなえられると、モウ一つの欲望《よくぼう》へと、ずんずん拡《ひろ》げてゆくものです。ですから、限《かぎ》りなく拡《ひろ》がる欲望《よくぼう》に対《たい》する判断《はんだん》と、それを抑《おさ》える力《ちから》を与《あた》えることが必要《ひつよう》です。

それには、年齢《ねんれい》や環境《かんきょう》から来《く》る心理的《しんりてき》状態《じょうたい》に応《おう》じて、神《かみ》から与《あた》えられて人間《にんげん》が本来保有《ほんらいほゆう》している省《かえり》みる心《こころ》の働《はたら》きを、呼《よ》びさます必要《ひつよう》があります。そのためには、さまざまの方法《ほうほう》が、その状態《じょうたい》に即応《そくおう》されるべきであり、時《とき》には、鞭《むち》をふるわなければならないことが、もっとも適当《てきとう》な方法《ほうほう》ともなりましょう。

子供《こども》を見《み》ていると、子供《こども》の中《なか》には、やさしくしていると、つけあがる性《さが》があります。これは同時《どうじ》に人間《にんげん》のもっている性《さが》で、子供《こども》には、こんなにやさしくしてもらっているが、こうしたことは、じきしてはいけないという気持《きもち》は、大人《おとな》に比《くら》べて低《ひく》いようです。子供《こども》は、相手《あいて》が甘《あま》いとみると、じきになめます。そういうときには、ピシャッと厳《きび》しくした方《ほう》が、子供《こども》のためによい結果《けっか》をもたらすことが多《おお》いようです。

けれども、人間《にんげん》には、生《う》まれつき利発《りはつ》な人《ひと》もあります。生《う》まれつき謙虚《けんきょ》な性格《せいかく》の子《こ》もあれば、生《う》まれつき大人《おとな》も及《およ》ばない反省心《はんせいしん》の強《つよ》い子《こ》もいます。それは十人《にんと》十色《いろ》に違《ちが》うわけです。です、から教育《きょういく》には形式論《けいしきろん》が一ばん禁物《きんもつ》です。どんなによい教育《きょういく》の理論《りろん》にしても、それが形式論《けいしきろん》になってしまえば、そこに弊害《へいがい》が生《しょう》じます。十人《にんと》十色《いろ》といい、しかも、この一色一色《ひといろひといろ》が、生《い》きた人間《にんげん》であり、教《きょう》育《いく》の方法《ほうほう》には、つねに流動性《りゅうどうせい》がなければなりません。

今《いま》の日本《にっぽん》の教育《きょういく》は、終戦後《しゅうせんご》、アメリカの指導《しどう》で行《おこな》ったものと聞《き》きますが、最近《さいきん》では、日本《にっぽん》の教《きょう》育遺産《いくいさん》について見直《みなお》さなければならない反省期《はんせいき》に来《き》ているように思《おも》われます。

それは、アメリカの国情《こくじょう》がもつ歴史的《れきしてき》、地理的背景《ちりてきはいけい》と、日本《にっぽん》のそれとは違《ちが》うからです。それを考《かんが》えないでいたところに、形式化《けいしきか》に陥《おちい》った原因《げんいん》があったのではないかと思《おも》われます。

2

むかしの人《ひと》は、今《いま》の人《ひと》よりも、一ぱんに貧《まず》しい暮《くら》しに堪《た》えて来《き》ています。そして、道徳《どうとく》について、やかましく言《い》われたわけではありませんが、それぞれに身《み》を修《おさ》めて来《き》たものです。むかしのお母《かあ》さんたちの、一ぱんは無知《むち》で、あまり学問《がくもん》もしていなかったにもかかわらず、その時代《じだい》の子供《こども》の方《ほう》が、今《いま》どきの子供《こども》より、礼儀《れいぎ》についても案外身《あんがいみ》につけています。

今日《こんにち》の道徳的貧困《どうとくてきひんこん》は、やはり、敗戦後《はいせんご》の混乱《こんらん》した環境《かんきょう》によるのでしょうが、それにしても、むかしの母《はは》がよく困苦《こんく》に耐《た》えて来《き》たことなどが、その子供《こども》の魂《たましい》に映《えい》じて、よく教化《きょうか》の実《じつ》をはたして来《き》た事実《じじつ》には、ふり返《かえ》るべきものがあると思《おも》われます。

今日《こんにち》、道徳教育《どうとくきょういく》がやかましくいわれ、それについて、むかしの修身科《しゅうしんか》の復活《ふっかつ》ではこまるという声《こえ》があります。なるほど、むかしのままの修身科《しゅうしんか》ではどうかと思《おも》いますが、ただ高《たか》い教育理想《きょういくりそう》ばかりを考《かんが》えているのでは、教育者《きょういくしゃ》としてどうかと思《おも》われます。

それが教育理論《きょういくりろん》としては正《ただ》しくても、日本《にっぽん》の場合《ばあい》、はたして、その教育《きょういく》を受《う》けるだけの地盤《じばん》が築《きず》かれているのでしょうか。それらの実際《じっさい》は、わたしなどの言葉《ことば》をはさむべきことではないかも知《し》れませんが、まだ耕《たがや》されていない石《いし》ころ地《じ》に、よい種《たね》を播《ま》いたとて、よき実《みの》りをのぞむことが困難《こんなん》なように、わたしの眼《め》には、今《いま》の日本《にっぽん》の教育地盤《きょういくじばん》は、まだ修身科《しゅうしんか》によって改良《かいりょう》されなければならないように思《おも》われるのです。

もちろん、その内容《ないよう》が問題《もんだい》ではありますが、歴史教育《れきしきょういく》とともに、修身科《しゅうしんか》は、日本《にっぽん》の教育《きょういく》から除《のぞ》くことの出来《でき》ない要素《ようそ》ではないかと思《おも》います。

ある新聞《しんぶん》に連載《れんさい》されている小説《しょうせつ》に、こんなところがありました。

――お父《とう》さんが、子《こ》どもに「水《みず》を汲《く》んで、風呂《ふろ》をたいてくれ」といいつけたが、子供《こども》は「ハイ」といって勉強《べんきょう》していました。お父《とう》さんは、むかしの「長上《ちょうじょう》のいいつけは、何《なに》ごとも反抗《はんこう》せずに聞《き》くように」という教育《きょういく》をうけた人《ひと》ですから、子供《こども》がそのまま勉強《べんきょう》しているのが面白《おもしろ》くないようです。しかし子供《こども》は、今《いま》の教育《きょういく》をうけているので、ジッと考《かんが》えた上《うえ》でのことでした。「これから、二時間《じかん》は勉強《べんきょう》しなければならない。その二時間《じかん》の勉強《べんきょう》が終《おわ》ってから水《みず》を汲《く》み、風呂《ふろ》をたいても、充分《じゅうぶん》に間《ま》に合《あ》うのだ」、子供《こども》はそういう見透《みとお》しのもとに平然《へいぜん》と勉強《べんきょう》しているのです。ここに、親《おや》と子《こ》の間《あいだ》に食違《くいちが》いができています。

ここだけを読《よ》んだ私《わたし》の感《かん》じでは、お父《とう》さんの方《ほう》も考《かんが》えなければなりませんが、子供《こども》の方《ほう》にも、考《かんが》えなければならないものがあるように思《おも》われたのです。

子供《こども》の考《かんが》え方《かた》は、今《いま》の教育《きょういく》をうけて、なるほど進《すす》んでいます。子供《こども》は自分《じぶん》で考《かんが》え、しかも筋《すじ》の通《とお》った判断《はんだん》をくだしています。これは、理《り》にかなったものです。けれども、この子供《こども》の考《かんが》え方《かた》の中《なか》に、モウ一つ、足《た》りないものがありはしないでしょうか。

それは、子供《こども》は、はたして独立《どくりつ》した一個《こ》の人間《にんげん》であるか、ということを考《かんが》えておかなければならないということです。子供《こども》は、家庭《かてい》というものにささえられて存在《そんざい》しているのです。子供《こども》は父《ちち》や母《はは》や、上《うえ》の人《ひと》びとにいたわられて、人間《にんげん》として成長《せいちょう》しているものです。このことを考《かんが》え「自分《じぶん》はまだ一人前《にんまえ》でない」ということが、気持《きもち》の底《そこ》になければなりません。

その気持《きもち》があれば、父《ちち》の言葉《ことば》に対《たい》して「ハイ」と素直《すなお》に聞《き》くことができると同時《どうじ》に、その時《とき》に、自分《じぶん》の理智《りち》で見透《みとお》しえたことを、そのまま自分《じぶん》の一人《ひとり》ぎめにしておくのでなく、自分《じぶん》の考《かんが》えを父《ちち》に話《はな》して、父《ちち》の諒解《りょうかい》をうけるだけの態度《たいど》がおのずから生《うま》れてくるはずです。（もちろん親《おや》の方《ほう》にも、それを聞《き》いてやるだけの寛容《かんよう》さがなければなりません）。子供《こども》には、自分《じぶん》の判断《はんだん》を父《ちち》にきいてみるだけの、子供《こども》らしい気持《きもち》がそなわってくるはずです。

子供《こども》のとった智慧《ちえ》の働《はたら》きは満点《まんてん》でしょうが、自分《じぶん》の立場《たちば》ということを忘《わす》れており、子供《こども》らしい情《じょう》において欠《か》けているのではないでしょうか。

今《いま》の教育《きょういく》は、どちらかというと、批判力《ひはんりょく》をつける点《てん》ではすぐれていますが、その批判《ひはん》は、おおむね他《た》に対《たい》してで、自分《じぶん》を批判《ひはん》する力《ちから》を与《あた》える点《てん》では欠《か》けているように思《おも》われます。

人間《にんげん》は自分《じぶん》に対《たい》しては甘《あま》くできていて、自分《じぶん》の都合《つごう》のよいように考《かんが》えるものではありますが、それだけに、この欠点《けってん》が補《おぎな》われなくては、どこ迄《まで》いっても、世《よ》の中《なか》というものは、みなが平安《へいあん》な気持《きもち》で楽《たの》しく過《す》ごせるということは、チョット、望《のぞ》めなくなってしまいます。

皆《みな》が自分《じぶん》の判断《はんだん》で、勝手《かって》なことをしたのでは、理《り》くつの上《うえ》では分《わか》っても、人間《にんげん》には感情《かんじょう》というものがありますから、それが先《さき》に立《た》ち、トゲトゲして面白《おもしろ》くない気持《きもち》が自然《しぜん》と生《しょう》じます。

ことに、お互《たが》いが、自分《じぶん》の正《ただ》しいことを主張《しゅちょう》したり、それぞれの権利《けんり》ばかりを主張《しゅちょう》してゆけば、しまいには、どうなるのでしょう。皆《みな》が気持《きもち》よく暮《くら》してゆきたいのにもかかわらず、それではお互《たが》いが地獄《じごく》を作《つく》りあっているようなものでしょう。

やはり、他《た》を批判《ひはん》すると同時《どうじ》に、自己《じこ》を批判《ひはん》し、反省《はんせい》することによって、自己《じこ》をささえてくれている社会環境《しゃかいかんきょう》を、よりよく育《そだ》てようとする考《かんが》えが指導《しどう》されなければなりません。

例《たと》えば、古来《こらい》、伝《つた》えられて来《き》た謙譲《けんじょう》の徳《とく》ということも、改《あらた》めて考《かんが》えてみるべきではないでしょうか。

（昭三三、二）

初心不可忘

初心不可忘《しょしんわするべからず》　時々《じじ》初心不可忘《しょしんわするべからず》　老后《ろうご》初心不可忘《しょしんわするべからず》

これは、世阿弥《せあみ》の自戒《じかい》の言葉《ことば》ですが、わたしもこれを座右《ざゆう》の銘《めい》にしています。ところが、いつの間《ま》にか、それが観念的《かんねんてき》になっていて、後悔《こうかい》さきにたたずのあやまちを、くり返《かえ》しています。

この三不可忘《わするべかず》の〈いましめ〉は能楽《のうがく》に限《かぎ》らず宗教《しゅうきょう》（信仰人《しんこうじん》）、芸術《げいじゅつ》、処世《しょせい》などすべての道《みち》に大切《たいせつ》な心構《こころがま》えであると思《おも》います。とくに私《わたし》たち大本人《おほもとじん》は、この戒《いましめ》を念念《ねんねん》よびおこし、主神《すしん》からいただいた直霊《なおひ》のみ魂《たま》をみがきたいものです。

大本教祖《おほもときようそ》のお筆先《ふでさき》に「ぬきみの中《なか》にいるような心《こころ》でいてくだされよ」とは、この初心不可忘《しよしんわするべからず》のことを仰《おお》せられているのではないでしょうか。

わたしは平穏《へいおん》な日日《にちにち》に慣《な》れて、ウカウカと上《うわ》すべった言動《げんどう》をしていることがあります。また、わたしの周囲《めぐり》の、大小《だいしょう》の事件《じけん》をかえりみる時《とき》、それはみな天《てん》に吐《は》いたみずからの唾《つばき》が、おのれの顔《かお》にふりかかって来《き》たものであることを知《し》らされ、寂寥《せきりょう》にたえぬ思《おも》いがいたします。

教祖《きょうそ》のご在世《ざいせい》のころ、教祖《きょうそ》をめぐる人《ひと》びとの中《なか》には、小間物《こまもの》の行商人《ぎょうしょうにん》、町《まち》の小《ちい》さな米屋《こめや》、駄《だ》菓子屋《がしや》さん、川《かわ》ぶしんの土工《どこう》、そういった人《ひと》びとが、仕事《しごと》のかたわら、ご神業《しんぎょう》に奉仕《ほうし》していられましたが、その行動《こうどう》は、まことに真剣《しんけん》そのもので、世《よ》のつねの行商人《ぎょうしょうにん》、土工《どこう》、駄菓子屋《だがしや》さんのそれではありませんでした。

四十数年《すうねん》をへたわたしの眼底《まなこ》に、その人《ひと》びとの敬虔《けいけん》な姿《すがた》が、彷彿《ほうふつ》と浮《うか》んできます。そして教祖《きょうそ》をめぐる人《ひと》びとのみならず、その教風《きょうふう》は初心《しょしん》にみちた、真摯《しんし》なものでした。（昭三三、三）

足もとをかためて

「みろくの世《よ》にいたす」、と申《もう》される神様《かみさま》のお言葉《ことば》を信《しん》じて、ご用《よう》に仕《つか》えさせていただこうとする私《わたし》たちは、みろくの世《よ》を願《ねが》うにふさわしい和合《わごう》一致《ち》した歓《よろこ》びと感謝《かんしゃ》にみちた、美《うつく》しい豊《ゆた》かな在《あ》り方《かた》になっているか、を深《ふか》く省《かえり》みたいと存《ぞん》じます。

この大本《おほもと》は世界《せかい》のかがみを出《だ》すところ、と示《しめ》されておりますが、神《かみ》さまのお言葉《ことば》を世《よ》に伝《つた》え、みろくの世《よ》を実現《じつげん》さしていただくご用《よう》に仕《つか》えようとする私《わたし》たち自身《じしん》が、まず、自分《じぶん》の心《こころ》の中《なか》に、生活《せいかつ》の上《うえ》に、みろくの世《よ》のすがたを築《きず》いて「あれでならこそ」と世《よ》の人《ひと》びとにも映《うつ》るようになりたいものです。

教団《きょうだん》の教風《きょうふう》にも、潮《しお》のうねりに似《に》たものがあります。開祖《かいそ》さまの時代《じだい》には真剣《しんけん》な精進《しょうじん》により、小乗的《しょうじょうてき》にも整《ととの》っていました。そして、聖師《せいし》さまの時代《じだい》には大乗的《だいじょうてき》に飛躍《ひやく》しました。

今日《こんにち》の時代《じだい》は、個々《ここ》を充実《じゅうじつ》して足《あし》もとを固《かた》めつつ、大乗的《だいじょうてき》な両面《りょうめん》あいまった良《よ》き教風《きょうふう》に高《たか》めたく皆《みな》さまと共《とも》に励《はげ》んでゆきたいと念《ねん》じています。

（昭三三、三）

思い出の父

ある晩《ばん》、父《ちち》に抱《いだ》かれて寝《ね》た憶《おぼ》えがあります。それが父《ちち》の思《おも》い出《で》として一ばん古《ふる》いでしょう。

なんでも、母《はは》が産褥中《さんじょくちゅう》だったのでしょう。八重野《やえの》の時《とき》は、わたしは八才《さい》で、梅野《うめの》とすれば、三ツでしたから。わたしはわりに幼《おさな》かったようです。

抱《だ》かれて寝《ね》たところが、板《いた》の上《うえ》のような感《かん》じで、やわらかい胸《むね》のふくらみがないでしょう。なんだか、さびしくてねむれないのです。

ちょうど駅《えき》のベンチの上《うえ》に寝《ね》た感《かん》じなので、それで結局《けっきょく》グズグズいうて、また母《はは》のところへかえったらしいのです。

その次《つぎ》は、私《わたし》たちがよく別荘々々《べっそうべっそう》といっていた、いま考《かんが》えるとはなれです。廊下《ろうか》づたいに行《ゆ》くのですが、少《すこ》し反《そ》り橋《ばし》になっていて、勾欄《こうらん》がついていて、子供心《こどもごころ》に、おもしろい廊下《ろうか》でした。一間《ま》は三畳《じょう》ほどの土間《どま》で、一方《ぽう》は八畳《じょう》で、そのうらを開《あ》けると、ほそい濡《ぬ》れ縁《えん》がありました。

雪《ゆき》でも降《ふ》っているような、夕《ゆう》ぐれの感《かん》じで、そのぬれ縁《えん》の上《うえ》で、父《ちち》が空《そら》に向《むか》って、すうっと手《て》をあげたと思《おも》うと、思《おも》い出《で》は、おかしなもので、そのとたんに、私《わたし》はこうばしい、のうこうな、おいしいものをたべていました。

のちに思《おも》いだして、母《はは》にいいますと、「ソラお前《まえ》、寒雀《かんすずめ》やな。寒雀《かんすずめ》をとるのが上手《じょうず》でなア。よ

う お前《まえ》もたべとっちゃった」と言《い》われました。

父《ちち》は、ああいうことがうまかったんです。

それから、雪《ゆき》が――高《たか》く高《たか》くかき分《わ》けて、トンネルみたいになっている道《みち》を、父《ちち》におんぶされて、学校《がっこう》へいったことでした。背中《せなか》に負《お》われて楽《らく》なよい気《き》もするのですが、生徒《せいと》が大《おお》ぜいいるのにあうと、チョット恥《は》ずかしかったものです。わたしが一年生《ねんせい》か二年生《ねんせい》のころと思《おも》います。そのころ父《ちち》は京都《きょうと》の皇典講究所《こうてんこうきゅうしょ》へいってたそうですから、あい間《ま》に帰《かえ》って来《き》た日《ひ》のことなのでしょう。

まだ学校《がっこう》へいっていなかったころでした。大川《おおかわ》からとり入《い》れて灌漑用《かんがいよう》の水《みず》が一丈《じょう》ほどの幅《はば》にずっと流《なが》れている所《ところ》があって、水《みず》は父《ちち》の胸《むね》まであったような気《き》がします。青《あお》い――藍《あい》を流《なが》したような流《なが》れでした。

その中《なか》へ父《ちち》がはいって、とった魚《さかな》を両手《りょうて》ににぎって、わたしへ見《み》せてくれるのです、笑《わら》いながら――。

わたしは、その流《なが》れにかかる土橋《どばし》に足《あし》をなげ出《だ》してみていました。父《ちち》の思《おも》い出《で》といえば、そんなことばかり。それから、モット大《おお》きくなって、伏見《ふしみ》の山本《やまもと》さんのお父《とう》さんもおられた時《とき》、父《ちち》は田舎育《いなかそだ》ちのワン白時代《ぱくじだい》の童心《どうしん》を、生涯失《しょうがいうしな》わなかった人《ひと》で、「ソラ見《み》とってみい、お前《まえ》ら」と沢蟹《さわがに》を口《くち》のなかへ入《い》れて言《は》わし、言《は》わしたと思《おも》ったら、ガリガリとたべてしまいました。

変《かわ》ったことをする父《ちち》を、いくらか自慢《じまん》のような気《き》もするのですが、さア、なんとも無気味《ぶきみ》で茫《ぼう》然《ぜん》と見《み》ておりました。

わたしは父《ちち》といっしょに暮《くら》したことが少《すく》なく幼《おさな》い時《とき》の、そういう変《かわ》った思《おも》い出《で》は、ハッキリしています。

それから、わたしが三年生《ねんせい》の時《とき》、キリスト教《きょう》の牧師《ぼくし》の娘《むすめ》と、席《せき》が前後《まえうしろ》になっていました。その時《とき》の担任《たんにん》が大西《おおにし》というお酒《さけ》のみの先生《せんせい》で、一時《じ》キリスト信者《しんじゃ》になっていました。牧師《ぼくし》の娘《むすめ》はおとなしい、内攻的《ないこうてき》な子《こ》でしたが、その子《こ》が首《くび》を反《そ》らしては、下《さ》げ頭髪《かみ》で、わたしの机《つくえ》の上《うえ》にわるさ、、をするのです。先生《せんせい》はその子《こ》の時《とき》は知《し》らぬ顔《かお》をして、わたしがチョットうしろを向《む》くと、白墨《はくぼく》を

パッと投《な》げつけるのです。わたしは、立《た》たされたりもして、恥《は》ずかしい思《おも》いをし、子《こ》どもながらも残念《ざんねん》でした、

でも、子《こ》どもなりに自尊心《じそんしん》のつよいもので、わたしは誰《だれ》にもその憤《いきどお》りを言《い》いませんでした。卒業《そつぎょう》するまぎわになって、三年生《ねんせい》の時《とき》のことを話《はな》したのです。

ところが、父《ちち》がかげでそれを聞《き》き、大《たい》そう怒《おこ》って、「娘《むすめ》をなぐった担任《たんにん》の先生《せんせい》を出《だ》さんと承知《しょうち》せんぞ」と言《い》いに行《い》ったそうです。校長《こうちょう》は丸岡《まるおか》といって、菊作《きくづく》りの上手《じょうず》な、長砂在《ながすなざい》の人《ひと》で、道真公《みちざねこう》のような感《かん》じで、子《こ》ども心《ごころ》に尊敬《そんけい》していました。温厚《おんこう》な校長《こうちょう》は、ふるえ上《あが》って平身低頭《へいしんていとう》して、ことがすんだそうです。

そんなことがあったとは知《し》らず、わたしは翌日《よくじつ》、学校《がっこう》へいったのですが、担任《たんにん》の先生《せんせい》の態度《たいど》がどことなく固《かた》いのです。なにかしら気《き》もちの重《おも》い空気《くうき》でした。しばらくして先生《せんせい》が、わたしのそばに来《き》て「お前《まえ》、うそをつくのう」と、たった一言《ことと》だけ言《い》いました。何《なん》のことかわたしには一向《こう》わかりません。やぶから棒《ぼう》に、そんなことを言《い》われても、わからないのが当《あた》りまえです。わたし

は家《いえ》にかえってもそのことは言《い》いませんでした。あとから母《はは》がわらいながら、こんなことがあったんや、とわたしに話《はな》しました。その時《とき》、三年前《ねんまえ》のことなのに、とわたしは恥《は》ずかしい思《おも》いをしました。

それから、武道《ぶどう》が習《なら》いたくて、母《はは》に言《い》ったところ、父《ちち》がつれていってくれたのが、名古屋《なごや》の朝倉塾《あさくらじゅく》でした。興風幼稚園《こうふうようちえん》も経営《つく》っていた家《いえ》に一月《つき》いて、毎朝《まいあさ》四時《じ》に起《お》きて三十分《ぷん》、夕《ゆう》ぐれ一時間《じかん》ほど、柳生流《やぎゅうりゅう》の型《かた》のけいこをしました。しばらくつづけるつもりでいましたが、祖母《おばあさん》によばれて帰《かえ》ったきりになりました。

しかし、剣道《けんどう》が習《なら》いたく、今度《こんど》は京都《きょうと》の武徳専門学校《ぶとくせんもんがっこう》なら毎日稽古《まいにちけいこ》ができるというので、行《い》きたかったのが出来《でき》なくて、北野《きたの》の武徳殿《ぶとくでん》へ通《かよ》いました。そして一週《しゅう》に一回《かい》、岡崎《おかざき》の本部《ほんぶ》で剣道《けんどう》と薙刀《なぎなた》をならいました。

薙刀《なぎなた》では、わたしが一ばん年少《ねんしょう》で十四才《さい》、一ばん上《うえ》が十九才《さい》でした。

先方《せんぽう》は世間《せけん》一般《ぱん》の娘《むすめ》さんです、私《わたし》の家《いえ》の雰囲気《ふんいき》は特殊《とくしゅ》なところで、話《はなし》がいっこう合《あ》わず、それがいやで、薙刀《なぎなた》は半年《はんとし》ぐらいでやめました。

いま一つ、亀岡《かめおか》の旧藩士《きゅうはんし》の及川《おいかわ》さんの許《もと》へ、弓道《きゅうどう》を教《おし》えていただきに、連《つ》れてゆかれました。今《いま》でもおぼえていますが、父《ちち》は「武道《ぶどう》を習《なら》うのだから、ブドー酒《しゅ》を持《も》っていくんだ」といっていました。わたしは、そういうことをするものかなアと不思議《ふしぎ》に思《おも》っていました。洒落《しゃれ》を地《ち》でいくようなしぐさですが、父《ちち》にはそんなところがありました。言霊《ことたま》の幸《さちは》いとでもいうのでしょうか。

弓《ゆみ》のけいこは大人《おとな》ばかりなのでやめましたが、剣道《けんどう》だけは、わたしの友《とも》だちが四人《にん》あって、三年《ねん》間《かん》つづけました。父《ちち》はとくいそうでした。

父《ちち》は初《はじ》めから男《おとこ》の児《こ》がほしかったのです。それがみたされなかったので、馬《うま》を習《なら》わせたり、撃《げっ》剣《けん》のけいこをさせたので、一つの夢《ゆめ》を描《えが》いていたようです。そうしたさびしい心《こころ》をもっていた父《ちち》でした。

わたしには何《なに》も言《い》いませんでしたが、それだけに、言葉《ことば》につくせない心《こころ》で、わたしを見《み》ていてくれたようです。

父《ちち》は心情《こころ》の濃《こま》やかな人《ひと》でした。せんさいな心《こころ》づかいのやさしい人《ひと》でした。

父《ちち》は立派《りっぱ》な体格《たいかく》で、八十八までは充分《じゅうぶん》生きられるところを、自分《じぶん》の健康《けんこう》に頼《たよ》りすぎて、つい無《む》理《り》をしがちでした。血圧《けつあつ》が高《たか》い日《ひ》に、暑《あつ》い盛《さか》りを「月《つき》の輪《わ》台《だい》」を築《きず》くため、終日作業《しゅうじつさぎょう》に出《で》て、若《わか》い人《ひと》がおわれるくらい働《はたら》きました。キット仕事《しごと》がまどろしかったのでしょう。

父《ちち》は三十年《ねん》、五十年《ねん》、百年《ねん》も先《さき》が見《み》える人《ひと》でした。そのため世《よ》の中《なか》に入《い》れられず、かえって不《ふ》仕合《しあわ》せになりました。

正直《しょうじき》な、律義《りちぎ》な人《ひと》でありながら、茶碗《ちゃわん》でも、『一ばんよいのをあげる』、と誰《だれ》に向《むか》ってもいうのです。

はじめ私《わたし》は、お世辞《せじ》ばかり言《い》って、まことのないことを、と思《おも》いましたが、今《いま》みると、その人《ひと》のみたま相応《そうおう》なものを上《あ》げています。それで、ああいう言霊《ことたま》をつかったのでしょう。

昔気質《むかしかたぎ》の人《ひと》で、長女《ちょうじょ》には、特別《とくべつ》いいものをやらねばならぬと思《おも》っていたらしいです。

それから、本《ほん》を大切《たいせつ》にする人《ひと》で、頁《ページ》をおることが嫌《きら》いで、他人《たにん》の本《ほん》でも丁寧《ていねい》になおしていました。いろいろな道具《どうぐ》も好《す》きでしたし、子《こ》ども時分《じぶん》から、浄瑠璃《じょうるり》に親《した》しんでいましたが、謡曲《ようきょく》も好《す》きでした。

福知山《ふくちやま》には、旧藩時代《きゅうはんじだい》から、能舞台《のうぶたい》があり、開祖様《かいそさま》はそれを観《み》ていられ、能《のう》がお好《す》きでしたが、父《ちち》にはそうした機会《きかい》が少《すく》なくても、わたくしたちが謡《うたい》をうたったり、仕舞《しまい》をしているのを恍惚《こうこつ》として観《み》ていました。

妹《いもうと》たちとうつ鼓《つつみ》をきくのも父《ちち》はすきでした。

決《けっ》してこわい人《ひと》ではなく、誰《たれ》に対《たい》しても宗教家《しゅうきょうか》という意識《いしき》なしに温《あたたか》い心《こころ》をもった人《ひと》でした。

（昭三三、八）

○

幼《おさな》い頃《ころ》から開祖《かいそ》さまは、一番《ばん》したわしい方《かた》でした。

開祖《かいそ》さまの日常《にちじょう》のご生活《せいかつ》は、その立居《たちい》おふるまいにしても、もの静《しず》かなうちに、気品《きひん》があふれていました。それは、わたしがのちに学《まな》んだ茶《ちゃ》の世界《せかい》のまことに端正《たんせい》で、かおり高《たか》いものに通《つう》じました。

そういう開祖《かいそ》さまのご日常《にちじょう》に、次第《しだい》にひきつけられ、感応《かんのう》してゆくことに、信仰《しんこう》に生《い》きる歓《よろこ》びを味《あじ》わいました。

開祖《かいそ》さまにならう日々《にちにち》の生活《せいかつ》の中《なか》で、神《かみ》さまへの感謝報恩《かんしゃほうおん》を学《まな》び、そこにおのずから質実剛健《しつじつごうけん》の教風《きょうふう》が育《そだ》てられました。

（昭三二、一二）

「白鳩」（二月号）をよみて

はしがき

去年《きょねん》の春《はる》、生長《せいちょう》の家《いえ》の谷口輝子《たにぐちてるこ》夫人《ふじん》から、思《おも》いがけなく「白鳩《しろはと》」（生長《せいちょう》の家《いえ》の婦人修養誌《ふじんしゅうようし》）二月号《がつごう》を送《おく》ってきました。

その中《なか》に「めぐりあひ」という輝子夫人《てるこふじん》の筆《ふで》になる記事《きじ》があり、わたしが谷口氏夫妻《たにぐちしふさい》と東京《とうきょう》で邂逅《かいこう》したことにあわせて、三十数年前《すうねんまえ》、谷口氏夫妻《たにぐちしふさい》が大本《おほもと》を去《さ》られた時《とき》のことに触《ふ》れて書《か》かれていましたが、谷口氏夫妻《たにぐちしふさい》が大本《おほもと》を去《さ》られるときの記述《きじゅつ》が、わたしの記憶《きおく》とは違《ちが》っているところがあるので、わたしとしては不愉快《ふゆかい》でもあり、どうしても書《か》いておきたい気《き》もちにかられて筆《ふで》をとったようなわけです。

○

昭和《しょうわ》三十一年《ねん》十一月《がつ》二十五日《にち》に行《おこな》われた大本東京本苑《おほもととうきょうほんえん》の秋季大祭《しゅうきたいさい》に参列《さんれつ》すべく東上《とうじょう》していましたわたしは、お祭《まつ》りのおわった翌々日《よくよくじつ》、井上方軒氏《いのうえほうけんし》（親和体道《しんわたいどう》という武道《ぶどう》の先生《せんせい》）に連《つ》れられて、有楽町《ゆうらくちょう》のスカラ座《ざ》へ「黒《くろ》い牡牛《おうし》」という映画《えいが》を観《み》にゆきました。

一行《こう》は、わたしのほかに弟《おとうと》の新衛《しんえ》と亀岡《かめおか》から伴《ともな》って来《き》た「おほもと」誌《し》の常田雪春《ときだゆきはる》、牧原恭子《まきはらきょうこ》、それに井上方軒氏《いのうえほうけんし》のお弟子《でし》の山口桂三郎氏《やまぐちけいざぶろうし》、同瓔子氏《ようとし》の七名《めい》でした。

自動車《じどうしゃ》からおりたわたしは、桂三郎《けいざぶろう》さんの後《あと》についてゆきましたが、時刻《じこく》が少《すこ》し早《はや》かったので、キップ売場《うりば》を背《せ》にして開場《かいじょう》をまっていました。

しばらくすると、ハイヤーの料金《りょうきん》を払《はら》っていた井上《いのうえ》さんがは入《い》って来《き》ました。それにチョット目《め》をやって、又《また》とりとめもないおもいを続《つづ》けているわたしの耳《みみ》に、突然《とつぜん》「オイ」と言《い》う高《たか》い声《こえ》がきこえました。ビックリして声《こえ》のする方《ほう》を見《み》ますと、井上《いのうえ》さんが足早《あしばや》にエレベーターのある方《ほう》へ行《い》っております。

そこには、黒《くろ》いオーヴァーを着《き》た一人《ひとり》の男性《だんせい》と二人《ふたり》の女性《じょせい》が佇《たたず》んでいました。それまで、わたしは、そこに人《ひと》がいることに、ぜんぜん気《き》がつきませんでしたが、よく見《み》ると、黒《くろ》づくめの洋服《ようふく》の人《ひと》は谷口雅春氏《たにぐちまさはるし》です。井上《いのうえ》さんは、いきなり谷口氏《たにぐちし》の肩《かた》をポンとたたきました。

わたしは、なんという乱暴《らんぼう》な行儀《ぎょうぎ》のわるい人《ひと》だろう、今《いま》は生長《せいちょう》の家《いえ》の教祖《きょうそ》である人《ひと》に対《たい》して、と内心咎《ないしんとが》めながら、側《そば》にいる婦人《ふじん》は輝子夫人《てるこふじん》かしらと目《め》を注《そそ》いでいるわたしへ、

「三代様《だいさま》、この人《ひと》たちを憶《おぼ》えていらっしゃいますか」

と井上《いのうえ》さんが呼《よ》びかけましたが、

「存《ぞん》じません。どなた？」

と言《い》ってしまいました。おせっかいなわたしは、いつも自分《じぶん》のことのように相手《あいて》の気持《きもち》をおしはかってはひとりで苦《くる》しんだり、羞《はず》かしがったり、義憤《ぎふん》を感《かん》じたりするのです。今《いま》も、井上《いのうえ》さんが見《み》つけなかったとしたら、おそらく、この方達《かたたち》は、私達《わたしたち》に気《き》づかれぬようになさりたかったのではないかと、わたしには思《おも》われたからです。

井上《いのうえ》さんは何《なに》か言《い》っていたようですが、やがて、二人《ふたり》の方《かた》を、わたしの前《まえ》に伴《ともな》って来《き》ました。

頭髪《とうはつ》の濡《ぬ》れたように黒《くろ》いのと、紅《べに》を染《そ》めたような唇《くちびる》の色《いろ》が、三十幾年前《いくねんまえ》と少《すこ》しも変《かわ》っていないようでした。

ただ、不思議《ふしぎ》とも異様《いよう》とも思《おも》えるのは、お辞儀《じぎ》の時《とき》も両手《りょうて》をせまい洋服《ようふく》の両袖口《りょうそでぐち》にさし入《い》れたままで、わたしとむかい合《あ》って立《た》っている間《あいだ》、始終《しじゅう》その姿勢《しせい》をくずさないで、ちょうど、中国《ちゅうごく》人《じん》のような恰好《かっこう》をしておられたことでした。寒《さむ》いのかしらとも思《おも》ったのですが、それにしては、弟《おとうと》の新衛《しんえ》が携帯《けいたい》していたカメラで写真《しゃしん》を撮《うつ》す時《とき》は、手《て》を袖口《そでぐち》から出《だ》していられました。

輝子《てるこ》夫人《ふじん》は、一向《こう》そんなことに気《き》を使《つか》っておられないようなので、あるいは生長《せいちょう》の家《いえ》の礼法《れいほう》なのかとも思《おも》ったりしたのでした。

とにかく、その間《かん》、わたしは谷口氏《たにぐちし》の態度《たいど》にこだわっていました。

谷口氏《たにぐちし》は微笑《びしょう》をたたえたまま、自分《じぶん》からは何《なに》も話《はな》しかけようとはしない態度《たいど》をとっていられました。そうしたぎこちない雰囲気《ふんいき》の中《なか》で、井上《いのうえ》さんはジッと私達《わたしたち》を観察《かんさつ》しながら、愉快《ゆかい》そうに傍《ぼう》若無人《じゃくぶじん》な笑《わら》い声《ごえ》をたてていました。

わたしには、井上《いのうえ》さんの或《あ》る気持《きもち》がわかるだけに、なおのこと、あちらの方《かた》に気《き》の毒《どく》で、その間《ま》のわるさを埋《う》めるような気持《きもち》にかられて、

「貴方《あなた》はあまりお変《かわ》りになりませんね」

と、幾度《いくど》もそのひろい額《ひたい》の生際《はえぎわ》を見《み》ながら言《い》ったのでした。

輝子夫人《てるこふじん》は、わたしのもっていた印象《いんしょう》とは、まったく違《ちが》っていました。

それは今《いま》から三十何年《なんねん》も前《まえ》になる大正十年《たいしょうねん》ごろのことでした。佐々木信綱先生《ささきのぶつなせんせい》の門下《もんか》で湯川貫《ゆかわかん》一という方《かた》に、毎月《まいつき》一回《かい》、五六七殿《みろくでん》（当時《とうじ》の大本《おほもと》の本殿《ほんでん》）内拝殿脇《ないはいでんわき》の別室《べっしつ》で、古今集《こきんしゅう》の講義《こうぎ》をしていただいていました。

或《あ》る日《ひ》、何気《なにげ》なく背後《はいご》を見《み》ますと、部屋《へや》の隅《すみ》に、黒目《くろめ》がちの女性《じょせい》がいて静《しず》かにわたしに会釈《えしゃく》しました。やわらかな豊《ゆた》かな底《そこ》に知性《ちせい》を秘《ひ》めたひかえめなその女性《じょせい》を一瞥《べつ》したわたしは、なんとなく心《こころ》ひかれて横《よこ》にいた安子《やすこ》さんに、（横尾安子、現在、九州佐賀市に在住、当時、山口安子といい、私の傍

にいてくれた女性）「あの人《ひと》、だれ？」と訊《き》きますと、「谷口輝子《たにぐちてるこ》さんです」と答《こた》えてくれました。

その時《とき》の印象《いんしょう》がふしぎに心《こころ》にきざまれていたので、

「貴女《あなた》はかわりましたね」

と、言《い》わでものことを繰《く》り返《かえ》しいったものでした。わたしが輝子《てるこ》夫人《ふじん》とお会《あ》いするのはこの時《とき》で三度目《どめ》ですが、言葉《ことば》を交《か》わしたのは始《はじ》めてでした。つづけて、

「あの方《かた》はどなた？　信者《しんじゃ》さん」と、モウ一人《ひとり》の女性《じょせい》のことをたずねると、「女中《じょちゅう》です」と輝《てる》子《こ》夫《ふ》人《じん》はポツンと答《こた》えられたのみでした。

そして、傍《そば》にいる弟《おとうと》の新衛《しんえ》の顔《かお》をしばらく見《み》つめていた輝子《てるこ》夫人《ふじん》は、やがて「新《しん》ちゃん」と言《い》いながら握手《あくしゅ》をされました。幼《おさな》い時《とき》、預《あず》って育《そだ》てられていたことのある新衛《しんえ》を見忘《みわす》れておられたらしいのです。新衛《しんえ》の手《て》を握《にぎ》りしめていられる輝子《てるこ》夫人《ふじん》の一種《しゅ》の女性《じょせい》らしい物馴《ものな》れたポーズを、田舎者《いなかもの》のわたしは物珍《ものめずら》しく眺《なが》めていました。

それから、弟《おとうと》が向《む》けるカメラの前《まえ》にならび、開場《かいじょう》の時刻《じこく》が来《き》たので、エレベーターに同乗《どうじょう》し

て、それぞれの椅子《いす》に腰《こし》をおろしました。

スクリーンの画面《がめん》をみつめながら、わたしはおもいがけぬ今日《きょう》のめぐりあいを、皮肉《ひにく》とも、なつかしいというにも少《すこ》しちがった、複雑《ふくざつ》なきもちで考《かんが》えていました。

わたしは井上《いのうえ》さんの谷口氏《たにぐちし》に対《たい》する態度《たいど》を咎《とが》めながらも、わたしの、モウ一方《ほう》の心《こころ》はなにか愉《ゆ》快《かい》でした。

あちらにはいけない日《ひ》ではなかったか、そんな感《かん》じもチラッと頭《あたま》をかすめたのでした。

年長《ねんちょう》の方《かた》だから帰《かえ》りには、わたしの方《ほう》からご挨拶《あいさつ》にあがろうと思《おも》っているわたしの先《さき》をこして、谷口氏《たにぐちし》は、映画《えいが》が終《おわ》るやいなや、まだ腰《こし》をあげないでいるわたしの前《まえ》に、例《れい》の両手《りょうて》を拱《こま》ねくように両袖口《りょうそでぐち》に入《い》れたまま小走《こばし》りに来《き》て、

「さようなら、ご機嫌《きげん》よう」と挨拶《あいさつ》をされました。虚《きょ》をつかれたわたしも腰《こし》かけたまま「さようなら、貴方《あなた》もおだいじに」と答《こた》えたのでした。

それからの数日《すうじつ》、この日《ひ》のめぐり会《あ》いは、東京《とうきょう》から帰《かえ》る車中《しゃちゅう》でも、亀岡《かめおか》に帰《かえ》ってからも、人《ひと》の

顔《かお》を見《み》るたびに同《おな》じ話題《わだい》をくりかえす程《ほど》、わたしにとっては感慨深《かんがいぶか》いことでしたが、年《とし》を越《こ》して翌春《よくはる》、突然《とつぜん》、輝子《てるこ》夫人《ふじん》から私宛《わたしあて》に、生長《せいちょう》の家《いえ》の婦人修養誌《ふじんしゅうようし》である「白鳩《しろはと》」二月号《がつごう》の雑誌《ざっし》だけを送《おく》って来《き》ました。

それには、東京《とうきょう》での私達《わたしたち》の会遇《かいぐう》が「めぐりあい」と題《だい》して、輝子《てるこ》夫人《ふじん》の筆《ふで》で記《しる》されていました。

わたしはおわりまで目《め》を通《とお》さぬまま日々《にちにち》の多忙《たぼう》にまぎれ半歳余《はんとしあま》りが過《す》ぎたのですが、あることから、あらためてその記事《きじ》を通読《つうどく》しますと、谷口氏夫妻《たにぐちしふさい》が大本《おほもと》を退去《たいきょ》する時《とき》の事情《じじょう》に触《ふ》れて書《か》かれているところがありました。

その箇所《かしょ》が、わたしの記憶《きおく》とは大分隔《だいぶんへだ》たりがあり、不愉快《ふゆかい》さを越《こ》えて、いきどおりさえ覚《おぼ》えてくるのでした。それは次《つぎ》のようなことが書《か》かれていました。

「私《わたし》たちは、その教団《けうだん》の教《をしへ》が自分《じぶん》の神観《しんかん》と調和《ちょうわ》しなくなって、教団《けうだん》を去《さ》る日《ひ》が来《き》た。良人《をっと》は、教団《けふだん》の教主《けうしゅ》であった二代様御《だいさまご》夫婦《ふうふ》に別《わか》れの挨拶《あいさつ》をすべく綾部《あやべ》の本部《ほんぶ》へ訪《おとづ》れて行《い》った。折悪《をりあ》しく、二代様御《だいさまご》夫婦《ふうふ》はどこへ出《で》かけられたか御留守《おるす》であったので、当時《とうじ》十九歳《さい》だった三代様《だいさま》の御部屋《おへや》へ御《ご》挨拶《あいさつ》に伺《うかが》はれたのであった。その日《ひ》はどうしたことか、いつも数人《すうにん》の近侍《きんじ》に護《まも》られていられる三代様《だいさま》が、ただ一人《ひとり》机《つくゑ》に向《むか》って居《ゐ》られた。良人《をっと》は教《をしへ》についての自分《じぶん》の考《かんが》へをくはしく述《の》べ、この故《ゆゑ》に自分《じぶん》は貴女《あなた》の教団《けうだん》を去《さ》らざるを得《え》なくなったと申上《まうしあ》げた。

泣《な》き伏《ふ》して居《ゐ》られる三代様《だいさま》を後《あと》にして、良人《をっと》は妻《つま》の待《ま》つ家《いへ》に帰《かへ》って来《こ》られた。その夜《よ》の七時《じ》、血気《けっき》にはやる大本青年隊《おほもとせいねんたい》の数名《すうめい》が教団《けうだん》を去《さ》る谷口《たにぐち》を襲撃《しふげき》しやうとして、間違《まちが》って他《た》の人《ひと》に重《じゅう》傷《しゃう》を負《お》はしたと言《い》ふ恐《おそ》るべき劇的《げきしき》シーンが展開《てんかい》されてゐたことは夢《ゆめ》にも知《し》らず、私《わたし》たち夫妻《ふさい》は翌朝《よくてう》の一番汽車《ばんきしゃ》で神戸《かうべ》の父母《ふぼ》の家《いへ》へ出発《しゅっぱつ》して行《い》ったのであった」

わたしはこの処《ところ》を読《よ》んで、いきどおろしさの湧《わ》くのを禁《きん》じ得《え》ませんでした。輝子夫人《てるこふじん》は、なんのために、こんな偽《いつわ》りを書《か》く必要《ひつよう》があるのだろう。わたしはその時《とき》に受《う》けた衝撃《しょうげき》が強《つよ》かったため、三十幾年《いくねん》たった今《いま》も、その時《とき》の状況《じょうきょう》を忘《わす》れることができません。事情《じじょう》を知《し》らない人《ひと》は、いろいろ揣摩《しま》臆測《おくそく》して誤解《ごかい》を生《しょう》じないとも限《かぎ》りません。わたしとしてはその時《とき》の状況《じょうきょう》をハッキリとしておかねばなりません。

輝子夫人《てるこふじん》の記述《きじゅつ》には、良人《おっと》である谷口雅春氏《たにぐちまさはるし》が、単身別《たんしんわか》れの挨拶《あいさつ》に来《と》られたように書《か》いてありますが、谷口氏《たにぐちし》は輝子夫人《てるこふじん》を伴《ともな》って二人《ふたり》で来《と》られました。

あれは大正何年《たいしょうなんねん》であったか、十一年《ねん》かとも思《おも》います。季節《きせつ》もはっきり憶《おぼ》えていませんが、その時《とき》の状況《じょうきょう》は明瞭《はっき》り憶《おぼ》えています。

わたしが妹《いもうと》たちと教主殿《きょうしゅでん》で雑談《ざつだん》しているところへ、わたしの身辺《しんぺん》の雑用《ざつよう》をしてくれていた安子《やすこ》さんが、「三代様《だいさま》、谷口《たにぐち》さんが面会《めんかい》をしたいと言《い》って来《き》ていられます」と取次《とりつ》いできました。

「谷口《たにぐち》さんが、谷口正治《たにぐちまさはる》（雅春《まさはる》）さんか」と、わたしは問《と》い返《かえ》し、

「どうしたんやろ、わたしにか」

とだめをおしたのは、特《とく》にわたしの名《な》を指《さ》して谷口氏《たにぐちし》が面会《めんかい》に来《と》られたということが、あまりにも唐突《とうとつ》であり意外《いがい》で、素直《すなお》にうけとれなかったからです。

なぜかといいますと、わたしは谷口氏《たにぐちし》とは、まだ一度《ど》も話《はな》したこともなければ、人《ひと》から紹介《しょうかい》を受《う》けたことも、谷口氏自身《たにぐちしじしん》から挨拶《あいさつ》をうけたこともなかったのです。そんなわたしが、なぜ谷口《たにぐち》

氏《し》を知《し》っていたかと言《い》いますと、金竜殿《きんりゅうでん》（その頃在住、外来の信者さんが、朝夕の礼拝や大本の講話をきいていた建物）で毎朝礼拝《まいあされいはい》の後《あと》、信者《しんじゃ》さんたちが横列《おうれつ》に坐《すわ》って、講師《こうし》たちに鎮魂帰神《ちんこんきしん》をうけていました。わたしはよく外《そと》の庭《にわ》に立《た》ちどまってそれを見《み》ていたのですが、或《あ》る朝《あさ》、黒々《くろぐろ》と髪《かみ》をまん中《なか》から分《わ》けた蒼白《あおじろ》い顔《かお》の唇《くちびる》の紅《あか》い青年《せいねん》が、しきりに一人《ひとり》の信者《しんじゃ》さんに向《むか》って鎮魂《ちんこん》をしているのを見《み》かけ、それが谷口氏《たにぐちし》であることを、安子《やすこ》さんにきかされて知《し》ったのでした。

またわたしは、神霊界《しんれいかい》（当時の大本月刊機関誌）を時折《ときお》りみて、この人《ひと》の名《な》は知《し》っていました。神《しん》霊界《れいかい》でみた谷口氏《たにぐちし》の歌《うた》で、上《かみ》の句《く》は忘《わす》れてしまいましたが、「黄金閣《おうごんかく》は三層楼《そうろう》にて」という下《しも》の句《く》だけをおぼえています。わたしはその頃《ころ》、歴代御製集《れきだいぎょせいしゅう》や、万葉集《まんようしゅう》、李花集《りかしゅう》、金槐集《きんかいしゅう》、新葉集《しんようしゅう》、古武士《こぶし》の言行録《げんこうろく》とか古武士《こぶし》の風格《ふうかく》などという書物《しょもつ》の外《ほか》に、これという読書《どくしょ》をしたことがなかったので、谷口氏《たにぐちし》の詠《よ》まれていたような現代風《げんだいふう》の歌《うた》になじめず、深《ふか》く心《こころ》に残《のこ》らなかったのでしょう。

そのとき、ほかに二三首《しゅ》あったようにもおもいますが、ただ、どうしたわけか、この歌《うた》の下《しも》の句《く》だけをおぼえていました。

それから同《おな》じく誌上《しじょう》で、性慾《せいよく》ということについて書《か》いておられるのを見《み》て、特異《とくい》な感《かん》じをうけ、谷口正治《たにぐちまさはる》という名《な》をおぼえていたのでした。

そのように、名前《なまえ》と顔《かお》は知《し》っていたのですが、挨拶《あいさつ》を交《か》わしたこともない谷口氏《たにぐちし》から、突然《とつぜん》、わたしの名《な》を指《さ》して面会《めんかい》に来《こ》られたのですから、不思議《ふしぎ》にたえず、幾度《いくど》も問《と》いかえしたのでした。

わたしは教主殿《きようしゆでん》の部屋《へや》から暗《くら》い廊下《ろうか》づたいに、わたしの部屋《へや》のある東雲閣《とううんかく》という(その当時、統務閣ともいっていました)一棟《むね》にかえり、わたしが面会室《めんかいしつ》にしたり、お茶《ちゃ》のけいこをしたりしていた部屋《へや》の襖《ふすま》を開《あ》けました。(「白鳩」には、私がただ一人机の前に向っていた、と書いてありますが)

わたしが部屋《へや》に這入《はい》ったとき東側《ひかしがわ》を背《せ》にして、右側《みぎがわ》に谷口氏《たにぐちし》、その左側《ひだりがわ》に今井梅軒夫人《いまいばいけんふじん》がならんで坐《すわ》っておられました。

この今井夫人《いまいふじん》は元神戸《もとこうべ》の芸妓《げいと》さんで、大本教団《おほもときようだん》に奉仕《ほうし》されている夫君《ふくん》を扶《たす》けるため、清元《きよもと》か常盤津《ときわつ》の師匠《ししよう》をされているということを、わたしの茶《ちゃ》の師匠《ししよう》であり、信者《しんじゃ》さんである長谷川宗美《はせがわそうび》師《し》からきいていました。それに朝夕《あさゆう》の礼拝《れいはい》で時折《ときお》りいっしょになり、きさくな人柄《ひとがら》でしたから、他《ほか》の夫人《ふじん》がたにはなじめないわたしも、この夫人《ふじん》には、今井《いまい》のおばさんといって、わりに親《した》しい気持《きもち》をもっていました。

わたしは今井《いまい》のおばさんが、どうして谷口氏《たにぐちし》と一緒《しよ》にと思《おも》いながら、二人《ふたり》の前《まえ》に坐《すわ》り、お辞儀《じぎ》をして顔《かお》をあげたとき、わたしは思《おも》わずアッと小《ちい》さな叫《さけ》びをあげました。今井夫人《いまいふじん》と思《おも》っていたのが輝子夫人《てるこふじん》であったからです。

〈この時《とき》のことは、今《いま》にふしぎな謎《なぞ》に思《おも》っています。今井夫人《いまいふじん》は髪《かみ》をひっつめるようにして、細面《ほそおも》の、世帯《しよたい》やつれした印象《いんしよう》の薄《うす》い顔立《かおだち》ですが、そのくせ、どこか洒脱《しやだつ》なところのある人《ひと》でした。輝子夫人《てるこふじん》の方《ほう》は、色《いろ》の白《しろ》い丸顔《まるがお》の豊《ゆた》かな花《はな》のような感《かん》じの人《ひと》で、全然《ぜんぜん》、目《め》の錯覚《さつかく》ではありませんでした。その日《ひ》、二人《ふたり》が帰《かえ》られた後《あと》で、かたわらの安子《やすこ》さんに、

「安子《やすこ》さん、いま不思議《ふしぎ》なことがあったんやで。谷口《たにぐち》さんの横《よこ》に今井《いまい》のおばさんがいると思《おも》って、坐《すわ》ってお辞儀《じぎ》をして頭《あたま》をあげたら、谷口《たにぐち》さんのお嫁《よめ》さんやったワ」

と話《はな》しますと、安子《やすこ》さんは、

「そうですか、不思議《ふしぎ》ですね。しかしそれはキット今井《いまい》のおばさんの生霊《いきりょう》ですよ」

と言《い》いました。

わたしが、「なんで?」と問《と》い返《かえ》しますと、

「あなたはご存知《ぞんじ》ありませんが、今井《いまい》さんはこの頃《ごろ》、谷口《たにぐち》さんと一しょに大本《おほもと》を出《で》て行《ゆ》こうとしているのです。今井《いまい》のおばさんはキットそのことが辛《つら》いので、その思《おも》いが谷口《たにぐち》さんについて来《き》たのですよ」

との答《こた》えに、

「そうやろか、不思議《ふしぎ》やなア」

と二人《ふたり》でとり交《か》わした言葉《ことば》を、今《いま》もハッキリとおぼえているのです。

わたしの小《ちい》さな叫《さけ》びが聞《きこ》えたのか、聞《きこ》えなかったのか、二人《ふたり》は無言《むごん》で坐《すわ》っておられました。

小《ちい》さくとも、アッというわたしの叫《さけ》びは、静《しず》かな部屋《へや》で、六尺《しゃく》と隔《へだ》たっていないお二人《ふたり》に聞《きこ》えぬはずはないのです。それに、あの時《とき》の叫《さけ》びには、大《たい》ていの人《ひと》であったら、何《なん》ですかと、問《と》わず

にいられないほどの何《なに》かをもっていた筈《はず》でした。それでもお二人《ふたり》は、無言《むごん》で平然《へいぜん》と坐《すわ》っておられました。それは何《なに》か普通《ふつう》でない、固《かた》いこわばったような雰囲気《ふんいき》でした。わたしはその場《ば》の冷《つめ》たい、とりつきようのない、叱《しか》られてでもいるような空気《くうき》に堪《た》えかねる思《おも》いでいると、谷口氏《たにぐちし》は突然《とつぜん》、わたしにむかい、

「大本《おほもと》は大正《たいしよう》十年《ねん》に世《よ》の立替《たてか》えがあると言《い》いましたが、今《いま》になっても何《なん》の変《かわ》ったこともありません。いま、綾部《あやべ》に移住《いじゆう》している信者《しんじや》は、十年《ねん》に立替《たてか》えがあると信《しん》じて来《き》ている人《ひと》が多数《たすう》あるのです。その中《なか》の或《あ》る人《ひと》は学業《がくぎよう》を半《なか》ばで放棄《ほうき》し、ある者《もの》は会社《かいしや》をやめて、大正《たいしよう》十年《ねん》を目標《もくひよう》に来《き》ているので、その人《ひと》たちは、いま生活《せいかつ》が出来《でき》なくて困《こま》っています。大本《おほもと》はまちがいであったと天下《てんか》にあなたの名《な》で謝罪《しやざい》してください」

と言《い》われたのでした。言葉《ことば》づかいは違《ちが》っていたかも知《し》れませんが、これだけの意味《いみ》を言《い》われたのです。

輝子《てるこ》夫人《ふじん》は「良人《をつと》は、教《をしへ》についての自分《じぶん》の考《かんが》へをくはしく述《の》べ」と書《か》いておられますが、谷口《たにぐち》

氏《し》の言《い》われたのは、ただ右《みぎ》の言葉《ことば》だけで、この中《なか》のどこに教《おしえ》についての考《かんが》えが精《くわ》しくのべられているのでしょうか。わたしがどんなに記憶《きおく》を呼《よ》び起《おこ》そうと努《つと》めても、谷口氏《たにぐちし》から聞《き》かれたのは、後《あと》にも先《さき》にもただ右《みぎ》の言葉《ことば》だけでした。

わたしは青天《せいてん》の霹靂《へきれき》というか、寝耳《ねみみ》に水《みず》というか、あまりにも意外《いがい》なその言葉《ことば》に、

「大本《おほもと》の神様《かみさま》のおっしゃることは間違《まちが》っておりません、それはとりつぎが悪《わる》いのです」

と精《せい》一パイの気持《きもち》をこめて申《もう》しました。

その頃《ころ》のわたしは人《ひと》に挨拶《あいさつ》する言葉《ことば》も知《し》らず、また知《し》っていても口《くち》に出《だ》すことが、なにゆえか恥《は》ずかしく、無言《むごん》で頭《あたま》を下《さ》げるだけが精《せい》一パイでしたが、そんなわたしでも、大正《たいしょう》十年《ねん》立替説《たてかえせつ》は当時《とうじ》相当問題《そうとうもんだい》になっていたとみえ、浅野和三郎氏《あさのわろうし》が父《ちち》の反対《はんたい》をおして、大本《おほもと》の機関紙《きかんし》に大正《たいしょう》十年《ねん》立替説《たてかえせつ》を掲載《けいさい》されたということを耳《みみ》にはさんでいたので、まだしも、それだけのことが言《い》えたのでした。

お二人《ふたり》は、わたしを黙然《もくねん》と見《み》ていられたようです。わたしは、何故《なぜ》、わたしの名《な》で天下《てんか》に謝罪《しゃざい》

せよというような抗議《こうぎ》を受《う》けねばならぬのか、そんなことは父《ちち》に言《い》えばよいのにと思《おも》っていたのでした。そして、そんな不当《ふとう》なことを言《い》う夫《おっと》の横《よこ》に、人形《にんぎょう》のように何《なん》の感情《かんじょう》もあらわさず、平然《へいぜん》としている輝子《てるこ》夫人《ふじん》に対《たい》して漠然《ばくぜん》とした怒《いか》りを感《かん》じていました。

やがてお二人《ふたり》は何《なに》も言《い》わずに去《さ》って行《ゆ》かれました。去《さ》るにおよんでの挨拶《あいさつ》の言葉《ことば》、ふつう常識《じょうしき》的《てき》に考《かんが》えて、「二代《だい》教主《きょうしゅ》夫妻《ふさい》にご挨拶《あいさつ》に来《き》たけれど、お留守《るす》であったから貴女《あなた》のところへ来《き》た。ご両親《りょうしん》へこの由《よし》を伝《つた》えてほしい」とぐらいはおっしゃるべきだと思《おも》うのですが、前後《ぜんご》何《なん》の挨拶《あいさつ》もなく、しかも今《いま》まで一言《こと》の言葉《ことば》も交《か》わしたこともないわたしへ、突然《とつぜん》に面会《めんかい》に見《み》え、突然《とつぜん》に「大《おほ》本《もと》は間違《まちが》いであったと天下《てんか》にあなたの名《な》で謝罪《しゃざい》してください」とだけのことをおっしゃったのです。

そういうことでしたから、あの時《とき》お二人《ふたり》は、一体《たい》、何《なに》をしに来《こ》られたのか判《わか》らなかったのですが、「白鳩《しろはと》」を読《よ》み、「三代様《だいさま》のお部屋《へや》にご挨拶《あいさつ》に伺《うかが》はれたのであった」と書《か》かれてあったので、ア、そうだったのか、あれは去《さ》るに及《およ》んでの挨拶《あいさつ》であったのかと、三十数年目《すうねんめ》の今《いま》になって、ようやく了解《りようかい》したようなわけです。

「何時《いつ》も数人《すうにん》の近侍《きんじ》に護《まも》られていられる」とか、「泣《な》き伏《ふ》した」と言《い》うようなことは、どうでもよいことのように思《おも》う方《かた》もあるでしょうが、その頃《ころ》、わたしの傍《そば》にいてくれた女《おんな》の人《ひと》は、安子《やすこ》さんという人一人《ひとひとり》しかありません。結婚《けっこん》して、別《べっ》の家《いえ》に住《す》むようになってから二人《ふたり》になったのです。

泣《な》いたことについては、たしかに泣《な》きました。とり次《つぎ》が悪《わる》いのです、と言《い》った時《とき》はモウ泣《な》いていました。泣《な》きながらいったのですが、泣《な》き伏《ふ》したのと、口惜《くちお》しさに泣《な》きながら言《い》ったのとは、そのからだの状態《じょうたい》が違《ちが》う筈《はず》です。その頃《ころ》、わたしは時代錯誤《じだいさくご》であったかもしれませんが、あたえられる書物《しよもつ》の中《なか》でも、古武士《こぶし》の風格言行録《ふうかくげんこうろく》というようなものに傾倒《けいとう》し、心酔《しんすい》していた時代《じだい》で、人《ひと》前《まえ》で己《おのれ》を取乱《とりみだ》すようなことをした覚《おぼ》えはありません。輝子夫人《てるこふじん》は、わたしを、ただの少女《しようじよ》らしい少女《しようじよ》としての概念《がいねん》を、ご自分《じぶん》の頭《あたま》の中《なか》でこしらえていられるのではないでしょうか。

「大本青年隊《おほもとせいねんたい》の数名《すうめい》が、教団《けうだん》を去《さ》る谷口《たにぐち》を襲撃《しふげき》しやうとして、間違《まちが》って、他《た》の人《ひと》に重傷《ちゆうしやう》を負《お》わたしたという恐《おそ》るべき劇的《げきてき》シーンが展開《てんかい》されてゐたことは夢《ゆめ》にも知《し》らず云々《うんぬん》」に至《いた》っては、わたしは憤《いきどお》りを通《とお》りこして、おかしいとも何《なん》とも唖然《あぜん》として言《い》うべき言葉《ことば》を知《し》りません。

竹槍《たけやり》千本《ぼん》、十人生埋《にんいきう》め、などと大正《たいしょう》十年《ねん》の大本事件《おほもとじけん》の時《とき》は、いろいろの新聞《しんぶん》に書《か》き立《た》てられましたが、それと同《おな》じような、誰《だれ》のこしらえたデマかは存《ぞん》じませんが、現代《げんだい》の教育《きょういく》をうけられた輝《てる》子夫人《こふじん》ともある方《かた》が、一方的《ほうてき》に、なんの疑問《ぎもん》もおこさず、真偽《しんぎ》の批判《ひはん》もせず、今《いま》なお、そんなデマを信《しん》じていられることをどう解《かい》したらいいのでしょう。

浅野和《あさのわ》三郎《ろう》、同正恭《どうせいきょう》、岡田熊次郎《おかだくまじろう》、上西氏《うえにしし》等々《とうとう》、大本《おほもと》の重要《じゅうよう》な役職《やくしょく》についていた多数《たすう》の人《ひと》びとが次々《つぎつぎ》に去《さ》ってゆきましたが、いまだかつて、暴力《ぼうりょく》のあった噂《うわさ》すら夢《ゆめ》にも聞《き》いておりません。信《しん》仰上《こうじょう》の問題《もんだい》で去《さ》って行《ゆ》く人《ひと》を、誰《だれ》がどう止《と》めることができましょう。

大正《たいしょう》十年《ねん》、昭和《しょうわ》十年《ねん》の再度《さいど》の事件《じけん》の時《とき》にも、大本《おほもと》の青年《せいねん》が暴力《ぼうりょく》をふるうというような不祥事件《ふしょうじけん》はありませんでした。特《とく》に昭和《しょうわ》十年事件《ねんじけん》の時《とき》、検挙《けんきょ》に来《き》た多数《たすう》の警官《けいかん》は、大本《おほもと》では武道宣揚会《ぶどうせんようかい》があり、武道《ぶどう》で鍛《きた》えた青年《せいねん》が多数《たすう》いるというので、水盃《みずさかずき》で親子《おやこ》、夫婦《ふうふ》の別《わか》れまでし、帽子《ぼうし》のあご紐《ひも》まで締《し》めて決死《けっし》の覚悟《かくご》であったと聞《き》いています。多数《たすう》の青年《せいねん》の中《なか》には、血気《けっき》にはやり暴力《ぼうりょく》をふるう者《もの》があってもいたし方《かた》のないようなその時《とき》ですら、誰一人《たれひとり》抵抗《ていこう》した人《ひと》はいませんでした。

この間《あいだ》、所用《しょよう》で来《こ》られた大国以都雄《おおくにいつお》氏《し》に、谷口氏《たにぐちし》の去《さ》るとき青年隊《せいねんたい》の暴力云々《ぼうりょくうんぬん》のことを聞《き》きましたら、「僕《ぼく》らがその頃《ころ》、青年隊《せいねんたい》でした。そんな馬鹿《ばか》なことはありません。〈谷口《たにぐち》はこの頃《ごろ》、フラフラしとるぞ〉とは言《い》っていましたが、谷口君《たにぐちくん》の去《さ》ったことは大分《だいぶん》あとになって、〈この頃《ごろ》、谷口《たにぐち》がいないなア〉と気《き》がついたようなことでした」と言《い》っておられました。

「最後《さいご》に、良人《をっと》は妻《つま》のまつ家《いへ》に帰《かへ》って来《こ》られた」と輝子夫人《てるこふじん》が自分《じぶん》で書《か》かれているに至《いた》っては、わたしはいうべき言葉《ことば》をしりません。先《さき》に「谷口氏《たにぐちし》が面会《めんかい》にみえた折《おり》、そばの人《ひと》が今井夫人《いまいふじん》であると思《おも》ってみたのに、お辞儀《じぎ》をして顔《かお》をあげると輝子夫人《てるこふじん》であって、思《おも》わずアッと叫《さけ》び声《ごえ》をあげた」と書《か》きましたように、輝子夫人《てるこふじん》はご夫君《ふくん》と一しょに、わたしに面会《めんかい》していられます。

三十何年前《なんねんまえ》のことでも、この時《とき》のことは、わたしの生涯《しょうがい》を通《つう》じて、大正《たいしょう》十年《ねん》、昭和《しょうわ》十年《ねん》の大本《おほもと》事件《じけん》とともに忘《わす》れられない苦《にが》い思《おも》い出《で》なのです。輝子夫人《てるこふじん》にとっても、夫君《ふくん》とともに、人生《じんせい》にとっての一大転機《だいてんき》であったのですから、お二人《ふたり》で、わたしのところへ面会《めんかい》にいらしたことを忘《わす》れられる筈《はず》はないと思《おも》います。

或《あ》る日《ひ》、弟《おとうと》の新衛《しんえ》が訪《たず》ねて来《き》た折《おり》、「白鳩《しろはと》」に書《か》かれていることが事実《じじつ》と間違《まちが》っている点《てん》を指《さ》して「輝子夫人《てるこふじん》という方《かた》はどんな人《ひと》ですか」とききますと、「都合《つごう》の悪《わる》いことは忘《わす》れてるんでしょう」とあっさり言《い》っておりましたけれど、わたしとしては、どうにも腑《ふ》におちないのです。「白鳩《しろはと》」誌上《しじょう》において、婦人《ふじん》の相談室《そうだんしつ》を担当《たんとう》されて、信仰《しんこう》を土台《どだい》とした常識《じょうしき》ある適切《てきせつ》な解答《かいとう》をされている輝子夫人《てるこふじん》ともある方《かた》が、まさか、ご自分《じぶん》に都合《つごう》の悪《わる》いことは忘《わす》れておられるとは思《おも》われません。また、そうたやすく忘《わす》れられる性質《せいしつ》のものではないと思《おも》います。いろいろ考《かんが》えて、結《けっ》局《きょく》、わたしには輝子夫人《てるこふじん》という方《かた》がわからないのです。

ただ、あの時《とき》のことは、幸《こう》か不幸《ふこう》かシッカリと心《こころ》にきざまれて、わたしは今生《いまい》きております。もしわたしの死後《しご》ならば、一方的《ほうてき》な記事《きじ》もそのままにつたわってゆくでしょう。こんな無責任《むせきにん》なことが許《ゆる》されていいのだろうかと思《おも》いつつ、わたしは、私《わたし》の心《こころ》の記録《きろく》を書《か》きしるしました。

（昭三三、四）

私の手帖＝おわり

増補改訂版　第二刷のあとがき

増補改訂版の『私の手帖』は、昭和三十二年三月に発行された『私の手帖』と、同三十三年十月に発行された『続私の手帖』を再編、それに「おほもと」誌などに発表されたものを増補し、昭和四十九年九月に刊行されたものです。

増補改訂版の『私の手帖』が刊行された当時から現在にいたるまでの間に、国の内外の情勢や人権問題などで、著しい変遷がみられます。

第二刷の刊行にあたり、これらの点を考慮し、教主さまのお許しを得て、一部に字句の省略または修正をおこなわせていただきました。

昭和六十年四月

大本教学資料編纂所

私《わたし》の手帖《てちょう》

昭和32年3月7日　初版発行
昭和49年9月8日　増補改訂版発行
平成5年6月20日　第3刷発行
令和3年4月5日　新装版発行

著者　出口《でぐち》直日《なおひ》
編者　出口虎雄
発行者　猪子恒
印刷兼発行所　株式会社天声社
〒六二一―〇八一五
京都府亀岡市古世町北古世八二―三
振替〇一〇一〇―九―二五七五七

乱丁本・落丁本はお取り替えします

ISBN 978-4-88756-014-7　定価は表紙カバーに表示してあります